新HSK五级
全真模拟
测试题集

主　　编：王尧美
副主编：黑琨
编　　者：黑琨　王尧美　张学广　甄珍
　　　　　陈蒙　方雪　阎啸

北京语言大学出版社
BEIJING LANGUAGE AND CULTURE
UNIVERSITY PRESS

图书在版编目(CIP)数据

新HSK五级全真模拟测试题集./王尧美主编．——
北京：北京语言大学出版社，2012.3（2025.3 重印）
ISBN 978-7-5619-3252-0

Ⅰ.①新…　Ⅱ.①王…　Ⅲ.①汉语－对外汉语教学－
水平考试－习题集　Ⅳ.① H195-44

中国版本图书馆CIP数据核字（2012）第039517号

书　　　名：	新HSK五级全真模拟测试题集
	XIN HSK WUJI QUANZHEN MONI SHITI JI
中文编辑：	周婉梅
英文编辑：	孙玉婷
责任印制：	邝　天

出版发行：	北京语言大学出版社
社　　　址：	北京市海淀区学院路15号　邮政编码：100083
网　　　址：	www.blcup.com
电　　　话：	发行部　010-82303650 / 3591 / 3651
	编辑部　010-82303647 / 3592 / 3395
	读者服务部　010-82303653 / 3908
	网上订购电话　010-82303668
	客户服务信箱　service@blcup.com
印　　　刷：	北京富资园科技发展有限公司
经　　　销：	全国新华书店

版　　　次：	2012年3月第1版　2025年3月第12次印刷
开　　　本：	889毫米×1194毫米　1/16　印张：21.5
字　　　数：	421千字
书　　　号：	ISBN 978-7-5619-3252-0 / H·12031
定　　　价：	72.00元（含录音MP3）

PRINTED IN CHINA
凡有印装质量问题，本社负责调换。售后QQ号1367565611，电话010-82303590

编写说明

一、编写背景

新汉语水平考试（新HSK）是中国国家汉办于2009年推出的一项国际汉语能力标准化考试，重点考查汉语非第一语言的考生在生活、学习和工作中运用汉语进行交际的能力。新HSK分笔试和口试两部分，笔试部分共六级，其中五级属中级水平的考试，面向已掌握2500个常用词的考生。

为使考生们能在较短时间内了解熟悉新HSK五级的考试模式和内容，适应题型，明确考点，掌握答题技巧，我们根据国家汉办颁布的《新汉语水平考试大纲HSK五级》，参照真题，在充分研究新汉语水平考试命题思路的基础上编写了本书。全书由10套笔试模拟试卷组成。每套试卷后附有听力文本及答案、答案说明，书后附有大纲第五级1300词分类词表。

二、本书特点

1. 全真模拟。本书中的模拟试题严格参照国家汉办新HSK考试大纲设计编写，在词汇量、题型、题量、区分度等方面都与新汉语水平考试（HSK）样卷及真题保持一致，反映了新HSK大纲的要求，符合新HSK考试的命题思路。

2. 提供解题思路。文前的答题指南可帮助考生掌握答题技巧，听力、阅读、书写每一部分的解题思路都以真题案例形式作了详细说明，对教师教学和考生应试具有重要的指导意义。在正文的"答案说明"中提供了每道模拟题的答案精解。

3. 试测。书中每套模拟题都经过相应水平的辅导班考生试测，并根据试测结果作了相应的调整和修改，具有较高的信度和效度。培训班多次试用，考试通过率高。

4. 大纲第五级1300词分类词表有助快速学习词汇。附录中将大纲第五级的1300词按26个意义类别加以分类，帮助考生利用分类联想法记忆词汇，以达到事半功倍的学习效果。这部分也提供了录音，可以用来做多种形式的练习。

随书配有录音MP3。每套听力试题前的中国民乐由"女子十二乐坊"演奏，在此深表谢意。

编者
2012年3月

目 录

新 HSK 五级考试介绍 ··· I
新 HSK 五级答题指南 ··· III
新 HSK 五级评分标准（附：新、旧 HSK 分数对应关系）··············· X

全真模拟试卷

第 1 套 ·· 3
第 2 套 ·· 20
第 3 套 ·· 37
第 4 套 ·· 54
第 5 套 ·· 71
第 6 套 ·· 88
第 7 套 ·· 105
第 8 套 ·· 122
第 9 套 ·· 139
第 10 套 ·· 156

听力文本·答案·答案说明

	听力文本	答案	答案说明
第 1 套	175	181	182
第 2 套	186	192	193
第 3 套	199	205	206
第 4 套	210	215	216
第 5 套	222	228	229
第 6 套	234	240	241
第 7 套	246	252	253
第 8 套	257	263	264
第 9 套	269	275	276
第 10 套	280	287	288

附 录

新 HSK 大纲第五级 1300 词分类词表 ······························· 295

答题卡

新HSK五级考试介绍

纸笔考试

HSK（五级）主要面向按每周2—3课时进度学习汉语两年以上，掌握2500个常用词的考生，重在考查考生的汉语应用能力，它对应于《国际汉语能力标准》五级、《欧洲语言共同参考框架（CEFR）》C1级。通过HSK（五级）的考生可以阅读汉语报刊杂志，欣赏汉语影视节目，用汉语进行较为完整的演讲。

考试内容		试题数量（个）		做题时间（分钟）
一、听力	第一部分	20	45	约30
	第二部分	25		
填写答题卡				5
二、阅读	第一部分	15	45	45
	第二部分	10		
	第三部分	20		
三、书写	第一部分	8	10	40
	第二部分	2		
共计	/	100		约120

HSK（五级）成绩报告提供听力、阅读、书写和总分四个分数。总分180分为合格。

	满分
听力	100
阅读	100
书写	100
总分	300

HSK成绩长期有效。作为外国留学生进入中国院校学习的汉语能力的证明，HSK成绩有效期为两年（从考试当日算起）。

新 HSK 网考

新 HSK 网考是在纸笔考试形式的基础上新增的一种考试形式。考试级别和试卷与笔试相同。网考支持在线发放试卷、在线作答各种题型，并可以网络回传考试作答数据，整个考试过程实现了无纸化操作。网考听力试题音频独立播放。写作时可用键盘输入，也可用数码笔书写。

网考报名截止时间比笔试报名截止日期提前 10 天。网考地点需提前咨询相关考点。

新 HSK 五级答题指南

一、听 力

第一部分

共20题。每题听一次。每题都是两个人的两句对话，第三个人根据对话问一个问题。试卷上每题提供4个选项，考生根据听到的内容选出正确答案。

例如，你听到下面一段对话：

女：你准备什么时候去旅游？*

男：七月中旬，十五号左右吧，打算八月一号回来。

第三个人问：男的准备去旅游多长时间？

你在试卷上看到4个答案：

A 一周　　　　B 半个月　　　　C 一个月　　　　D 两个月

对话中男的说7月中旬也就是15号左右走，8月1号回来，可以知道男的准备去旅游半个月左右，因此这道题唯一恰当的答案是B。

第二部分

共25题。每题听一次。这部分试题都是4到5句对话或一段话，根据对话或语段问一个或几个问题。试卷上每题提供4个选项，考生根据听到的内容选出正确答案。

例如，你听到下面一段对话：

女：听说你工作已经定下来了？

男：对，在外交部当翻译。

女：太棒了！找到这么好的工作，应该庆祝一下啊。

男：那我请你去吃烤鸭吧，我今天特别想吃烤鸭。

然后第三个人问：他们要庆祝什么？

---

* 这里引用的例题为 HSK 五级考试真题。

你在试卷上看到4个答案：

　　A 女的搬新家了　　　　　　　B 女的要回国了

　　C 男的开了家烤鸭店　　　　　D 男的找到了满意的工作

对话中男的说他找到了工作，在外交部当翻译，所以他和女的要吃烤鸭庆祝一下。可知本题答案 D 是正确的。

☆ 听力考试结束后，有专门的5分钟填写答题卡时间，把答案抄写到答题卡上。

二、阅　读

第一部分　　共15题。一般有4篇短文，每篇短文有3—4个空格，要求从4个选项中选出一个合适的词语放在空格处，将短文补充完整。

例如：

46—48.

　　有个楚国人乘船渡江，一不小心，把自己的剑掉进了江里。他__46__在船上刻了一个记号，说："我的剑就是从这儿掉下去的。"船靠__47__后，这个人顺着船上的记号下水去找剑，但找了半天也没有找到。船已经走了很远，而剑却还在原来的地方，根据那个记号怎么能找回丢失的剑呢？这个故事告诉我们，世界上的__48__，总是在不断地发展变化，人们想问题、办事情，都应当考虑到这种变化，适应这种变化。

　　46. A 始终　　B 陆续　　C 未必　　D 急忙

　　47. A 弯　　　B 岸　　　C 田野　　D 池子

　　48. A 事物　　B 状况　　C 精力　　D 业务

46题：剑掉到了江里，他应该马上做记号，所以选"D 急忙"。47题："靠岸"是固定搭配，选 B。48题：文章最后用这个故事说明了一个道理，从一个事情联想到万事万物，所以用"事物"，选 A。

解题思路

在做这部分题目时，可以分三个步骤进行：

首先，快速通读全文，从整体上了解短文的大意，抓住一些关键词，如上例中的"变化"一词。

然后，根据词性、词义、搭配关系，再根据上下文的相关信息，从4个选项中选择一个合适的词语，放在空格处。

最后，所有空格都填上后，再通读一遍短文，检查是否前后矛盾，或有意思不顺畅的地方。

第二部分

共10题。每题有一段文字和4个选项，要求选出与这段文字所要表达的内容一致的一项。

例如：

能源是人类活动的物质基础。从某种意义上讲，人类社会的发展离不开优质能源的开发和先进能源技术的应用。当今世界，能源的发展、能源和环境的关系等是全世界、全人类共同关心的问题，也是国家社会经济发展的重要课题。

A 煤炭是一种能源
B 开发能源会破坏环境
C 世界各国都关注能源问题
D 发展经济是国家的重要课题

这段文字主要是关于"能源"的。第一句话就告诉我们，"能源是人类活动的物质基础"。然后告诉我们，能源问题是"全世界、全人类共同关心的问题"。在4个选项中，与短文内容一致的是C。

解题思路

这部分题目主要考查两个方面：一是对材料的整体把握能力，二是对材料中一些细节的注意程度。

在做这部分题目时，可以分两个步骤：

首先，快速通读短文，抓住文章的主要事实、观点等，把明显不相关或者与短文内容不相符的选项排除掉。

然后，将剩下的选项与短文中的内容仔细对照，看是否相符，最终确定一个正确答案。

第三部分

共 20 题。一般有 5 篇短文，每篇短文后有 3—5 个问题，各有 4 个选项，要求阅读短文后，选出每个问题的唯一正确答案。

例如：

71—74.

古时候，有一个农民要到另外一个村子去办事。由于当时交通不便，他只能走路去。不久他发现，要到达那个村子必须经过一条河，不然就得爬过一座高山。怎么办呢？是过河还是爬山？他正犹豫的时候，突然看到附近有一棵大树，于是他用斧头把大树砍倒，将树干砍凿成一条简易的小船。这个农民很佩服自己的聪明，他坐着自造的小船很轻松地就到达了对岸。

上岸后，他觉得这条船实在很管用，如果丢弃在岸边太可惜了。而且万一前面再遇到河的话，他还得再砍树，辛苦地做成船。所以，他决定把船背在身上，以备不时之需。走啊走，背着船的农民累得满头大汗，因为船实在是太重了。他一直汗流浃背地走，却发现一路上都很平坦，在抵达那个村庄前没有再遇到河流，可他却多花了三倍的时间才到达目的地。

人生不就是一次旅程吗？我们无法预测自己人生的道路会是什么样的，各种困难总是会突然出现，令我们始料不及，束手无策。但没有什么"船"能够始终让我们走得自在、轻松，它对我们而言，只能满足一时之需。

71. 那个农民为什么放弃爬山？

　　A 捡到了一条船　　　　　　B 过河更具有挑战性

　　C 看到附近有一棵大树　　　D 刚下过雨，山路难行

72. 那个农民为什么要背着船往前走？

　　A 想用它来挡雨　　　　　　B 要去市场卖船

　　C 想把它送给别人　　　　　D 觉得以后还用得着

73. 那个农民的船：

　　A 质量很糟糕　　　　　　　B 形状很特别

　　C 使用了两次　　　　　　　D 是自己造的

- VI -

74. 最适合做上文标题的是：

A 辛苦的一天　　　　　　　B 以不变应万变

C 出发吧，但不要背着"船"　　D 及早打造自己的人生之"船"

71题：文中说，"他正犹豫的时候，突然看到附近有一棵大树，于是……他坐着自造的小船很轻松地就到达了对岸"，可见他放弃爬山是因为看到一棵树，可以做船过河，所以选C。72题："上岸后，他觉得这条船实在很管用……以备不时之需"说的是他留着这条船的目的，所以选D。73题：第一段说的就是农民造船的原因和过程，所以选D。74题：文章最后一段点出了主题：在某个时候能帮助我们的东西（"船"），不应该成为前进的负担，所以选C。

解题思路

这一部分试题是对学生阅读能力的全面考查，既考查学生对短文中一些细节的理解程度，也考查学生对短文主要内容和中心思想的把握。

做这一部分题的时候，可以先看一遍题目，知道问题是什么，然后快速读一遍短文。读的时候，要有重点、有目的地去读。在与问题有关的部分，可以停下来仔细读，找出问题的正确答案。

作者一般是在文章的开头或最后提出自己的观点，所以，有关观点、看法的问题，可以在文章的开头或结尾找到答案。

这部分的阅读量比较大，要注意速度，不要在某个词或句子上花费太多时间，只要抓住主要内容和关键信息就可以了。但也不能粗心大意，读的时候一定要集中注意力。

三、书　写

第一部分

共8题。每题有几个词或者词组，要求考生把它们组成完整而且符合语法的一句话。

例如：

新的调整　　股票市场　　面临　　着

答案：

股票市场面临着新的调整。

解题思路

这部分题目既考查学生对词语的掌握程度，也考查学生对一些基本句型和语法知识的掌握程度。

汉语句子一般是主谓结构，能做谓语的一般是动词或者形容词。所以，在做题的时候，首先要找动词或者形容词，确定谓语部分；然后根据词性、词义、搭配关系等，确定句子的主干；最后，将剩下的词或词组放入句子中合适的位置。

在做题的时候，还要注意介词搭配的问题，如"由……组成""对……满意"等。如果看到"把""被""比"等，要联想到"把"字句、"被"字句、比较句等句式。

第二部分 共两道题，主要考查汉字书写和汉语写作能力。

第99题，要求考生使用所有给出的词语，写出一篇80字左右的短文。不用按照所给词的顺序写，都用上就可以。**顺序不分先后。**

例如：

虚心　　效率　　学期　　鼓励　　羡慕

解题思路

在做这道题的时候，首先要根据所给的词语，确定所要写的短文的主题。例题中的5个词语，都是与学习有关的，主题应该确定为"学习"，讨论学习成绩、学习方法、学习效率。

确定主题后，用每个词造一个与主题有关的句子，再按照逻辑顺序互相联系起来，就可以形成一段连贯的短文。短文写在答题卡的作文纸上。注意不要写错别字。

第100题，要求考生根据所给图片，写出80字左右的短文。

例如，给出一个礼物的图片，要求写一段与礼物有关的短文，短文写在答题卡的作文纸上。

解题思路

与第99题一样，在做这道题时，首先要确定主题，然后围绕主题，写一篇与图片内容相关，而且有逻辑性的短文。不要追求思想深刻，重要的是围绕图片内容，表达流畅，语法正确，不写错别字。

作文纸的写法

第99、100题在答题卡上给出了作文纸，书写时应该按照中文书写规范：一字一格；段落开头空两格；标点一般占一格；引号（""）和前面的标点合占一格；除引号外，标点不放在一行的开头。例如：

		昨	天	同	学	们	给	我	办	了	一	个	生	日	会	，	还	送	给
我	很	多	礼	物	，	有	词	典	、	有	CD	，	还	有	漂	亮	的	鲜	花，
等	等	。	蜡	烛	点	上	了	，	我	闭	着	眼	睛	在	心	里	说	了	我
的	心	愿	。	同	学	们	一	起	喊	："	生	日	快	乐	！"	然	后	和	我
一	起	吹	灭	了	蜡	烛	。	这	真	是	一	个	难	忘	的	生	日	。	

☆ 填写答案时，要求用2B铅笔把A、B、C、D中的某个字母涂满，以便电脑判卷。作文写在答题卡的作文纸上。

☆ 听力部分有单独的把答案抄写到答题卡上的时间，其他部分没有单独的抄写答案时间。

新 HSK 五级评分标准

1. 客观题评分（听力、阅读）

客观题指听力和阅读。其评分过程为：首先，读取考生答题卡，提取考生作答数据，形成原始数据，然后按"答对 1 题给 1 分，答错 1 题给 0 分"的标准，形成听力、阅读分测验的原始分数；其次，将原始分数进行等值转换，形成等值分数；第三，将等值分数转换为标准分；第四，将标准分再转换为听力、阅读分测验的新 HSK 分数。

考生自我评估时，按百分制简单处理即可。HSK 五级听力共 45 题，满分 100 分，每题约 2.22 分；阅读共 45 题，满分 100 分，每题约 2.22 分。如听力答对 40 题，其成绩为 2.22×40 ≈ 89 分；阅读答对 35 题，其成绩为 2.22×35 ≈ 78 分。

2. 主观题评分（书写）

书写的评分过程是：首先，将评分员所给分数转换为标准分；其次，将标准分转换为书写分测验的新 HSK 分数。

● 五级书写的评分标准如下：

书写	题量	分值	满分
完成句子	8	5	40
写短文	2	30	60
合计	10	/	100

3. HSK（五级）的书写题型评分说明

（1）完成句子

0　　分：空白。

低档分：未包含所提供的全部词语；
　　　　词序排列不正确；
　　　　有 3 个或 3 个以上错别字。

中档分：词序排列基本正确但增加了未提供词；
　　　　词序排列正确但有 1—2 个错别字。

高档分：包含全部词语且词序排列正确，无错别字。

（2）写短文

第 99 题：使用 5 个词语写短文，顺序不分先后。字数要求：80 字左右。

0　分：	空白。
低档分：	未全部使用 5 个词语，内容不连贯，有语法错误；
	有较多错别字。
中档分：	内容连贯且合逻辑，有语法错误；
	内容连贯且合逻辑，有少量错别字；
	内容连贯且合逻辑，篇幅不够。
高档分：	内容与图片相关，无错别字，无语法错误，内容丰富、
	连贯且合逻辑。

第 100 题：看图片写短文。字数要求：80 字左右。

0　分：	空白。
低档分：	内容与图片相关性不大；
	内容不连贯，有语法错误；
	有较多错别字。
中档分：	内容与图片相关且合逻辑，有语法错误；
	内容与图片相关且合逻辑，有少量错别字；
	内容与图片相关且合逻辑，篇幅不够。
高档分：	内容与图片相关，无错别字，无语法错误，内容丰富、
	连贯且合逻辑。

短文应以描述为主，基本不需要进行议论。考生如果侧重议论，也不会影响其成绩。评分关注的是汉语表达的规范与流畅，而非立意、见识的高下。

4. 关于笔试总分

新 HSK 笔试总分由分测验分数相加而得，HSK 五级，如果听力为 85 分，阅读为 80 分，书写为 75 分，总分即：85+80+75=240 分。

新 HSK 五级及格分数是总分 180 分。

附：

新、旧 HSK 分数对应关系

（来源：国家汉办）

旧 HSK 证书等级	旧 HSK 分数段		旧 HSK 级别	新 4 级 总分 300	新 5 级 总分 300	新 6 级 总分 300
初、中等总分（400）	初等证书	C	152-	3 级	*180-		
		B	189-	4 级	195-		
		A	226-	5 级	210-		
	中等证书	C	263-	6 级		180-	
		B	300-	7 级		195-	
		A	337-	8 级		210-	
高等总分（500）	高等证书	C	280-	9 级			180-
		B	340-	10 级			195-
		A	400-	11 级			210-

全真
模拟试卷

新汉语水平考试
HSK（五级）
模拟试卷 第1套

注　意

一、HSK（五级）分三部分：

　　1. 听力（45题，约30分钟）

　　2. 阅读（45题，45分钟）

　　3. 书写（10题，40分钟）

二、听力结束后，有5分钟填写答题卡。

三、全部考试约125分钟（含考生填写个人信息时间5分钟）。

		答对题数	成绩
听力			2.22分 ×　　＝　　分
阅读			2.22分 ×　　＝　　分
书写	完成句子		5分 ×　　＝　　分
	写短文	1	（满分30分）　　　　分
		2	（满分30分）　　　　分
总成绩			分

一、听 力

第一部分

第1—20题：请选出正确答案。

1. A 星期五
   B 星期六
   C 星期天
   D 星期一

2. A 快办手续
   B 贷款买车
   C 换其他业务
   D 去银行咨询

3. A 电影
   B 电视剧
   C 故事书
   D 娱乐节目

4. A 精彩
   B 无聊
   C 难懂
   D 有趣

5. A 网上购物
   B 付款方式
   C 如何注册
   D 怎么选书

6. A 半年后
   B 一年后
   C 学完中级课程
   D 学完高级课程

7. A 他爱人很奇怪
   B 他不喜欢妻子
   C 他爱人应该高兴
   D 他忘了结婚纪念日

8. A 银行
   B 医院
   C 火车站
   D 食品店

9. A 照片太大
   B 不能上网
   C 没有软件
   D 不会下载

10. A 存银行
    B 买股票
    C 买房子
    D 买保险

11. A 出席会议
    B 参加宴会
    C 讨论日程
    D 会见客人

12. A 她不喜欢小李
    B 她不喜欢明星
    C 她没看过演唱会
    D 她不想看演唱会

- 4 -

13. A 还是个学生
    B 没找到工作
    C 已经工作了
    D 工作比较忙

14. A 餐馆
    B 酒店
    C 俱乐部
    D 房屋中介

15. A 单开门
    B 技术新
    C 全自动
    D 很安全

16. A 比较累
    B 不安全
    C 有些贵
    D 乘客多

17. A 支持
    B 反对
    C 同情
    D 批评

18. A 体育比赛
    B 领导发言
    C 新闻采访
    D 手机广告

19. A 讨论
    B 吵架
    C 商量
    D 开玩笑

20. A 特别紧张
    B 觉得很热
    C 得了重病
    D 害怕打枪

第二部分

第 21—45 题：请选出正确答案。

21. A 200 块
    B 400 块
    C 800 块
    D 1000 块

22. A 传播文化
    B 宣传新书
    C 推广现代艺术
    D 体现企业文化

23. A 他在拐弯
    B 他滑倒了
    C 他乱扔香蕉皮
    D 他的手受伤了

24. A 他家很近
    B 他买不起车
    C 公交车很方便
    D 油价越来越贵

25. A 先登记再买房
    B 先装修再结婚
    C 先装修再设计
    D 先打电话再装修

26. A 一定能
    B 很可能
    C 大概能
    D 不可能

27. A 他喜欢喝牛奶
    B 他把牛奶弄洒了
    C 他要洗衣服
    D 他让女的帮忙

28. A 比较简单
    B 只考教材
    C 没有参考书
    D 不考文学作品

29. A 很有趣
    B 不太难
    C 免费服务
    D 时间是 30 天

30. A 世界文学
    B 国际关系学
    C 政府经济学
    D 国际贸易学

31. A 1000 元
    B 1500 元
    C 3000 元
    D 5000 元

32. A 2500 元
    B 4400 元
    C 1.6 万元
    D 6 万元

33. A 中国父母很爱孩子
    B 普通家庭教育投入很高
    C 教育投入不应该这么高
    D 父母为孩子可以牺牲一切

34. A 饼干
    B 西瓜
    C 橘子
    D 辣花生

35. A 死了
    B 觉得辣
    C 觉得酸
    D 觉得渴

36. A 对人要诚恳
    B 要学会合作
    C 对朋友不能自私
    D 要注意营养丰富

37. A 重要的大部分
    B 重要的小部分
    C 不重要的大部分
    D 不重要的小部分

38. A 掌握大部分
    B 掌握一部分
    C 掌握全部价值
    D 掌握重要的小部分

39. A 阅读时间
    B 地球资源
    C 家庭收入
    D 发明创造

40. A 别忘记买笔
    B 要买蓝色笔
    C 不要买黑色笔
    D 买十支黑色笔

41. A "我"一再强调黑色
    B 他身体比较疲劳
    C 市场只有黑色笔
    D 他忘了"我"的嘱咐

42. A 生气
    B 怀疑
    C 后悔
    D 激动

43. A 不能工作
    B 容易疲劳
    C 经常失眠
    D 手脚发抖

44. A 去医院治疗
    B 身体不舒服
    C 病症消失了
    D 病情加重了

45. A 肝炎
    B 心脏病
    C 腰腿疼痛
    D 消化不良

二、阅 读

第一部分

第46—60题：请选出正确答案。

46—48.

考官给每个人发了一张试卷，上面只有一道题：英国每年买多少高尔夫球？看到这个题目， 46 。可仔细一想，发现这道题不是要我答出一个确定的数字， 47 考察我的思考过程。

数量与市场需求有关，市场需求与人口有关。英国有多少人口，这个我脑子里要有数。我还在答题纸上写明了如何进行抽样调查。我再假设经常打的有多少人，估计每年要用多少球，其他人多久打一次，需要用多少球。这些数字加起来就是英国总的市场需求。最后我满意地交了答卷。

一个月后，我 48 了这家公司的录用通知。

46. A 我觉得很高兴　　　B 我几乎傻眼了
　　C 我认为很容易　　　D 我感到非常生气
47. A 可是　　B 也是　　C 而是　　D 不过
48. A 看到　　B 听到　　C 知道　　D 收到

49—52.

唐伯虎是明朝著名的画家和文学家，小的时候在画画儿方面 49 了超人的才华。唐伯虎的老师是大画家沈周，他学习非常刻苦勤奋， 50 绘画技艺很快，深受沈周的称赞。不料，由于沈周的称赞，使 51 谦虚的唐伯虎也渐渐地产生了自满的情绪。沈周看在眼中，记在心里。一次吃饭，沈周让唐伯虎去开窗，唐伯虎走过去时才发现自己手下的窗户竟是老师沈周的一幅画。唐伯虎非常 52 ，从此一直专心学画。

49. A 表达　　B 知道　　C 表示　　D 显示
50. A 明白　　B 掌握　　C 加强　　D 认识
51. A 看来　　B 后来　　C 向来　　D 偶尔
52. A 高兴　　B 害怕　　C 惭愧　　D 伤心

53—56.

从前，有个人赶着一匹马和一头驴上路。路上，驴子对马说："我太累了，请帮我__53__一点儿我的负担吧。"马不愿意，驴子终于因为精疲力竭而累死了。__54__，主人把所有的货物都放在马背上。这时，马悲伤地说："我真倒霉！我__55__会受这么大的苦呢？这全是因为不愿分担一点儿驴的负担。现在不但没有减轻负担，还要背上全部的货物。"

这个故事说明，__56__，大家才能更好地生存。

53. A 承担　　　　B 分担　　　　C 分享　　　　D 享用
54. A 所以　　　　B 那么　　　　C 于是　　　　D 可是
55. A 哪里　　　　B 什么　　　　C 怎么　　　　D 哪
56. A 要多交朋友　　　　　　　　B 不要带太多东西
　　C 应该听听别人的建议　　　　D 强者与弱者应相互帮助

57—60.

人们天天都在漱口，但并不是人人都会漱口。正确的漱口方法应该是：将一定量的水含在口内，闭口，然后用力鼓动两颊及唇部，使水在口腔内能够__57__地接触牙齿、牙龈及黏膜表面，并__58__水的力量反复冲击整个口腔。__59__，也可以加入少许食盐。如果是饭后漱口，一般用清水即可。只要按上述方法，反复多漱几次就行。但应注意，不要在进食很热的饭菜之后，马上就用温度相差很大的凉水去漱口，__60__中老年人更应避免这样做。

57. A 慢慢　　　　B 充分　　　　C 大概　　　　D 轻轻
58. A 挪用　　　　B 把　　　　　C 利用　　　　D 引用
59. A 不要用太多盐　　　　　　　B 漱口水不要太多
　　C 如果漱口水不好喝　　　　　D 漱口水可以是清水
60. A 因此　　　　B 只有　　　　C 然而　　　　D 尤其

第二部分

第61—70题：请选出与试题内容一致的一项。

61. 聪明的减肥是在摄入合适的食物的同时，得到相应的营养物质，这样减肥的时候消耗的营养和摄入的营养形成平衡，才是健康聪明的减肥。说真的，减肥真的没必要去饿肚子，何必和自己的身体过意不去呢？

    A 减肥不应该吃东西
    B 减肥的关键是得到营养
    C 减肥是和自己的身体过不去
    D 减肥应注意消耗与摄入营养的平衡

62. 核电作为清洁能源，应当造福人类。我们不必谈核色变，盲目反对核电。事实上，对核电的利用，一直在不断进步，核电的技术不断升级，安全性不断提高。但是，即便如此，专家也表示，不能保证百分之百的安全。

    A 不应该使用核电
    B 核电现在非常安全
    C 应该更多地利用核电
    D 核电的使用不能保证一定安全

63. 国内一项调查数据显示，七成人都是发觉渴了才喝水。其实当你感到口渴的时候，你的身体至少已经流失了1%的水分。喝水不是为了解渴，而是让其参与新陈代谢，被人体吸收。同时，越不注意喝水，喝水的欲望就会越低，人就会变得越来越"干旱"。所以，不管渴不渴都要及时补水。

    A 很多人不喜欢喝水
    B 口渴了以后喝水最好
    C 喝水太多对身体不好
    D 不应该渴了以后才喝水

64. 家庭教育暴力之所以横行而得不到遏制，说到底，是父母们不懂或不十分懂什么是教育，因而凭着自己的感觉实施教育，或到处翻书实施教育，并且越教育不好越着急，最后逐步发展成失去耐心的"硬暴力"或软磨硬泡式的"软暴力"。

    A 教育可以凭感觉进行
    B 明白什么是教育很重要
    C 教育应该多根据书上说的
    D 家庭教育暴力是父母没文化造成的

65. 一个名叫"速度"的澳大利亚小镇，从 2011 年 3 月起正式改名为"速度杀手"镇。澳大利亚每年有数百人死于公路交通意外，2010 年，乡村公路上的交通意外死亡人数增长了 25%。澳政府花了很大力气，持续做广告宣传、劝告司机放慢车速，但效果并不理想。

   A 做广告的效果很好
   B 澳大利亚很重视交通安全
   C 澳大利亚几乎没有交通事故
   D "速度杀手"镇这个名字更好听

66. 当你想要去追逐梦想的时候，总有一些人会对你说一些话，但是你要分清哪些话是真的有用，哪些话是谎言。不幸的是，有些时候正当你要迈出追逐梦想的第一步的时候，你身边的人，甚至是一位十分在乎你的人也许会给你一些糟糕的意见。其实不是因为他们对你有恶意，而是因为他们不了解你的梦想以及人生目标对于你的意义。

   A 总有人喜欢和你说话
   B 应该多听取别人的意见
   C 身边的人经常给你糟糕的意见
   D 一定要分清哪些意见真的有用

67. 重庆有一个叫王强的人，身高达 2.24 米，脚掌的长度和宽度是普通人的两倍。有的人不及他的裤腰高度。他的身高只比篮球运动员姚明矮 2 厘米。他身体庞大，饭量惊人，一系列超乎常人的特征，让人觉得他"很强大"。

   A 王强吃饭很多
   B 王强是篮球运动员
   C 王强和姚明是朋友
   D 姚明的身高是 2.24 米

68. 脸谱是中国戏曲演员脸上的绘画，用于舞台演出时的化妆造型艺术。红色脸象征忠诚、正义；黑色脸表现性格严肃或者有力量；白色脸表现狡猾、多疑；金色脸象征威武、庄重，多表现神仙一类的角色。

   A 脸谱很漂亮
   B 脸谱有很多种类和意思
   C 代表神仙的脸谱是黑色的
   D 脸谱是电影演员脸上的绘画

69. 内向和外向就像我们的左手和右手，在生活中我们的左手和右手都是必须用到的，只不过我们更习惯于用某一只手罢了。如果你是一个外向的人，那么外向就好比是你的右手，内向就好比是你的左手，就像你有时必须用左手一样，你有时也会内向。

   A 内向的人更多
   B 外向比内向更好
   C 外向的人习惯用右手
   D 内向和外向没有好坏的分别

70. 有个偷牛的人被警察抓住了。他的朋友问他："你出了什么事？"他说："算我倒霉，前天在街上散步，看见地上有一条草绳，以为有用，就捡起来了。"朋友问："捡条草绳就有罪？"他说："绳的另一边还有一头小牛。"

   A 草绳很有用
   B 警察抓错了人
   C 这个人不想偷牛
   D 这个人不承认自己是小偷

第三部分

第 71—90 题：请选出正确答案。

71—73.

张刚去拜访一位大师，向他请教为人处世之道，大师给他讲了三个人生哲理故事。

故事一：有两个强壮的年轻人，一个努力，一个聪明。他们在同一块地上各自挖井找水，很快两人都挖了两米多深，但丝毫没有水的迹象。一个继续在原地深挖，另一个则换地方作新的尝试。终于，前者通过不懈的努力找到了甘泉，而后者一无所获。

张刚听完，点点头："我明白了，做人就应该持之以恒，否则终将一事无成。"大师只是笑了笑。

故事二：还是这两个人，一个人在经过数次尝试后，终于在一个地方发现了水的迹象。于是，他进行深挖，终于找到了水源。而另一个始终在原地，虽然付出了很多努力，但始终没能找到水。

"这……"张刚有些迟疑，"我想也许人还应该不断地总结经验，不能执迷不悟。"大师还是笑了笑。

故事三：两个人虽然都竭尽全力，但无论挖多深，也不管找多少地方，两个人都没能找到水源。

"为什么？"张刚疑惑起来。

"因为那个地方根本就没有水。"大师从容地说道，"其实，为人也是如此。生活没有一成不变的处世准则，一切都要靠自己去摸索和体会。"

71. 张刚为什么去找大师？
    A 他们俩是朋友   B 很喜欢听故事
    C 想学习做人的道理   D 大师是张刚的老师

72. 听完大师的三个故事，张刚为什么觉得疑惑？
    A 张刚没有认真听   B 大师的声音不太清楚
    C 大师的三个故事都是假的   D 故事说明的道理都不一样

73. 大师告诉张刚的道理是什么？
    A 做人应该持之以恒   B 应该不断总结经验
    C 聪明和努力都很重要   D 生活要靠自己体会和摸索

74—77.

爱情是一个人对另一个人习惯的认同，爱到最高境界就是认同对方的习惯。一个女人习惯了一个男人的鼾声，从不适应到习惯再到没有他的鼾声就睡不着觉，这就是爱；一个男人习惯了一个女人的任性、撒娇，甚至无理取闹、无事生非，这就是爱；一个人会为了另一个人去改变、去迁就，这就是爱。爱情的哲学有时候就是这么简单，就在生活的点滴里。

你如果始终不能适应一个人、适应他的所有习惯，那只说明你没有爱他，或者说你还未到爱的境界，因为爱就在这些细节里。当你已经习惯你爱人的所有习惯，比如他衣服的烟草味，比如他不够干净的衬衣，比如他半夜起来看足球，那么不要再问"爱是什么"这样愚蠢的问题了。

爱，有时候就是这么简单、朴素，像一杯在我们身边的白开水，伸手可及。喝了，虽然淡而无味，却是生活中的必需品。

74. 爱的最高境界是什么？
   A 喜欢爱人的衣服　　　　B 愿意和爱人一起看球
   C 可以忍受爱人无理取闹　D 适应爱人的所有习惯

75. 文中画线词语"愚蠢"最可能是什么意思？
   A 无聊　　B 简单　　C 傻　　D 可笑

76. 男人可能最不习惯女人的哪个方面？
   A 鼾声　　　　　　　B 总是改变
   C 任性、撒娇　　　　D 衣服上的味道

77. 作者认为：
   A 爱情很简单　　B 爱情很麻烦
   C 爱情很浪漫　　D 爱情很无聊

78—82.

一个企业该如何始终保持成长并充满活力，诺基亚（NOKIA）公司的发展给了我们很大启示。一百多年来，科技进步已经使世界发生了巨大的变化。诺基亚的主业也没有停止在传统的林业加工上，而是紧跟时代的潮流。它的主营业务上经历了数次变更，这些业务很大程度上都是毫无关联的，但诺基亚仍然是芬兰人心中的诺基亚。在芬兰，老年人会说诺基亚是一个生产胶鞋的公司，中年人会说诺基亚是一个家电制造商，年轻人则会说诺基亚是一个手机厂商。诺基亚每一项业务在人们心中都留下了深刻的印象，虽然其中很多业务已经成为了过去。人们能把如此多的业务与同一个诺基亚联系起来，这得益于诺基亚留给了人们一个持久的核心价值：以人为本。

诺基亚公司认识到，科技源于人，服务于人。越是高深的科技，越要从人性出发，为人设计和服务，而不是让用户买回去产品之后，花大工夫研究和学习才能掌握操作。诺基亚不管是什么产品都竭力追求人性化设计，尽可能地为不同的消费者量身订做，提供尽可能完善的售后服务，并在个性化上下工夫。这就保证了其产品的畅销。

78. 根据本文可以知道，诺基亚公司：
A 是一家新公司　　　　B 只生产手机
C 是芬兰的公司　　　　D 主要进行林业加工

79. 诺基亚公司的主业：
A 一直没变　　　　　　B 是最好的
C 发展很慢　　　　　　D 紧跟时代潮流

80. 芬兰的中年人觉得诺基亚公司是：
A 生产家电的　　　　　B 制作胶鞋的
C 生产手机的　　　　　D 制造电脑的

81. 诺基亚公司成功的最重要原因是什么？
A 技术先进　　　　　　B 保持个性
C 坚持"以人为本"　　　D 有完善的售后服务

82. 如果给这篇文章选一个题目，你认为哪一个最好？
A 诺基亚公司　　　　　B 我为什么喜欢诺基亚
C 科技和人的关系的变化　D 诺基亚公司保持活力的秘密

83—86.

一位青年大学毕业后，曾为自己树立了许多目标，可是几年下来，依然一事无成。他很苦恼，于是去找智者。智者正在河边小屋里读书，微笑着听完青年的倾诉，对他说："来，先帮我烧壶开水吧！"

青年看见墙角放着一把极大的水壶，旁边是一个火炉，可是没发现柴火，于是便出去找。他在外面拾了一些枯枝回来，装满一壶水，放在灶台上，在灶内放了一些柴便烧了起来，可是由于壶太大，那捆柴烧完了，水也没开。于是他跑出去继续找柴，回来的时候那壶水已经凉得差不多了。这回他学聪明了，没有急于点火，而是再次出去找了些柴。由于柴准备充足，水不一会儿就烧开了。

智者问他："如果没有足够的柴，你该怎样把水烧开？"青年想了一会儿，摇了摇头。智者说："如果那样，就把壶里的水倒掉一些！"青年若有所思地点了点头。

智者接着说："你一开始踌躇满志，树立了太多的目标，就像这个大水壶装了太多水一样，而你又没有足够的柴，所以不能把水烧开。要想把水烧开，你或者倒出一些水，或者先去准备柴！"

83. 这个青年为什么烦恼？
　　A 找工作太难　　　　　　B 他没有女朋友
　　C 觉得自己不够聪明　　　D 没有实现目标

84. 智者为什么让青年帮他烧水？
　　A 智者想喝茶　　　　　　B 青年是他的朋友
　　C 智者太老了　　　　　　D 要告诉青年一个道理

85. 第一回烧水，青年：
　　A 成功了　　B 失败了　　C 受伤了　　D 没有柴火

86. 通过这篇文章，我们可以知道：
　　A 做事情要注意顺序　　　B 多树立目标对我们有好处
　　C 应该多听聪明人的建议　D 要明确目标并作好充足准备

87—90.

一个人的生命历程里最能改变人的是什么？金钱？地位？婚姻？健康？不，是时间。时间里可能遭遇一切，失恋，疾病，磨难，挫折，失落，痛苦……当你和你不希望的一切一次次争斗，一次次失利，当你的健康受到<u>摧残</u>的时候，当你在黑暗的夜晚独自哭泣的时候，当你在琐碎的生活里消耗着青春岁月的时候，那种绝望，那种濒临死亡的感觉，没有经历过的人是不会知道的，也是不能体会的，这些很容易消耗人所有的希望和热情。

你也许听过温水煮青蛙的故事。当你把一只活蹦乱跳的青蛙放进开水里，它肯定会很机灵地蹦出来。可是，如果你把一只活青蛙放在冷水锅里，然后在下边慢慢加高温度，直到水开，它也不会跳出来，最后会被煮死。这是为什么？你想过吗？因为它在漫长的时间里已经麻木，已经感觉不到渐渐来临的危险。

其实，很多时候的人生，就是像在用温水煮青蛙。

87. 最能改变人的是什么？
　　A 金钱　　　B 婚姻　　　C 健康　　　D 时间

88. 根据这篇文章，关于时间，正确的是：
　　A 时间非常珍贵　　　　B 时间能让人变老
　　C 时间过得很快　　　　D 时间能让人经历所有的东西

89. 第一段中的画线词语"摧残"可能是什么意思？
　　A 伤害　　　B 保护　　　C 重视　　　D 检查

90. "温水煮青蛙"的故事告诉我们什么？
　　A 青蛙不喜欢热水　　　B 青蛙不太聪明
　　C 时间会让人麻木　　　D 温水比热水更危险

三、书 写

第一部分

第 91—98 题：完成句子。

例如： 发表　这篇论文　什么时候　是　的

　　　　这篇论文是什么时候发表的？

91. 终于　想　老师的话　我　起来

92. 锻炼　经常　能够　爬山　身体

93. 表演　昨天　精彩　比　今天　多了　的

94. 丰富的　她　得到了　经验　留学生活　使

95. 碰　自行车　被　了　倒

96. 英语　很　小张的　说得　地道

97. 我　去　展览　展览馆　看　过

98. 毕业论文　把　交给　老师　请

第二部分

第 99—100 题：写短文。

99. 请结合下列词语（要全部使用），写一篇 80 字左右的短文。

　　周末　　开心　　逛街　　热闹　　讲价

100. 请结合这张图片写一篇 80 字左右的短文。

新汉语水平考试
HSK（五级）
模拟试卷 第２套

注 意

一、HSK（五级）分三部分：

　　1. 听力（45题，约30分钟）

　　2. 阅读（45题，45分钟）

　　3. 书写（10题，40分钟）

二、听力结束后，有5分钟填写答题卡。

三、全部考试约125分钟（含考生填写个人信息时间5分钟）。

		答对题数	成　绩
	听　力		2.22分 × 　＝ 　分
	阅　读		2.22分 × 　＝ 　分
书写	完成句子		5分 × 　＝ 　分
	写短文　1	（满分30分）	分
	2	（满分30分）	分
	总成绩		分

一、听　力

第一部分

第1—20题：请选出正确答案。

1. A 时间不合适
   B 他不能参加
   C 报告很重要
   D 没必要开会

2. A 吃惊
   B 遗憾
   C 兴奋
   D 感动

3. A 包装不漂亮
   B 不用做广告
   C 价格比较合适
   D 销售情况不会太好

4. A 一个星期
   B 两个星期
   C 三个星期
   D 四个星期

5. A 他想喝粥
   B 他已经吃饱了
   C 他晚上不吃东西
   D 应该换一家饭馆

6. A 超市
   B 医院
   C 电影院
   D 健身房

7. A 昨天上午有讲座
   B 女的去听讲座了
   C 男的觉得很有收获
   D 男的不同意教授的观点

8. A 她不想上名牌大学
   B 考名牌大学很容易
   C 暑假她要好好休息
   D 她要为大学学习作准备

9. A 肚子不舒服
   B 不相信医生
   C 没有吃胃药
   D 很少去卫生间

10. A 自己学院一定能赢
    B 不希望自己学院赢
    C 这场比赛不太好看
    D 比赛结果很难预测

11. A 今天是周二
    B 路上车不多
    C 他们赶上火车了
    D 现在是上班时间

12. A 亲戚
    B 邻居
    C 朋友
    D 同事

13. A 男的在安慰女的
    B 女的不在乎时间
    C 女的看中一件衣服
    D 男的觉得不耐烦了

14. A 他们在机场
    B 女的一个人出差
    C 男的在嘱咐女的
    D 女的去国外旅游

15. A 中病毒了
    B 机器太旧
    C 安装程序太多
    D 需要清理灰尘

16. A 摔坏了
    B 被偷了
    C 欠费了
    D 送人了

17. A 他现在还很年轻
    B 他的工作并不稳定
    C 结婚要有经济基础
    D 没有女孩儿喜欢他

18. A 医院
    B 迪厅
    C 商场
    D 饭馆

19. A 大学教师
    B 汽车销售员
    C 饭店服务员
    D 超市售货员

20. A 女的不喜欢吃辣
    B 男的有点儿胃疼
    C 医生不让女的吃鱼
    D 他们正在饭馆点菜

第二部分

第21—45题：请选出正确答案。

21. A 女的在酒店工作
    B 他们明天去买东西
    C 男的想要一份礼物
    D 他们在讨论晚会的事

22. A 走路
    B 打车
    C 坐地铁
    D 坐公共汽车

23. A 男的经常在家做饭
    B 女的觉得做饭不辛苦
    C 他们经常在饭馆吃饭
    D 他们晚上吃西红柿炒鸡蛋

24. A 喜欢记笔记
    B 要准备考试
    C 经常去上课
    D 平时工作很忙

25. A 女的是医生
    B 女的经常头疼
    C 男的没作检查
    D 男的睡眠不好

26. A 医院
    B 学校
    C 房屋中介公司
    D 购物中心

27. A 买盐
    B 切菜
    C 下楼
    D 早点儿回家

28. A 济南
    B 海南
    C 青岛
    D 哈尔滨

29. A 打游戏
    B 踢足球
    C 听音乐
    D 看电影

30. A 网上购物
    B 商品种类
    C 产品价格
    D 质量保证

31. A 山东
    B 北京
    C 上海
    D 广东

32. A 出国旅行需要
    B 办理入住手续
    C 检查游客身份
    D 担心证件丢失

33. A 司机
    B 医生
    C 律师
    D 导游

34. A 鞋子
    B 尺子
    C 一支笔
    D 一张纸

35. A 别人把鞋都买走了
    B 城里没有卖鞋的商店
    C 商店没有适合他穿的鞋
    D 回家取东西耽误了时间

36. A 不能相信书本
    B 真理没有标准
    C 经验更加可靠
    D 书上写的才是对的

37. A 吃片口香糖
    B 把座位卡交给服务员
    C 将行李放在行李架上
    D 系好座位上的安全带

38. A 雨伞
    B 杂志
    C 时刻表
    D 塑料袋

39. A 飞机上的广播只用英语
    B 飞机上的啤酒是免费的
    C 机长会告诉您到达的时间
    D 起飞时可以嚼一片口香糖

40. A 再也不偷鸡了
    B 自己去找警察
    C 每月偷一次鸡
    D 明年再去偷鸡

41. A 小偷的话没有道理
    B 人的习惯容易改变
    C 戒烟真的非常困难
    D 少抽点儿烟没坏处

42. A 道德
    B 习惯
    C 管理
    D 计划

43. A 没有选择更好
    B 选择越多越好
    C 选择太多可能不好
    D 如何选择并不重要

44. A 4位
    B 6位
    C 24位
    D 31位

45. A 勇敢地作出选择
    B 一点儿不能犹豫
    C 不要听取别人意见
    D 多尝试不同的选择

二、阅 读

第一部分

第46—60题：请选出正确答案。

46—48.

两位美国学者__46__了一些大学生，在不同的时间询问他们，对自己的寒假生活有什么遗憾。在寒假__47__结束时，学生们的主要遗憾是没有更多地学习、工作和挣钱。过了一年以后再问他们，他们更多地后悔没有__48__足够的快乐，没有去旅游和消费。再过几年以后，当这些大学生再次聚会时，他们更强的遗憾是寒假工作太多了，没有花足够的时间和自己的同学一起玩乐。

46. A 调查　　　B 允许　　　C 限制　　　D 吸引
47. A 早就　　　B 刚才　　　C 刚刚　　　D 当时
48. A 原谅　　　B 获得　　　C 证明　　　D 掌握

49—52.

一位游客去农村旅行，看到一位农民__49__草放到屋顶上让牛吃，感到奇怪，于是就问："老人家，你为什么不把草放在地上，让牛吃起来更方便呢？"

农民说："这种草味道不好，我要是放在地上，牛__50__不愿意吃。但是如果我放到屋顶上，牛好不容易才能吃到，它就会努力地去吃，把草全部吃光。"

其实，__51__。太容易得到的东西，人们大多不懂得去__52__；越是不容易得到的东西，人们越认为有吸引力。而只有通过自己努力奋斗得到的东西，人们才会真正认识到它的宝贵。

49. A 被　　　　B 把　　　　C 连　　　　D 跟
50. A 假如　　　B 逐渐　　　C 肯定　　　D 总算
51. A 人有的时候也是这样　　　B 草的味道没什么差别
　　C 努力工作不一定能成功　　D 每个人的爱好都不相同
52. A 相信　　　B 珍惜　　　C 主持　　　D 装饰

53—56.

以前，父亲的回信总是很长。在信的最后，父亲总是说："即使是在寒冷的冬天里，只要看到你的来信，我就会觉得特别 __53__ 。"

后来，我给家里 __54__ 了一部电话，父亲更加高兴，常常拿起电话打个没完。可是不久，母亲来电话说，父亲让我还是写信，原因是寄信便宜，电话费太贵。

我不太理解，打电话很方便，__55__ ？我觉得写信有点儿浪费时间，所以我仍然选择打电话。

直到有一次，母亲告诉我："你爸老了，听力不好，在电话里听不清楚你的声音，他急得不知道怎么办才好。"

听了母亲的话，我心里又 __56__ 又难过，赶紧写了一封长信给父亲。后来母亲说，父亲收到信后非常高兴，像个孩子一样，坐在满院的阳光下，反复地读着。

53. A 完整　　　　B 疼爱　　　　C 温暖　　　　D 伟大
54. A 安装　　　　B 指导　　　　C 询问　　　　D 限制
55. A 给谁打电话呢　　　　　　　B 拿什么来写信呢
　　 C 什么时候打合适呢　　　　 D 为什么还要写信呢
56. A 兴奋　　　　B 惭愧　　　　C 委屈　　　　D 熟悉

57—60.

19世纪以前，工人一般每天要工作10小时以上。后来，工人们逐渐 __57__ 到8小时工作制、每周有两个休息日。那时的人们普遍认为：休闲是幸福，工作时间太长是不幸福的。

20世纪以后，__58__ 消费主义的兴起，人们开始相信"休闲不是幸福，__59__"。于是，人们开始加长工作时间，目的是为了多赚钱、多消费。但是，人们逐渐发现，工作时间加长，虽然增加了收入和消费，但没有增加幸福。

消费是用钱购买商品或服务，但是钱并不像人们以为的那样能买到很多快乐。实际上，钱能买到的东西非常少。比钱更有助于幸福的是：跟家人、朋友 __60__ ，做自己感兴趣的工作，有一个健康的身体，等等。

57. A 奋斗　　　　B 争取　　　　C 管理　　　　D 宣布
58. A 输入　　　　B 关于　　　　C 随着　　　　D 取消
59. A 年轻人不怕累　　　　　　　B 工作要有效率
　　 C 不工作不幸福　　　　　　　D 消费才是幸福
60. A 交流　　　　B 谈判　　　　C 商量　　　　D 贸易

第二部分

第61—70题：请选出与试题内容一致的一项。

61. 在一次调查中发现，超过70%的中国人对自己的生活不满意。过去，吃得饱、穿得暖是幸福，有妻有儿也是幸福。而现在，有房、有车、有亲情、有丰富的生活，人们仍然不满足。他们要求更多，别人有的我要有，别人没有的我也要有。在互相比较中，大家对自己的生活都不满意。

   A 过去的中国人更幸福
   B 有车、有房才能幸福
   C 中国人喜欢和外国人比较
   D 大部分中国人对生活不满意

62. 一位做生意的朋友对我说，当他跟别人谈生意的时候，一定要面对面坐。因为那样可以看见对方的脸，便于观察，好讨价还价。但是，只要谈成了，签字的那天，就算在同一张桌子，他也一定要坐到对方的侧面，因为这样比较亲切。签字的时候，对方可能临时会提出一些问题。相邻而坐的时候，这样的问题会少很多。

   A 谈生意时，面对面坐更合适
   B 面对面坐会让双方感觉更亲切
   C 签字的时候，双方不能坐一张桌子
   D 相邻而坐的时候，对方不会提问题

63. 有位老木匠准备退休，老板舍不得他最好的工人走，问他能否帮忙再建一座房子，老木匠同意了。但是老木匠的心已经不在工作上了，只是在应付。房子建好了，老板把钥匙递给他，对他说："这座房子是公司送给你的礼物。"老木匠又吃惊又羞愧。现在，他住在一座自己亲手建造的、粗制滥造的房子里！

   A 老板准备给自己建一座房子
   B 老木匠曾经是公司最好的工人
   C 收到礼物，老木匠心情很平静
   D 老木匠最后建的房子质量非常好

64. 日本一家公司调查发现，上世纪90年代初期，日本经济发展良好，60%的女性留有长发。随后几年，日本经济陷入困境，短发成为日本女性的主导发式。2002年以来，长发重新流行。此时，经济开始复苏。他们得出结论，当日本经济迅速发展时，女性更愿意留长发；当经济出现停滞时，她们则多留短发。

   A 经济情况影响日本女性的发式选择
   B 上世纪90年代，日本经济出现停滞
   C 比起短发来，日本女性更喜欢留长发
   D 2002年以前，日本经济一直迅速发展

65. 一个人有一只表时，可以知道现在几点。而当他同时拥有两只不同的表时，反而无法确定。两只表并不能告诉你更准确的时间，却可能让你失去对时间的信心。你要做的，就是选择其中更可靠的一只。让很多人苦恼的是，他们被"两只表"弄得无所适从，不知道应该如何选择。

    A 表对我们的生活并不重要

    B 我们应该有正确的时间观念

    C 人们应该尽量尝试不同的选择

    D 在选择面前，很多人不知道该怎么办

66. 周末是重要的休息时间，你的头脑里必须要有"周末休息"的意识，别忙起来不管星期几，还骄傲地对人说："我工作起来没有休息日。"如果没有什么要紧的事，周五晚上就把手机关掉，舒舒服服地睡上一大觉。也不要以为周末不用工作，可以放心地熬夜，最好在正常作息时间上床，不能超过12点。

    A 周末应该适当地休息

    B 工作忙的人可能非常骄傲

    C 周五晚上一定要把手机关掉

    D 周六可以晚上十二点以后睡

67. 心理学上有一个著名的"踢猫效应"：老板骂了员工小王；小王很生气，回家跟妻子吵架；儿子回家晚了，妻子打了儿子一巴掌；儿子看见家里的小猫，就踢它一脚；猫冲到外面街上，正遇到街上的一辆车；司机为了避让猫，把旁边的一个小孩撞伤了。可见，坏情绪是可以传染的。很多时候，有人向你发脾气，可能是因为他踢了自己的"猫"，和你并没有关系。

    A 吵架会使人更加着急

    B 发脾气不一定有原因

    C 家里养猫的人容易发脾气

    D 坏情绪可能会传染给其他人

68. 春节的前一夜是"除夕"，中国人的习惯是，一家人坐在一起吃饭、娱乐，12点以后才睡觉。过了除夕夜，新的一年就开始了。初一，人们早早起床，出去拜年。有的地方同一家族的人挨家挨户地拜年，有的地方人们聚在一起相互祝贺，称为"团拜"。现在手机普及了，发送拜年短信也成为一种新的习俗。

    A 拜年有几种不同的方式

    B 除夕是新的一年的开始

    C "团拜"是指同时给很多人拜年

    D 发送拜年短信是一种传统习俗

69. 速溶咖啡刚推出时，这种"简单、方便"的咖啡销量并不好。以前，喝咖啡必须从磨豆子做起，而速溶咖啡只需要一杯热水，这让家庭主妇觉得自己偷懒了，并为此感到惭愧。于是，公司改变宣传策略，强调速溶咖啡"节省下的时间"可以"用在丈夫和孩子身上"。此后，速溶咖啡的销量逐年增加。

A 家庭主妇很喜欢磨咖啡豆
B 速溶咖啡的味道不如普通咖啡
C 丈夫和孩子更喜欢喝速溶咖啡
D 宣传策略影响了速溶咖啡的销量

70. 北极熊不怕冷，是因为它全身厚厚的白毛。其实，北极熊的毛是透明的，之所以呈白色，是阳光反射其皮肤下层的毛孔而呈现的颜色。北极熊的毛能吸收紫外线，并传送到北极熊的黑色皮肤上。在那里，紫外线的热能就会被吸收。由于北极熊的体毛具有如此奇效，科学家希望利用其原理制造出优良的太阳能发电机。

A 北极熊的毛是白色的
B 北极熊的皮肤是透明的
C 北极熊的皮肤可以吸收紫外线的热能
D 科学家想用北极熊的体毛制造发电机

第三部分

第71—90题：请选出正确答案。

71—74.

女人在厨房做饭，男人在客厅陪我下棋。突然女人喊："你，进来一下。"声音很大，却很温柔。男人马上站起来去厨房。出来时，手里拿着半个切开的西红柿。

我问他："你很喜欢吃生西红柿吗？"

男人一边咬着西红柿，一边抬头看看厨房，小声地回答说："不大喜欢。"

我觉得很奇怪："那她怎么喊你？还切了这么一大块。"

"她以为我喜欢呗！"男人说，"刚结婚的时候，穷，又馋。每次炒西红柿，她都要切一块塞进我嘴里。那时真的爱吃，现在已经吃不出什么味道来了。"

"那为什么不告诉她真相？"我问。

"为什么要告诉她？"我的问题让男人感到很奇怪，"假如她知道我几年来一直不爱吃她切给我的西红柿，你想，她会不会很失望、很难过？"

那盘棋，他赢了。得意的男人冲进厨房，大喊："老婆，我赢了啊！吃了你的西红柿，我精力充沛、思维敏捷……"

一起生活久了，爱情的表达就变成一些细小的生活习惯。比如，为爱人泡一杯热茶，跟爱人开一个小玩笑，往爱人嘴里塞一块西红柿。当然，茶可能太热了，玩笑可能并不好笑，或者，西红柿的味道实在太差。但是，千万不要拒绝，因为你拒绝的，已经不是一个动作，而是爱情。

71. 女人为什么让男人去厨房？
  A 需要男的帮忙   B 想告诉男的一个秘密
  C 做饭累了，需要男的安慰   D 想让男的吃一块西红柿

72. 男的为什么不告诉女的真相？
  A 觉得没有必要   B 女的太忙，没有时间
  C 不想让女的失望、难过   D 怕影响自己在家里的地位

73. 关于男的，可以知道什么？
  A 很爱他的妻子   B 是一个胆小的人
  C 以前家里很有钱   D 吃西红柿能让他变聪明

74. 这篇文章主要想告诉我们什么？
  A 有人不喜欢吃西红柿   B 不要拒绝爱情的表达
  C 夫妻之间应该互相关心   D 习惯会随着时间而变化

75—78.

单位今年效益很好,赚了很多钱。领导很想为大家花点儿钱,买点儿东西。只是花钱得花得合理,顺理成章才好。领导想了很久,大家也想了很久,竟然<u>不约而同</u>地想到了一块儿:给每个人买一台笔记本电脑。

领导的这一决定,赢得了大家的一片欢呼声。于是,领导拍板,雷厉风行,每个人的办公桌上都添了一台笔记本电脑。原来的电脑都是台式的,现在气派了许多,大家都觉得新鲜极了。

随着时间的推移,大家发现,笔记本电脑越来越成为一种摆设。尤其是一阵新鲜感过后,用它的人越来越少。作为办公工具,真正方便的,还是台式电脑。不少长期用电脑办公的人都有体会,如果一天八个小时用笔记本电脑办公,人会觉得很累。

再往后,人们觉得,这样一台电脑放在桌上不但不方便,还占很大一块地方。有些人本来已经把台式电脑搬到一边,可用了一阵子笔记本电脑后,又把台式电脑换回来了。

最后,大家都有些后悔。有人就说,还不如拿这些钱买点儿别的。大家听了一致赞同,却忘了当初买笔记本电脑时,大家也是一致赞同的。

生活中,我们想要的东西很多,但当你真正拥有了之后,你会发现,那并不是你真正需要的,而且要为此付出很大的代价。

75. 领导为什么决定买笔记本电脑?
A 单位的电脑不够用　　　　B 想显示一下单位的气派
C 效益好,想给大家花点儿钱　　D 出差需要用到笔记本电脑

76. 文中画线的"不约而同"是什么意思?
A 没有商量,想法却一样　　B 不应该约在相同的时间
C 不知道大家态度是否相同　　D 没有经过讨论就作出决定

77. 为什么后来用笔记本电脑的人越来越少?
A 大家不再觉得新鲜　　　　B 笔记本都带回家了
C 又换成台式电脑了　　　　D 用起来又累又不方便

78. 这篇文章主要想告诉我们什么?
A 人们总是觉得不满足　　　B 想要的不一定是需要的
C 意见一致不一定是件好事　D 笔记本电脑不如台式的好用

79—82.

因为公司业务发展需要，总经理决定提拔一名副总经理。他想到了两个人：秦力和童达。

他们俩都是公司的中层领导，学历高，能力强，责任心强。秦力工作努力，经常主动加班。童达很聪明，经常提出一些好的建议。总经理决定再观察一段时间。

一天，他们俩和总经理一起去谈业务，开车经过一个村子。当时下着小雨，司机看不清楚路，不小心把车开进了一个泥坑。秦力和童达赶紧下车，在车后面使劲儿推，但是车一动也不动。总经理非常着急，这是一笔重要的业务，耽误了会给公司造成很大的损失。

秦力继续用力推车，童达则走开了。过了一会儿，童达带着几个农民回来。农民帮着把车从坑里推出来，童达给了他们每人20元钱。总经理很高兴，表扬了童达，说他为公司立了大功。

第二天，总经理让二人起草一份公司的管理条例。秦力查阅大量资料，反复思考，写出了一份草案，然后请专家提意见，最后交给总经理。童达回去后，发动自己的下属，对公司的管理提出意见和建议，他再进行分析、筛选、综合，整理之后形成一份管理条例，交给了总经理。

过了不久，总经理决定提拔童达为副总经理。秦力觉得不公平，去找总经理。总经理告诉他，童达不但自己有能力，而且会借用别人的力量和智慧，而这是一个领导必须具备的。

79. 关于童达，我们可以知道什么？
　　A 学历比秦力更高　　　　　　B 提过很多好的建议
　　C 经常主动要求加班　　　　　D 对工作缺乏责任心

80. 总经理为什么表扬童达？
　　A 他推车非常用力　　　　　　B 他比秦力更有耐心
　　C 他想办法解决了问题　　　　D 他为公司省了很多钱

81. 童达是怎么完成那份管理条例的？
　　A 请教管理方面的专家　　　　B 让别人替自己完成
　　C 查阅资料，反复思考　　　　D 收集、整理下属的意见和建议

82. 根据这篇文章，怎么样才能成为一个好领导？
　　A 工作不能太勤奋　　　　　　B 经常请下属帮忙
　　C 自己不需要有什么能力　　　D 会借用别人的力量和智慧

83—86.

　　石拱桥在世界桥梁史上出现得比较早。这种桥不但形式优美，而且结构坚固。中国的石拱桥有着悠久的历史。《水经注》里提到的"旅人桥"，大约建成于公元282年，是有记载的最早的石拱桥。

　　中国的石拱桥几乎到处都有，其中最著名的是河北省赵县的赵州桥。

　　赵州桥又名安济桥，是世界著名的古代石拱桥，也是建成后一直使用到现在的最古老的石桥。这座桥修建于公元605年左右，到现在已经一千四百多年了。

　　赵州桥非常雄伟，全长50.82米，两端宽9.6米，中部宽9米。桥的设计完全合乎科学原理，施工技术更是巧妙绝伦。全桥只有一个大拱，长达37.4米。桥洞不是普通半圆形，而是像一张弓，因而大拱上面的道路比较平坦，便于车马上下。大拱由28道拱圈拼成，就像这么多同样形状的弓合拢在一起，做成一个弧形的桥洞。每道拱圈都能独立支撑上面的重量，一道坏了，其他各道不会受到影响。

　　大拱的两肩上，各有两个小拱。这个创造性的设计不但节约了石料，减轻了桥身的重量，而且在河水暴涨的时候，还可以增加桥洞的过水量，减轻洪水对桥身的冲击。同时，拱上加拱，桥身也更美观。

　　赵州桥的主要设计者叫李春，他是一位杰出的工匠，在桥头的碑文里刻着他的名字。

83. 根据记载，中国最早的石拱桥是哪座？
　　A 旅人桥　　B 赵州桥　　C 卢沟桥　　D 安济桥

84. 赵州桥的桥洞像一张弓，这样设计的主要优点是什么？
　　A 造型更美观　　　　B 结构更匀称
　　C 桥面更平坦　　　　D 桥拱更牢固

85. 赵州桥的大拱长度为多少？
　　A 9米　　B 9.6米　　C 37.4米　　D 50.82米

86. 赵州桥的两个小拱的作用不包括下面哪一项？
　　A 使桥身更美观　　　　B 使桥身坚固耐用
　　C 减轻了桥身的重量　　D 减轻洪水对桥身的冲击

87—90.

2007年,中国铁路实施了第六次大提速,最高时速可达200多公里的"动车"亮相。有一部分车友为此放弃了自驾游,改为享受火车带来的舒适与便捷。

刚从北京旅游回来的于先生算了这样一笔账:济南离北京500公里左右,开车去最快也要5个多小时,用油约40—50公升,还得交180元的高速费。乘坐从济南到北京的D字头动车,旅行时间仅为3个半小时,票价为152元。

等到了北京,于先生更加庆幸自己选择坐动车组的"英明"——到处都是人山人海,通往各景区的道路堵车不说,停车更是一"位"难求。而北京的出租车很多,也不太贵,比自己开车省心多了。

但还是有很多人喜欢自己开车出去旅游。长假期间,大的旅游景点,人多车也多,于是自驾一族将目标转向省内景区。济南的窦小姐就参加了某"驴友"论坛组织的蒙阴一日游。她和十个网友开着自己的汽车,一起游览了地下大峡谷、地下画廊等景点,中午就在景区内野餐。一天下来,既不累又玩儿得舒心。

自驾游者更注重"体验生活",而非"旅游景点"。还有人认为,自驾游不光是用汽车代替火车,还代表了一种生活态度:车轮是我们的"脚",后备箱是我们的"背包"……坐火车有这么听话的"脚"、这么大的"背包"吗?

87. 于先生为什么选择坐动车去北京?
 A 坐动车更快、更省钱 B 想体验一下新鲜事物
 C 担心自己开车不安全 D 对去北京的路不太熟

88. 到北京以后,于先生发现了什么?
 A 北京有很多座山 B 在北京开车很省心
 C 在景区很难找到停车位 D 去景区的路上并不堵车

89. 关于窦小姐,下面哪一项是正确的?
 A 经常去省外旅游 B 在蒙阴游玩了一天
 C 觉得开车一点儿也不累 D 是一个网上论坛的组织者

90. 有的人为什么喜欢自驾游?
 A 不习惯长时间坐火车 B 可以参观更多的景点
 C 自己开车更方便、自由 D 认为开汽车是一种时尚

三、书 写

第一部分

第91—98题：完成句子。

例如： 发表　　这篇论文　　什么时候　　是　　的

　　　　　<u>这篇论文是什么时候发表的？　　　　　</u>

91. 他　　和保险公司　　打交道　　经常

92. 代替手写　　电脑打印　　趋势　　是　　一种

93. 这台机器　　极其　　设计　　得　　巧妙

94. 这份合同　　部分细节　　确定　　还没　　的

95. 很多大学生　　工作的问题　　发愁　　正在　　为

96. 这次治疗的　　公司　　全部费用　　承担　　由

97. 小孩子　　什么事情　　好奇　　对　　感到　　都

98. 恶劣天气　　导致事故发生　　主要原因　　是　　的

第二部分

第 99—100 题：写短文。

99. 请结合下列词语（要全部使用），写一篇 80 字左右的短文。

匆忙　　倒霉　　幸亏　　赶紧　　教训

100. 请结合这张图片写一篇 80 字左右的短文。

新汉语水平考试
HSK（五级）
模拟试卷　第 3 套

注　意

一、HSK（五级）分三部分：

　　1. 听力（45题，约30分钟）

　　2. 阅读（45题，45分钟）

　　3. 书写（10题，40分钟）

二、听力结束后，有5分钟填写答题卡。

三、全部考试约125分钟（含考生填写个人信息时间5分钟）。

		答对题数	成　绩
听力			2.22分 ×　　＝　　分
阅读			2.22分 ×　　＝　　分
书写	完成句子		5分 ×　　＝　　分
	写短文	1	（满分30分）　　分
		2	（满分30分）　　分
总成绩			分

一、听 力

第一部分

第1—20题：请选出正确答案。

1. A 男的想追求女的
   B 女的很想帮男的
   C 小王有男朋友了
   D 女的长得很漂亮

2. A 男的不能听孩子的
   B 男的不该这么生气
   C 她不想听男的的话
   D 让男的再说说想法

3. A 2:00
   B 3:00
   C 9:00
   D 12:00

4. A 女的去过那家烤鱼馆
   B 男的不想到外面吃饭
   C 那家烤鱼馆是新开的
   D 那家烤鱼馆非常有名

5. A 饭店
   B 车站
   C 学校
   D 商店

6. A 朋友
   B 同事
   C 夫妻
   D 同学

7. A 女的很想去那个公司
   B 男的不希望找好工作
   C 那个公司钱多但很累
   D 女的会拒绝好的工作

8. A 是男的的女儿
   B 不是自私的人
   C 很为男的自豪
   D 曾得过很多奖

9. A 赞成
   B 反对
   C 批评
   D 表扬

10. A 看病
    B 学车
    C 找工作
    D 考大学

11. A 红的
    B 绿的
    C 黑的
    D 白的

12. A 新房不会漂亮
    B 新房肯定漂亮
    C 不能夸新房漂亮
    D 新房还没收拾好

- 38 -

13. A 100 元
    B 200 元
    C 300 元
    D 400 元

14. A 饭做好了，反对也得吃
    B 事情已经这样，反对没用
    C 他不知道怎么用生米做饭
    D 用生米煮成的熟饭很好吃

15. A 小李很开心
    B 女的失恋了
    C 男的猜对了
    D 男的脾气坏

16. A 理解
    B 否定
    C 同意
    D 支持

17. A 准备继续深造
    B 现在不上班了
    C 是图书管理员
    D 他手机没电了

18. A 自行车
    B 摩托车
    C 电动车
    D 小汽车

19. A 公路上
    B 铁路上
    C 公司里
    D 游乐场

20. A 不是非常漂亮
    B 能力不是太强
    C 大家经常怪她
    D 很受领导重视

第二部分

第 21—45 题：请选出正确答案。

21. A 医生
    B 警察
    C 律师
    D 教师

22. A 已经买车了
    B 在祝贺男的
    C 有驾驶证了
    D 正在学开车

23. A 男的不会借给女的钱
    B 女的的妈妈特别小气
    C 男的的妈妈不爱孩子
    D 对话的双方观点不同

24. A 女的在医院工作
    B 男的可能懂中医
    C 男的病还没全好
    D 女的想继续打针

25. A 不经常去旅游
    B 常坐飞机旅游
    C 愿坐火车旅游
    D 没有空闲时间

26. A 男的是中国的大学生
    B 明天他们要正常上课
    C 男的对文化较有兴趣
    D 女的以前了解端午节

27. A 跟男的吵架了
    B 惹李丽生气了
    C 男的不听她的
    D 和别人有矛盾

28. A 喜欢和人聊天儿
    B 学习不太努力
    C 和男的正相反
    D 不经常去逛街

29. A 现在出差在外
    B 需要带狗散步
    C 喜欢女的的狗
    D 帮忙照顾朋友

30. A 讲故事
    B 听故事
    C 去睡觉
    D 去上学

31. A 适当的压力有好处
    B 职场上人都有压力
    C 压力过大过久不好
    D 有心理疾病的原因

32. A 工作本身
    B 环境因素
    C 人际关系
    D 人们自身

33. A 人看不到
    B 让人上进
    C 人摸不着
    D 使人轻松

34. A 电视上
    B 报纸上
    C 超市里
    D 火车上

35. A 一层
    B 两层
    C 三层
    D 四层

36. A 熟食
    B 文具
    C 服装
    D 化妆品

37. A 经常出差在外
    B 正在国外旅行
    C 刚把工作辞了
    D 工作让人羡慕

38. A 在职场很顺利
    B 不做任何工作
    C 换种生活方式
    D 和现在没区别

39. A 幻想和现实差别很大
    B "我"喜欢经常换工作做
    C "我"现在一切都不顺利
    D "我"常常到国外去生活

40. A 喜欢说大话骗人
    B 画的画儿很生动
    C 做事情非常随意
    D 喜欢画马和老虎

41. A 大儿子把马当成了虎
    B 小儿子把老虎射死了
    C 画家两个儿子都死了
    D 有人请画家画一只虎

42. A 画画儿要找好的画家
    B 画家的两个儿子太傻
    C 千万不能轻易相信人
    D "马虎"一词的来历

43. A 没到过长江以北
    B 体型比现在的大
    C 是原始人的朋友
    D 分布的范围很小

44. A 进化速度
    B 分布地域
    C 出现时期
    D 所吃食物

45. A 山东
    B 四川
    C 甘肃
    D 陕西

二、阅 读

第一部分

第46—60题：请选出正确答案。

46—48.

　　一只狼出去找食物，找了半天都没有收获。偶然经过一户人家，听见房中孩子哭闹，__46__传来一个老奶奶的声音："别哭啦。再不听话，就把你扔出去喂狼吃。"狼一听特别高兴，便蹲在不远的地方等着。太阳落山了，也没见老奶奶把孩子扔出来。晚上，狼已经有些不__47__了，便想冲进房子。这时又听见老奶奶说："快睡吧，别怕，狼来了，咱们就把它杀死煮了吃。"狼听了，__48__得一口气跑回了家。同伴问它收获如何，它说："别提了，老太婆说话不算数，害得我饿了一天，不过幸好我后来跑得快。"

46. **A** 随着　　**B** 看着　　**C** 接着　　**D** 想着

47. **A** 同意　　**B** 耐烦　　**C** 接受　　**D** 着急

48. **A** 疼　　　**B** 晕　　　**C** 滚　　　**D** 吓

49—52.

　　有一个孩子，大家都说他傻。

　　为什么呢？大家做过这样一个试验：拿五分和一角的硬币给他，他总是拿五分的。每一次都是这样，__49__？因此大家总是笑话他。

　　一次，一位外地的老人从此经过，听说了这件事，亲自试了一次，__50__与大家说的一样。老人哈哈大笑，__51__着那孩子的肩膀，说："小朋友，你真聪明。"那孩子也笑了。

　　这个孩子到底傻不傻呢？有人不明白，就去问老人为什么夸孩子聪明，老人__52__地说："如果他拿了一角的，下次还会有人让他拿吗？"

49. **A** 他怎么傻呢　　　　　　　**B** 难道他不傻吗
　　C 他还不聪明吗　　　　　　**D** 为什么说他聪明呢

50. **A** 忽然　　**B** 必然　　**C** 果然　　**D** 竟然

51. **A** 敲　　　**B** 抓　　　**C** 拍　　　**D** 撞

52. **A** 神秘　　**B** 奇怪　　**C** 幽默　　**D** 狡猾

53—56.

包拯是中国历史上最著名，也是最公正的官员之一。老百姓非常尊敬他，__53__ 他为"包公"。__54__ 他的脸非常黑，所以人们都叫他"铁面包公"。这有两个意思：一是说他的皮肤像铁一样黑，二是说他主持正义，勇敢、公正，就像坚硬的铁一样。另外，包公还有一个称呼："包青天"。包公之__55__特别受到普通老百姓的敬爱，是因为他调查案件特别认真仔细，而且非常公正。无论是皇帝的亲戚还是有钱的富人，__56__，违反了法律，他都认真按照法律来惩罚他们。

53. A 称　　　　B 说　　　　C 骂　　　　D 念
54. A 根据　　　B 按照　　　C 考虑　　　D 据说
55. A 于是　　　B 所以　　　C 因此　　　D 既然
56. A 只有骗了朋友的钱　　　　B 即使是偷了东西
　　C 除了抢邻居的孩子　　　　D 只要是做了坏事

57—60.

有些人喜欢吃一些既无__57__又不美味而且很吓人的东西。最近我遇上一个能吃玻璃的人，他说自己多年来每天早晨都要吃一个玻璃杯当早餐，认为这能让他身体健康。表演吃玻璃杯已经成了他挣钱的最主要手段，他说自己有"特异功能"。

其实吃玻璃的关键是选择容易嚼碎的薄玻璃。要在嘴里把玻璃嚼得很碎，同时要掌握一定的方法，避免划破嘴巴和舌头。玻璃嚼得很碎，吃下去就没那么危险了。玻璃和石头一样，是没办法被人体__58__的，最终会随大便排出体外。但是方法掌握得再好，吃玻璃仍然带有一定的风险。

请记住，当见到奇怪的现象时，__59__，不等于科学就无法解释。无论一个人的行为多么神奇，其中都有着再普通不过的简单的科学__60__。

57. A 效果　　　B 营养　　　C 危险　　　D 兴趣
58. A 吸收　　　B 改变　　　C 预防　　　D 应用
59. A 你不要害怕　　　　　　B 可能你不会相信
　　C 你自己无法解释的　　　D 也许你一点儿也不感兴趣
60. A 规定　　　B 原则　　　C 道理　　　D 理由

第二部分

第 61—70 题：请选出与试题内容一致的一项。

61. 在中国的农历中，春节是新年的开始，所以春节是中国最重要的传统节日。过春节时，家家都把大红"福"字贴在门上，希望得到更多的福气。但是，这个"福"字总是倒着贴的，因为"倒"和"到"的发音一样，读起来就是"福倒（到）了"。

    A 贴的"福"字越多，福气就会越多
    B 春节时中国人喜欢互相说"福到了"
    C 中国人在春节时喜欢倒着贴"福"字
    D 不小心把"福"字贴倒了会有好运气

62. 全球人口在 2011 年 7 月 1 日达到 69 亿，10 月 31 日达到 70 亿，在 2023 年将突破 80 亿，在 2041 年超过 90 亿。由于贫穷国家的生育率未像预期的那样快速下降，美国、英国等富有国家的生育率也有缓慢上升，到 2050 年，全球人口将达 93 亿，比此前预计的数量多 1.6 亿。

    A 富有国家新出生的孩子越来越少
    B 全球人口上升速度比以前预计的要快
    C 人口的多少和国家的贫富有直接关系
    D 贫穷国家人口的增长速度比富有国家的慢

63. 中国不仅有闻名世界的古代发明，更有很多传统艺术至今被各国人民所喜爱。中国人民创作了大量以美化环境、丰富民间风俗活动为目的，在日常生活中应用、流行的艺术品。比如中国结、剪纸已经成了中国文化的代表。

    A 中国结属于中国文化的一部分
    B 中国的艺术品都反映了民间风俗
    C 中国的古代发明都可以美化环境
    D 各国人民对中国的古代艺术都很了解

64. 引发压力的根本原因是人的性格问题。性格抑郁的人在一定的外界作用下，会让自己处在更加狭窄的空间里，拒绝与人沟通。性格开朗的人会寻求自我开解的方法。其实，周末去郊区散心、约上三两朋友唱歌、有一个良好的家庭环境都是缓解压力的好办法。

    A 开朗的人不会遇到压力
    B 缓解压力的关键是改变人的性格
    C 压力和人的性格、环境有密切关系
    D 良好的家庭环境比去郊区散心更有效

65. 人脑工程技术可用于对人脑的高效率进行研究。人脑的学习功能、联想功能、创新功能都是目前计算机不具备的。另外，具有如此巨大功能的人脑又是节能的典范，它的功耗只有20至30瓦，相当于一盏白炽灯。人脑的神奇一旦被破解，将十分有利于信息技术的研究和发展。

    A 人脑工程技术有利于信息技术的研究发展

    B 人脑工程技术主要对人脑的学习功能进行研究

    C 人脑工程技术是计算机研究发展的重要组成部分

    D 人脑工程技术的研究需要人脑的联想、创新功能

66. 许多人觉得每天睡8个小时是在浪费时间，这绝对是一个错误。因为对于人类及其他所有动物来说，睡眠期间，各个主要内脏器官都在进行恢复与重建，睡眠相当于我们人体的能源供应过程。我们很难想象有一辆从不加油的汽车，那么，那些从不需要睡眠的人自然也是怪人了。

    A 只有少部分人不需要睡眠

    B 睡眠是动物体的能源供应过程

    C 人体的内脏在睡眠中不断生长

    D 人类每天睡眠不需要太长时间

67. 一个大学毕业生在刚刚工作之初，能力、业绩肯定无法立刻体现出来。企业在没有完全了解学生自身的情况之前，当然不会给他过高的工资。但是，可以肯定的是，只要一个大学毕业生在工作中体现出自身的价值，企业绝对不会因为其工资要求高一点儿而错过一个好的人才。

    A 大学毕业生凭工资来挑选企业

    B 大学毕业生的业绩和能力有直接关系

    C 大学毕业生的自身价值靠工资来体现

    D 有能力的大学毕业生得到高工资只是时间问题

68. 为什么我们敢轻易伤害的总是身边最亲爱的人？只是因为只有这个人会一次又一次地原谅我们。可是，就是因为这颗心永远不会离开我们，我们就一直不重视它。中国有句古话叫"珍惜眼前人"，说的正是这个道理。

    A "珍惜眼前人"告诉我们要搞好人际关系

    B 要"珍惜眼前人"是因为"眼前人"会伤害我们

    C "珍惜眼前人"是说我们要原谅身边的亲人

    D "珍惜眼前人"是说不要伤害身边亲爱的人

69. 一位科学家经常拒绝记者的采访，也拒绝坐着让画家为他画像，但有一次，他改变了态度。一天，一位画家请求为他画像，科学家照常拒绝道："不，不，我没有时间。""但是，我非常需要卖这幅画所得的钱啊。"画家诚恳地说。"噢，那就是另外一回事了。"科学家马上改变了态度，"我当然可以坐下来让您画像。"

 A 科学家没有同意画家的请求
 B 科学家对画家的要求很不耐烦
 C 科学家改变态度是为了帮助画家
 D 画家比作家更需要得到科学家的钱

70. 随着网络的高速发展，电脑的普及程度越来越高，人们在享受高科技产品带来的种种好处的同时，发现为人类带来大量财富的电子产品同时也带来了不可忽视的危害。随着电子垃圾的不断快速增长，如何对其进行有效处理，正成为摆在人类面前的一个新课题。

 A 电子产品中的一部分会变成电子垃圾
 B 电子垃圾比高科技产品的增长速度快
 C 电子垃圾的增长说明地球环境在受到污染
 D 电子产品有好处，但也给人类带来了麻烦和危害

第三部分

第71—90题：请选出正确答案。

71—74.

春秋时期有一位名医，人们都叫他扁鹊，他经常出入宫廷为国王治病。有一天，扁鹊去见蔡国的国王蔡桓公。他站在桓公身旁仔细观察其面容，然后说："我发现您的皮肤有病。您应及时治疗，否则病情会加重。"桓公不相信他，说："我一点儿病也没有，用不着什么治疗。"扁鹊走后，桓公不高兴地说："医生总爱给没有病的人治病。"

十天以后，扁鹊第二次去见桓公。他观察了桓公的脸色之后说："您的病到肌肉里面了。如果不治疗，病情还会加重。"桓公还是不信他的话。

又过了十天，扁鹊第三次去见桓公。他看了看桓公，说："您的病已经发展到肠胃了。如果不赶紧医治，病情将会恶化。"桓公仍然不相信。

又隔了十天，扁鹊第四次去见桓公。两人刚一见面，扁鹊转头就走。这一下倒把桓公搞糊涂了。他心想："怎么这次扁鹊不说我有病了呢？"桓公派人去找扁鹊问原因。扁鹊说："病在皮肤、肌肉、肠胃，都有办法可以医治，可是病如果到了骨髓里，怎么办呢？现在国王的病已经到骨髓了，我也没有办法了。"

五天以后，桓公浑身疼痛难忍。他看到情况不好，主动要求找扁鹊来治病。派去找扁鹊的人回来后说："扁鹊已逃到秦国去了。"桓公这时特别后悔，最后在痛苦中死去了。

71. 扁鹊第一次见蔡桓公时，蔡桓公：

    A 身体没病   B 脸部有病   C 相信医生   D 皮肤有病

72. 第四次见蔡桓公时，扁鹊为什么转头就走？

    A 他去给桓公找药   B 他越来越讨厌桓公
    C 他治不了桓公的病   D 他发现桓公的病到了肠胃

73. 桓公对扁鹊的态度前后有什么变化？

    A 从不关心到关心   B 从不信任到信任
    C 从欢迎到不欢迎   D 从客气到不客气

74. 这个故事主要告诉我们：

    A 要按时检查身体   B 要及时改正缺点
    C 要相信你的朋友   D 要在仔细思考后作决定

75—78.

一个青年来到城市打工，不久因为工作勤奋，老板将一个小公司交给他管理。他将这个小公司经营得<u>有声有色</u>，业绩直线上升。有一个外商听说之后，想同他洽谈一个合作项目。当谈判结束时，他邀这位黑眼睛黄皮肤的外商共进晚餐。晚餐很简单，几盘菜吃得干干净净，只剩下两只包子。他对服务小姐说，请把这两只包子装进食品袋里，我带走。外商当即站起来表示明天就跟他签合同。第二天，老板设宴款待外商。席间，外商轻声问他："你受过什么教育？"他说："我家很穷，父母不识字，他们对我的教育是从一粒米、一根线开始的。父亲去世后，母亲辛辛苦苦地供我上学。她说不指望我高人一等，能做好我自己的事就行……"一旁的老板眼里渗出亮亮的液体，他端起酒杯激动地说："我提议敬她老人家一杯——你受过人生最好的教育！"

一个人受过苦，便知道珍惜；一个在贫寒中长大的人，不会不知道勤俭的重要；一个从小就知道努力做事的人，不会不对自己和他人负责……

75. 第一段中的画线词语"有声有色"在文中的意思是：
  A 生意红火   B 十分有名
  C 又好听又好看   D 看得见也听得见

76. 外商为什么当即表示第二天就签合同？
  A 晚餐美味可口   B 青年懂得节约
  C 公司业绩直线上升   D 青年谈判很成功

77. 关于青年的母亲，可以知道什么？
  A 她受过最好的教育   B 她对青年要求严格
  C 她的教育感动了老板   D 她没钱让青年去上学

78. 第二段主要说的是：
  A 贫穷让人成长   B 勤俭特别重要
  C 要珍惜现在的生活   D 什么时候都要努力

79—82.

一位母亲为她的孩子伤透了心,她不得不去找心理问题专家。

专家问,孩子第一次系鞋带的时候打了个死结,你是不是不再给他买有鞋带的鞋子?母亲点了点头。专家又问,孩子第一次洗碗的时候弄湿了衣服,你是不是不再让他走近洗碗池?母亲说是。

专家接着说,孩子第一次整理自己的床铺,整整用了一个小时,你嫌他笨手笨脚,对吗?这位母亲吃惊地看了专家一眼。专家又说道,孩子大学毕业找工作,你又动用了自己的关系和权力。这位母亲更吃惊了,从椅子上站起来,问专家:你怎么知道的?

专家说,从那根鞋带知道的。母亲问,以后我该怎么办?专家说,当他生病的时候,你最好带他去医院;他要结婚的时候,你最好给他准备好房子;他没有钱的时候,你最好给他送钱去。这是你今后最好的选择,别的,我也无能为力。

在孩子的成长道路上,存在着一个非常温柔的陷阱,这是那些过分保护孩子的父母亲手挖掘的,掉进陷阱里的孩子,由于被剥夺了犯错误和改正错误的机会,从而也失去了长大成人的权利。

79. 母亲为什么不再给孩子买有鞋带的鞋子?
    A 孩子太笨   B 这种鞋不好看
    C 不想让孩子麻烦   D 孩子不喜欢

80. 第四段中,专家的建议是什么意思?
    A 母亲应该保护孩子   B 母亲的教育很失败
    C 母亲应该鼓励孩子   D 母亲应该照顾孩子的一切

81. 关于孩子,可以知道什么?
    A 他从来不洗碗   B 他已经结婚了
    C 他让妈妈很伤心   D 他只跟朋友一起去医院

82. 被父母过分保护的孩子:
    A 不会犯错误   B 会独立生活
    C 会健康成长   D 不能长大成人

83—86.

在很多方面，伊凡就是一个普普通通的6岁小男孩。他喜欢在家里的院子里踢球，同时出于兴趣，还在学习弹钢琴。但他有一个方面是其他孩子所不具备的，那就是他"拥有磁性"——他的身体可以吸引钢铁等金属物质。除此之外，小男孩的力量也比一般人大，甚至还有疗伤能力。

当伊凡脱掉上衣之后，他的身上确实可以吸附一些金属物质，如勺子、手机，甚至炒菜锅。他的家人说，伊凡最多可以吸附重达25公斤的金属物质。在一个电视节目中，他的奶奶向他身上摆放各种大小的金属物品，包括一口金属锅。伊凡说："我确实可以吸附金属物品，但是我很快就会感觉累。"

他的爷爷说，伊凡的手还能疗伤。当他的手放在病人疼痛的胃部时，病人会感到一股强烈的热流，随后病痛就减轻了。伊凡的哥哥也补充说："每当我们有什么病痛，我们就会让伊凡把手放在疼痛的地方，很快就能康复。"

如果这样还不够展示他的不同寻常，那么再看看这个。他的家人说伊凡还很明显地比他的同龄人更加有力量。他能很轻松地举起50磅（大约22.7公斤）重的一袋石头。

83. 伊凡的爱好是什么？
   A 弹钢琴   B 举石头
   C 治疗疾病   D 吸附金属物质

84. 伊凡在什么时候可以吸附金属物质？
   A 拿着手机时   B 感觉很累时
   C 脱掉上衣时   D 参加电视节目时

85. 伊凡怎么给人们治疗疼痛？
   A 把病人举起来   B 站在病人身旁
   C 用热流减轻疼痛 D 把手放在病人的胃部

86. 本文主要介绍了：
   A 人体的磁性   B 怎么培养孩子
   C 一个外国家庭   D 一个神奇的小男孩

87—90.

我从很久前就开始思考这么一个问题：酒后开车为什么禁止不了？有人甚至对我说，其实喝完酒之后比平常更愿意开车，越是喝得多，越觉得自己开车没事。然而，反应慢了，车速快了，油门容易被当成刹车。这种状态相信喝过酒的人都能有所感受，并且，这里存在一个很深的误解，就是对所谓的"酒文化"的误解。

如果说酒真的能算文化的话，中国的"酒文化"历史就长了。"酒文化"对酒的表扬多，批评少。比如说，唐朝著名诗人李白喝了酒后能写几百首诗。看见没有，酒后可以写出那么多好诗，那么酒后开个车，又有什么大不了的呢？但有常识的人都知道，喝多了

是不可能写作的。写诗更不可能，喝多了写出好诗，更是一点儿可能性都没有。

"酒文化"带来的这种想法是很可怕的。甚至越是平常害怕的事物，喝了酒就越不怕。有一个笑话说，拿老鼠做实验，一只老鼠喝了很多酒，喝完之后两眼通红，问："猫呢？"相信这只老鼠如果也会驾驶，那么它也一定敢开车。

所以，对"酒文化"不能迷信，常识才是最重要的。喝了酒不能开车，就是常识，不管是明星还是普通人，请从自己做起。

87. 有些人喝酒后为什么还开车？

    A 能控制车速　　　　　　B 酒后反应快了
    C 不理解"酒文化"　　　　D 酒后更愿意开车

88. 第三段老鼠喝酒的笑话可以说明下面哪句话？

    A 喝了酒不能开车，这是常识
    B "酒文化"对酒的表扬多，批评少
    C 越是喝得多，越觉得自己开车没事
    D 唐朝著名诗人李白喝了酒后能写几百首诗

89. 文中说"酒文化"的特点是：

    A 浪漫　　　　B 可怕　　　　C 很神秘　　　　D 不实际

90. 本文主要在讨论：

    A 什么是"酒文化"　　　　B "酒文化"的危害
    C 酒后开车的原因　　　　D 文化和常识的关系

三、书写

第一部分

第91—98题：完成句子。

例如： 发表　　这篇论文　　什么时候　　是　　的

　　　　 这篇论文是什么时候发表的？

91. 营业　　电影院　　九点　　到

92. 神话　　一篇　　这是　　经典　　故事　　的

93. 是否　　提纲　　能　　把　　交上　　快点儿

94. 独特　　表扬　　教授　　方法　　学生　　研究

95. 相当　　他　　问题　　尖锐　　的　　提

96. 跟我　　怎么　　事先　　不　　一声　　说

97. 摄影　　人才　　电视台　　需要　　迫切

98. 他　　得　　发挥　　出色　　非常

第二部分

第 99—100 题：写短文。

99. 请结合下列词语（要全部使用），写一篇 80 字左右的短文。

    醋   粗心   酱油   尽量   看不起

100. 请结合这张图片写一篇 80 字左右的短文。

新汉语水平考试
HSK（五级）
模拟试卷 第4套

注　意

一、HSK（五级）分三部分：

　　1. 听力（45题，约30分钟）

　　2. 阅读（45题，45分钟）

　　3. 书写（10题，40分钟）

二、**听力结束后，有5分钟填写答题卡。**

三、全部考试约125分钟（含考生填写个人信息时间5分钟）。

		答对题数	成绩	
听　力			2.22分 × ＝	分
阅　读			2.22分 × ＝	分
书写	完成句子		5分 × ＝	分
	写短文	1	（满分30分）	分
		2	（满分30分）	分
总成绩			分	

一、听 力

第一部分

第1—20题：请选出正确答案。

1. A 房间的右边
   B 房间的旁边
   C 柜台的里边
   D 柜台的旁边

2. A 彩虹路的光明饭店
   B 建设路的光明饭店
   C 光明路的彩虹饭店
   D 建设路的彩虹饭店

3. A 不要参加竞争
   B 开心快乐重要
   C 不应努力工作
   D 多去国外看看

4. A 没带驾照
   B 闯了红灯
   C 驾驶技术好
   D 遵守交通规则

5. A 开会
   B 签字
   C 回办公室
   D 离开公司

6. A 做点心
   B 送客人
   C 打电话
   D 去散步

7. A 雨天
   B 阴天
   C 夏天
   D 冬天

8. A 很脆
   B 不容易碎
   C 比较新鲜
   D 是外国饼干

9. A 同事
   B 同学
   C 夫妻
   D 男女朋友

10. A 是中国人
    B 在中国生活
    C 是华裔运动员
    D 是双人滑冠军

11. A 被别人偷了
    B 被他弄丢了
    C 他忘了密码
    D 密码是生日

12. A 导游
    B 律师
    C 导演
    D 主持人

13. A 兴奋
    B 感激
    C 自豪
    D 赞美

14. A 男的工资低
    B 小王工资高
    C 儿子没上幼儿园
    D 女的想买摩托车

15. A 四百块
    B 五百块
    C 比五百多
    D 比五百少

16. A 同意男的的观点
    B 反对男的的观点
    C 不应该制订计划
    D 不了解市场需求

17. A 没有签合同
    B 合同不重要
    C 刚上两天班
    D 还没有上班

18. A 肯定
    B 否定
    C 羡慕
    D 喜爱

19. A 批评女的
    B 讽刺女的
    C 安慰女的
    D 刺激女的

20. A 热心助人
    B 勇敢幽默
    C 经验丰富
    D 见钱眼开

第二部分

第 21—45 题：请选出正确答案。

21. A 九点
    B 不知道
    C 九点多了
    D 快九点了

22. A 大象很大
    B 大象很笨
    C 大象很可爱
    D 大象很聪明

23. A 人很多
    B 贴照片
    C 贴通知
    D 贴申请表

24. A 饭店
    B 医院
    C 花园
    D 法院

25. A 美食
    B 美酒
    C 风景
    D 风俗

26. A 讲笑话
    B 学物理
    C 猜谜语
    D 谈心情

27. A 已经离婚了
    B 在逃避责任
    C 很爱自己的妻子
    D 他妻子要求离婚

28. A 寄信
    B 发传真
    C 发邮件
    D 送到邮箱

29. A 太累了
    B 着凉了
    C 忘吃药了
    D 被传染了

30. A 分配计划
    B 分配原则
    C 分配时间
    D 具体分配方案

31. A 天上的星星
    B 苹果的秘密
    C 幼儿园的新闻
    D 苹果里的星星图形

32. A 吃惊
    B 兴奋
    C 相信
    D 愤怒

33. A 竖着切
    B 横着切
    C 斜着切
    D 倒着切

34. A 都病了
    B 都累了
    C 孩子们喜欢教课
    D 孩子们没人照顾

35. A 安排新的课程
    B 组织英语游戏
    C 成立学生团体
    D 参加学校活动

36. A 喜欢当老师
    B 有教学经验
    C 观察父母教学
    D 有朋友是老师

37. A 中国
    B 印度
    C 英国
    D 伯明顿

38. A 1873 年
    B 1973 年
    C 两千多年前
    D 19 世纪 70 年代

39. A 一个人
    B 一个地方
    C 一个国家
    D 一个民族

40. A 容易生病
    B 种植效果不好
    C 政府提倡种植
    D 和普通土豆一样

41. A 土豆价格高
    B 让农民好奇
    C 土豆品种宝贵
    D 有人会偷土豆

42. A 政府大力宣传其优点
    B 这种土豆容易种植
    C 农民认识到了它的优点
    D 种土豆的农民能得到奖金

43. A 先有计划后有目标
    B 计划比目标更重要
    C 执行计划能实现目标
    D 计划是实现目标的保证

44. A 明确学习任务
    B 有效利用时间
    C 了解学习步骤
    D 形成学习习惯

45. A 计划和习惯的关系
    B 有了计划能省时间
    C 制订计划大有好处
    D 学习目标特别重要

二、阅 读

第一部分

第46—60题：请选出正确答案。

46—48.

中国的年轻人习惯在结婚前几个月就拍好结婚照，通过统一的程序制作出比较完美的相册和照片，__46__在结婚时给亲友们观看，或挂在新房中。但结婚当天的留影却不太受重视，常常是亲友__47__拍摄的。可以想象，这种照片大多存在各种各样的缺点：脸被__48__住了，色彩不够好，背景很乱，等等，令人遗憾。

46. A 从而　　　　B 从此　　　　C 不仅　　　　D 否则
47. A 特意　　　　B 随意　　　　C 满意　　　　D 故意
48. A 盖　　　　　B 挡　　　　　C 拍　　　　　D 避

49—52.

松树嘲笑无花果树说："你的叶子到冬天时就落光了，光秃秃的树枝真难看，哪像我，终年都是绿色，十分美丽。"不久，下了一__49__大雪，雪都堆在松树上面，最后由于重量太大把树枝__50__断了，松树的美丽也遭到了破坏。而无花果树由于叶子已经落尽，全身轻松，雪__51__过树枝落在地上，树毫无损伤。

外表的美丽不一定适应环境，有时是一种负担，甚至可能会为生存带来麻烦或灾难。__52__，平平常常却能活得自由自在。所以，不如放下你外表虚荣的美丽，或者是不实的身份和地位，踏踏实实地去体会真实简单的生活，相信这样你将获得更多的乐趣。

49. A 段　　　　　B 场　　　　　C 顿　　　　　D 节
50. A 堆　　　　　B 碰　　　　　C 压　　　　　D 挤
51. A 躲　　　　　B 放　　　　　C 逃　　　　　D 穿
52. A 从而　　　　B 同样　　　　C 否则　　　　D 相反

53—56.

周六，丈夫带着女儿上幼儿园。

天挺冷的，下公交车时，丈夫从后面架着女儿的胳膊往台阶下走。等着上车的一位老奶奶责备道："__53__？把孩子的小肚子都露出来了，多冷呀，可别让孩子__54__。"

丈夫一看，女儿穿着短短的上衣，一抱胳膊，衣服都聚到上面，肚子直接露出来迎着风。教训得没错，丈夫觉得很__55__。刚想说点儿客气话，没想到女儿冲着老奶奶十分不满地大喊了一句："我__56__没有小肚子！"

53. A 这是什么汽车啊　　　　B 哪有这样的孩子
　　C 今天天气真糟糕　　　　D 这家长怎么当的
54. A 挨饿　　　B 受伤　　　C 着凉　　　D 着冻
55. A 惭愧　　　B 可惜　　　C 害羞　　　D 可怜
56. A 哪　　　　B 却　　　　C 才　　　　D 竟

57—60.

中国建筑的__57__寿命只有30年？日前，国家住房建设部副部长在第六届国际绿色建筑大会上语出惊人。有网友称，据此推算，等到自己的__58__还清的时候，房子也该倒了。

到底是什么原因__59__建筑"短命"？华南理工大学土木与交通学院副教授张原称，施工单位在楼房的建造过程中，大多数时候都不是以"保证质量"为第一考虑的。"他们第一考虑是如何用最低的费用盖房子，如何在最短的时间内完成，如何尽可能多地赚钱。因此，即使挺过了30年，中国的大多数建筑到50年时也需要彻底__60__了。"

57. A 综合　　　B 普通　　　C 平均　　　D 常常
58. A 责任　　　B 证据　　　C 愿望　　　D 贷款
59. A 造成　　　B 建造　　　C 生产　　　D 发现
60. A 装修　　　B 维修　　　C 保护　　　D 整理

第二部分

第61—70题：请选出与试题内容一致的一项。

61. 晚春时节，气候由温暖逐渐转为炎热，所以在饮食搭配方面应该按照气温的变化，适当地转向低盐、低脂、低糖和低刺激的食品。济南电视台特别推出"中国传统养生食谱"系列专题，帮您科学调理身体，预防疾病，健康快乐地度过每一天。

   A 晚春时节天气越来越凉
   B 调整饮食可以治疗疾病
   C 晚春应该多吃高热量食品
   D 饮食应该随着气温变化而变化

62. 每当节假日来临，不少市民都会积极准备外出游玩计划。同样，需要假期加班的上班族也在计算能拿多少加班费。根据有关部门计算，一般三天的小长假如果全加班的话，可拿到相当于平时日工资七倍的加班费。

   A 加班三天可得到日工资的七倍
   B 假期不游玩就可以拿到加班费
   C 很多上班族为了加班费选择加班
   D 假期加班费和平时的日工资相当

63. 中老年舞蹈是一种针对40岁以上群体的舞蹈类型。随着社会经济的不断发展，中老年人追求老有所学、老有所乐、老有所美的需求不断提高，与此相适应，中老年舞蹈也迅速地发展起来，成为群众业余文化活动中一道独特、亮丽的风景。

   A 中老年舞蹈需要进行专业学习
   B 中老年舞蹈适合40岁以上的人群
   C 中老年人为城市增加了美丽的风景
   D 中老年人是一个迅速发展起来的群体

64. 对应醉酒驾驶将入狱的政策，很多酒后代驾公司展开了一定的推广宣传。他们与酒店合作，专门设计了系列代驾说明牌，牌子上印有详细的公司名称、联系电话、收费标准等，以满足代驾人的各种需求。

   A 醉酒驾车并不违反法律
   B 代驾说明牌是一种宣传方法
   C 代驾公司和酒店一起推广酒驾
   D 代驾服务一般由酒店免费提供

65. 宜家家具的外观并非一味地追求时尚，而是在设计上考虑周到，符合人们现代生活的需要，从年代久远的手工木制家具到现代化的金属和塑料家具，应有尽有。通常情况下，设计精美的家具是为少数能够买得起的人准备的，而从创建初期，宜家就选择了一条不同的道路，决定与大多数人站在一起。

    A 宜家家具正在创建初期
    B 宜家家具主要是木制品
    C 宜家家具价格比较便宜
    D 宜家家具不实用但很时尚

66. 根据往年五一小长假交通特点分析估计，五一期间出游人数将超过清明小长假。五一假期首日，即4月30日是市民集中出游的高峰。预计当天上午9时左右，多条北京公路将出现堵车现象，车多情况到上午11时仍然无法缓解。

    A 5月1日上午北京将出现堵车现象
    B 4月30日上午11点北京将不再堵车
    C 人们大多选择在五一假期的第一天出游
    D 相比五一假期，人们更喜欢选择清明节出游

67. 农民种菜赔钱，市民买菜喊贵，这种奇怪的现象不是一天两天了。蔬菜从农民手里到市民手里中间经过了太多的阶段，像加工、运输等等，这些费用越来越高，蔬菜的市场价格自然跟着提高。要改变这种状况，对各级政府来说是个巨大挑战。

    A 农民是菜价高的最大受害者
    B 蔬菜的市场价格中包括运输费
    C 造成菜价越来越高是政府的责任
    D 农民和市民近期开始抱怨蔬菜价格

68. 春节临近，面对家长的催婚，一部分单身男女尝试"租"恋人回家过年。专家认为，这种善意的欺骗并不能彻底解决问题。另外，租与被租双方都要考虑到一个安全问题，毕竟互相都不了解。所以，最好的解决办法是加强与亲人的沟通，争取他们的理解。

    A 租恋人回家不属于欺骗行为
    B 租恋人回家不存在危险因素
    C 庆祝春节是租恋人的原因
    D 多和家长交流才能真正解决问题

69. 与父辈们不同,"80后农民工"不再当自己是挣钱工具,开始寻找更好的发展机会,也试着表达自己的真实感受。记者与十几位"80后农民工"交流,除了两个人表示以后有钱了会考虑回家乡办企业外,大多不愿意再回老家。他们更希望能在城市有一份自己的工作和生活。

    A 80后农民工于上世纪80年代离家
    B 80后农民工的父辈更善于表达自己
    C 80后农民工认为钱比机会更重要
    D 大多数80后农民工渴望留在城市

70. 《中国居民营养与健康状况调查》结论显示:营养的缺乏已引发了中国人一系列的健康问题,如慢性疲劳综合征就在新兴行业人群中保持着很高的发病率。此外,从事科技、新闻、广告等行业的人以及公务员、演艺人员、出租车司机等,更是容易"过劳死"的高危人群。

    A 营养不良会引发各种身体疾病
    B 城市人容易患慢性疲劳综合征
    C 公务员属于城市新兴行业人群
    D 出租车司机的工作充满了危险

第三部分

第71—90题：请选出正确答案。

71—75.

我的法国朋友埃荷瓦业余爱好高山滑雪，而且已达到了相当高的水平。1994年寒假，埃荷瓦和女朋友一起去阿尔卑斯山滑雪，结果掉落到600多米深的山谷里，再也没回来。埃荷瓦的母亲告诉我，她曾多次提醒儿子，高山滑雪是一项很危险的运动，但从来没有去阻止过，她一向尊重儿子的爱好，因为她爱儿子。

玛丽夫妇的儿子史蒂凡是一名好学生，却在高中毕业后决定去公园当一名花匠。玛丽夫妇跟儿子谈话，告诉他当园林工人收入不会太高，可能一辈子都买不起好房子好汽车，但是如果儿子把这一切都考虑过了，做父母的将尊重儿子的选择。史蒂凡最终实现了愿望。玛丽夫妇与朋友见面时，常会骄傲地问："最近有没有去我儿子的公园呀？那个大花坛就是他设计的。"

维亚老太太独自居住在带花园的大房子里，并计划在自己去世后把这栋房子捐赠给一家老年俱乐部。老太太有四个儿女，都属于不太富裕的工薪阶层，他们本来都是这栋房子的直接继承人，可对于母亲的决定，四个儿女无一人反对。维亚的小女儿表示，虽然说不心疼是不可能的，但是再多的钱也无法与他们对母亲的爱相比。

人世间的爱有无数种表达的方式，尊重你所爱的人，无疑是最明智的。

71. 第一个故事中，埃荷瓦为什么会去世？
　　A 他的滑雪技术太差　　B 他和女朋友在一起
　　C 他的母亲不负责任　　D 高山滑雪本身很危险

72. 关于第二个故事中"花匠"这一职业，说法正确的是：
　　A 会有很高的收入　　B 主要负责管理公园
　　C 是史蒂凡的理想工作　　D 要大学毕业才可以从事

73. 第三个故事中，维亚打算怎么处理她的房子？
　　A 找机会卖掉　　B 留给继承人
　　C 免费给老年俱乐部　　D 平均分给四个儿女

74. 关于第三个故事中维亚的儿女，说法正确的是：
　　A 生活都不很富有　　B 继承了维亚的财产
　　C 不支持母亲的决定　　D 心疼房子被捐赠

75. 文章中这三个故事说明的道理是：
　　A 如果爱就要表达出来　　B 成功的关键在于理解
　　C 尊重是爱的最佳方式　　D 要注意听取他人意见

76—78.

篮球巨星乔丹上中学时，有一次在比赛时做出了一个完美的扣篮动作，全场都很吃惊。事后有人问他："以前也没怎么看你练过扣篮呀，怎么做得那么好呢？"乔丹说："虽然我没怎么练过，可是我每天都在心里想着扣篮的全部动作，每个细节都能想到，就这样在心里一遍遍地练着，所以在球场上才会表现得很好。"人们更是惊讶，难道只是在心里想也可以练好篮球？

美国学者曾经做过一个20天的实验：把一个班的男生分成三组。第一组在20天内每天练习实际投篮20分钟，并把第一天和最后一天的成绩记录下来。第二组学生记录下第一天和最后一天的成绩，但在此期间不做任何练习。第三组学生记下第一天的成绩，然后每天花20分钟做想象中的投篮，如果投篮不中便在想象中作出相应的改正。实验结果是：第一组学生进球增加了24%；第二组毫无进步；第三组进球增加了26%。

如果心里有了一个愿望或目标，那就从各个角度仔细地考虑它吧，这个目标一定能够在不知不觉中离你越来越近。当然不能只是想象，行动是必不可少的，想象只是努力的一部分。

76. 乔丹中学时的扣篮为什么让全场感到惊讶？
   A 乔丹当时很年轻   B 乔丹从未练习过
   C 乔丹在心中练球   D 乔丹动作很完美

77. 关于美国学者的实验，下面说法正确的是：
   A 实验的时间长度是20天
   B 实验之前三组的投篮成绩相同
   C 实验之后第三组的投篮成绩最好
   D 实验说明只想不做成绩会越来越差

78. 下面哪句话概括了本文的中心思想？
   A 知识就是力量   B 失败是成功之母
   C 实现梦想需要努力和天分 D 思考和行动相结合才能成功

79—82.

20世纪人类最爱说的就是"征服自然",还有"……展示了人类的力量"。那怎样才算征服了自然呢?意大利有位探险家独自穿过了塔克拉玛干沙漠。当她走出沙漠后,有记者问她在征服沙漠后有什么感想时,她极为真诚地说:"我不认为我征服了沙漠,我要感谢塔克拉玛干允许我通过。"

其实,我们的"力量"大自然早已经品尝过了:几百年长成的大树,人类可以只用三分钟就让它倒下;几万年才长成的一片热带雨林,人类可以几天之内将其变成一片空地;几百万年才能生成的物种,人类可以用几十年就让它消失。山,可以炸平;湖,可以填满;海洋,可以当做垃圾场……还有什么我们办不到的?

中国古代著名的哲学家老子说过:"胜人者力,自胜者强。"用力量征服别人仅能说明身体强壮,但靠智慧战胜自己才是真正的强者。人类一步步走到今天,我们一直都是在使用自己的智慧而不是力气。

一棵古树,本可以用来做家具,但人们没有砍倒它;一只动物,可能被投进汤锅,但人们保住了它;一座高山,人们放弃登顶,而是停下来欣赏她的神秘和美丽。这,才叫做力量。

79. 作者举意大利探险家的例子想说明什么?
　　A 人类可以真正战胜自然　　　　B 学习探险家的冒险精神
　　C 走出塔克拉玛干沙漠很了不起　　D 人类应对自然保持尊重

80. 第二段人类的"力量"指的是什么?
　　A 对大自然的破坏　　B 对大自然的改造
　　C 对大自然的欣赏　　D 对大自然的保护

81. 老子的话告诉我们什么?
　　A 力气比智慧更重要　　　　B 如何在竞争中取胜
　　C 战胜别人不仅需要力量　　D 战胜自己才是真正的强者

82. 第四段中的"力量"指的是什么?
　　A 控制自己的能力　　B 不断发展的能力
　　C 破坏自然的能力　　D 服务自然的能力

83—85.

曾经有一个记者在家写报道时，他四岁的儿子吵着要他陪。记者很烦，就将一本杂志的最后一页撕碎，对儿子说："你将这上面的世界地图拼完整，爸爸就陪你玩。"过了不到五分钟，儿子又来拉他的手说："爸爸，我拼好了，陪我玩儿！"

记者很生气："小孩子爱玩儿是可以理解的，但如果说谎话就不好了。你怎么可能这么快就拼好世界地图！"

儿子非常委屈："可是我真的拼好了呀！"

记者一看，果然如此。他想：不会吧？家里出现了一位<u>神童</u>？他非常好奇地问："你是怎么做到的？"

儿子说："世界地图的背面是一个人的头像。我反过来拼，只要这个人好了，世界就完整了。"

所以，做事先做人。做人做好了，他的世界也就是好的。

83. 文中画线词语"神童"是什么意思？

　　A 天才　　　　B 奇迹　　　　C 玩具　　　　D 骗子

84. 儿子为什么觉得委屈？

　　A 父亲没时间陪他　　　　B 父亲误会了自己
　　C 父亲弄坏了杂志　　　　D 父亲没有赞扬他

85. 本文主要谈什么？

　　A 父子关系　　　　　　　B 孩子的培养
　　C 要相信别人　　　　　　D 做人的重要性

86—90.

醋是生活中的保健食品，它的功效很多：软化血管、降血压、促进食欲、提神、消毒，等等。其实，醋的好处不仅仅在于身体的保健上，它对婚姻也起着"保鲜"作用。

只要是女人，都爱"吃醋"，这是因为女人将对方看得太重，她爱他就想拥有他的一切，而且不许别人分享。女人"吃醋"很直接，她会把自己的感受明显地摆在脸上，以引起男人的注意。其实男人也爱"吃醋"，只是男人善于隐藏"吃醋"的表现而已。我们认为，女人有点儿醋意是一种美，一般来说男人会喜欢。如果一个女人对自己所爱的人一点儿都不"吃醋"，那是对男人的伤害，男人会觉得自己没有魅力。所以，提醒那些不爱"吃醋"的女人，假如你很爱他，你即使对他有一万个放心，也得偶尔配合他一下，"吃"一下"醋"，满足他骄傲的心理，让他感觉到自己的重要。

当然，什么事情都要避免矫枉过正。生活中的醋多了会让胃受不了，婚姻中如果天天"吃醋"也会因"醋"而变味儿。所以"吃醋"要讲究合适的程度、合适的时机以及合适的方法。

86. 下面哪一项不是醋的保健功能？
    A 消除病毒   B 振作精神
    C 改善营养不良   D 防止血压升高

87. 下面哪个词可以代替"吃醋"？
    A 生气   B 嫉妒   C 耐心   D 谦虚

88. 关于"吃醋"，下面说法正确的是：
    A 男人基本不会"吃醋"   B 女人"吃醋"因为太在乎
    C "吃醋"会影响婚姻质量   D 男人不喜欢"吃醋"的女人

89. 作者对"吃醋"的态度是：
    A 支持   B 讽刺   C 冷漠   D 没提到

90. 对最后一段中的画线词语"矫枉过正"的解释，正确的一项是：
    A 强调机会的重要性   B 强调事前作好计划
    C 注意掌握一定的技术   D 注意保持合适的程度

三、书　写

第一部分

第 91—98 题：完成句子。

例如：发表　这篇论文　什么时候　是　的

　　　　这篇论文是什么时候发表的？

91. 你的　迟到　找　借口　不要为

92. 密切的　过　他们　合作　有

93. 失败　哪怕　会　试试　也要

94. 一个　您　忙　我　麻烦　帮

95. 感冒　把　别　传染　孩子　给　千万

96. 起来　她　大笑　忍不住

97. 严重的　车祸　了　校门前　一起　发生

98. 不　才　我　那么　吃不了　多

第二部分

第 99—100 题：写短文。

99. 请结合下列词语（要全部使用），写一篇 80 字左右的短文。

安慰　　控制　　病情　　恢复　　鼓励

100. 请结合这张图片写一篇 80 字左右的短文。

新汉语水平考试
HSK（五级）
模拟试卷 第5套

注 意

一、HSK（五级）分三部分：

    1. 听力（45题，约30分钟）

    2. 阅读（45题，45分钟）

    3. 书写（10题，40分钟）

二、听力结束后，有5分钟填写答题卡。

三、全部考试约125分钟（含考生填写个人信息时间5分钟）。

		答对题数	成 绩
听力			2.22分 ×　　 ＝　　 分
阅读			2.22分 ×　　 ＝　　 分
书写	完成句子		5分 ×　　 ＝　　 分
	写短文	1	（满分30分）　　分
		2	（满分30分）　　分
总成绩			分

一、听 力

第一部分

第1—20题：请选出正确答案。

1. A 失望
   B 遗憾
   C 得意
   D 兴奋

2. A 父亲
   B 丈夫
   C 朋友
   D 同事

3. A 样子
   B 价格
   C 质量
   D 大小

4. A 生病
   B 开会
   C 考试
   D 开家长会

5. A 摄影
   B 合影
   C 看电视
   D 看电影

6. A 还没有看完书
   B 弄丢了女的的书
   C 买了一本新书
   D 没有买到新书

7. A 男的没听讲座
   B 女的没听讲座
   C 男的收获很大
   D 教授观点很新

8. A 开车技术不好
   B 没有拿到驾照
   C 撞了别人的车
   D 手和脚有问题

9. A 男的没打
   B 电话占线
   C 手机坏了
   D 男的忘了

10. A 怕晒伤
    B 怕下雨
    C 伞很漂亮
    D 给大家看

11. A 丈夫支持女儿
    B 女儿标准很高
    C 丈夫抗议妻子
    D 女儿衣服难看

12. A 男的头发很乱
    B 地铁上非常挤
    C 女的没有梳头
    D 女的鞋子掉了

13. A 做实验
    B 看演出
    C 写报告
    D 看演唱会

14. A 飞机场
    B 火车站
    C 地铁站
    D 汽车站

15. A 公园
    B 河上
    C 家里
    D 船上

16. A 身体不好
    B 口味清淡
    C 爱吃油炸食品
    D 今天是她的结婚纪念日

17. A 观众
    B 演员
    C 公主
    D 导演

18. A 他们是朋友
    B 女的在喝酒
    C 男的是警察
    D 女的没驾照

19. A 男的非常紧张
    B 女的的儿子高考
    C 男的的女儿高考
    D 女的明天不来上班

20. A 电视台
    B 幼儿园
    C 学校
    D 医院

第二部分

第 21—45 题：请选出正确答案。

21. A 租房子
    B 招聘厨师
    C 装修饭馆
    D 招聘服务员

22. A 上班迟到
    B 活动取消
    C 路上堵车
    D 不能送孩子

23. A 紧张失眠
    B 准备材料
    C 熬夜加班
    D 设计图纸

24. A 出差
    B 住院
    C 锻炼身体
    D 在单位加班

25. A 当美编
    B 当画家
    C 做记者
    D 开画展

26. A 提高工作效率
    B 多跟经理沟通
    C 提高工作能力
    D 跟经理搞好关系

27. A 特别聪明
    B 身材很好
    C 喜欢说谎
    D 并不好看

28. A 要求太高
    B 父母反对
    C 她是公主
    D 想嫁给王子

29. A 开心
    B 兴奋
    C 愤怒
    D 失望

30. A 总是出问题
    B 没装杀毒软件
    C 丢了会议资料
    D 有个软件坏了

31. A 每天
    B 两天
    C 一周
    D 三四天

32. A 夫妻
    B 父女
    C 同事
    D 同学

33. A 法官
    B 律师
    C 记者
    D 经理

34. A 报社
    B 公司
    C 法院
    D 警察局

35. A 半夜
    B 傍晚
    C 中午
    D 下午

36. A 他是警察
    B 他迷路了
    C 需要警察帮助
    D 确认自己安全

37. A 主持人
    B 男护士
    C 建筑师
    D 工程师

38. A 交友
    B 科技
    C 游戏
    D 教育

39. A 胖
    B 瘦
    C 健康
    D 时尚

40. A 减肥失败
    B 越来越胖
    C 记忆力下降
    D 吸收糖分过多

41. A 很饿时
    B 吃饭中
    C 吃饭前
    D 吃饭后

42. A 如何减肥成功
    B 减肥对健康有害
    C 减肥应该注意什么
    D 减肥要吃什么水果

43. A 第一名
    B 第二名
    C 第三名
    D 文中没说

44. A 祝贺吉米
    B 找他借钱
    C 骗吉米钱
    D 孩子生病

45. A 自信
    B 小气
    C 骄傲
    D 善良

二、阅 读

第一部分

第46—60题：请选出正确答案。

46—48.

刚大学毕业参加工作的同学在一个聚会上谈起自己的工作，都非常不满。于是，老师给我们讲了一个他小时候养牛的故事。他发现，总是有些牛长得又高又大，有的牛又瘦又小。有 __46__ 的农民告诉他，有的牛吃草时总是从脚下开始，一直往前吃。有的牛却 __47__ 找好草吃。结果这些牛大部分时间都花在寻找好草上了，其他牛都在休息了，这些牛还没吃饱。找工作也是这样，必须面对现实，先 __48__ 经验。如果一开始就想找到最满意的工作，可能永远都找不到。

46. A 知识　　　B 经验　　　C 经历　　　D 能力
47. A 只好　　　B 到达　　　C 知道　　　D 到处
48. A 积累　　　B 学习　　　C 缺乏　　　D 找到

49—52.

丈夫下班回家， __49__ 地发现：家里太乱了！孩子们脸上、身上都很脏；电视声音很大，可是没人在看；孩子的房间里到处都是玩具；厨房里，碗和盘子都没有洗，桌子上放着吃 __50__ 的饭菜。他担心极了：妻子生病了，还是发生了更 __51__ 的事？可是他发现，妻子正轻松地躺在床上看小说。丈夫着急地问："今天家里发生了什么事情？"妻子回答："你每天下班总是问：'今天你在家里究竟做了什么？'今天你看到了， __52__ 。"

49. A 吃惊　　　B 吃亏　　　C 兴奋　　　D 担心
50. A 完　　　　B 饱　　　　C 剩　　　　D 光
51. A 糟糕　　　B 重要　　　C 幸运　　　D 无奈
52. A 我想看小说　　　　　　B 你照顾孩子吧
　　C 我什么也没做　　　　　D 发生了很多事情

53—56.

大卫非常爱珍妮，可是有一天，珍妮生了严重的病，脖子以下完全没有了感觉，你觉得，大卫还会几十年不变一直爱珍妮吗？

A 大卫会一直爱珍妮

B 大卫对珍妮的爱一定会有变化

C 大卫对珍妮的爱可能会改变

结果10%的人选A，10%的人选B，80%的人选C。做题的人都把大卫当成珍妮的男朋友了。

第二个问题是：如果大卫是珍妮的父亲或者母亲，你们还会__53__刚才的选择吗？这一次，所有人都毫不__54__地选了A，并且心里充满了__55__。

做完这个选择题以后，很多人都给自己的父母打了电话，内容都是：爸爸妈妈，你们好吗？__56__。

53. A 坚强　　　　B 坚持　　　　C 坚决　　　　D 改变
54. A 犹豫　　　　B 干脆　　　　C 紧张　　　　D 珍惜
55. A 感受　　　　B 感觉　　　　C 感动　　　　D 伤心
56. A 我给你们讲个故事　　　　B 我生病了，需要照顾
　　C 你们会选哪个答案　　　　D 谢谢你们给我的爱

57—60.

地震是一种非常__57__的自然灾害，在人类现有的科学水平下，还不能对什么时候会发生地震作出准确的预报。但是我们每个人都应该掌握一些关于地震的基本知识。首先，地震发生时，要迅速躲进一个较小的空间里，比如卫生间，这里__58__安全一些。千万不要乘坐电梯下楼。如果住在高楼上，不要跳楼。万一不幸被困，也不要失去信心，而是要__59__体力，鼓励自己，想办法与外面的人__60__。

57. A 恐怕　　　　B 可怜　　　　C 可怕　　　　D 害怕
58. A 相对　　　　B 绝对　　　　C 相当　　　　D 相关
59. A 保存　　　　B 保护　　　　C 保险　　　　D 保证
60. A 联合　　　　B 支持　　　　C 联系　　　　D 沟通

第二部分

第61—70题：请选出与试题内容一致的一项。

61. 威廉刚来中国的时候，会说汉语，可是认识的汉字很少。有一天，他和朋友去逛街，看到有家餐厅看起来很棒，可是这家餐厅没有开门。他看到店门口竖着一块牌子，觉得上面写的汉字一定是店名，于是拿出纸笔，想把这家餐厅的店名写下来，下次再来。这时候，朋友指着餐厅门口的牌子说："那不是店名，是'星期一休息'"。

    A 威廉的朋友是中国人
    B 威廉打算星期一再来
    C 威廉一个汉字也不会写
    D 威廉以为牌子上的字是店名

62. 生活中经常听到有人说天气预报不准确。事实上，有时候我们是被自己的感觉"骗"了。因为天气预报给出的温度是在特定条件下的气温，而我们的感觉却会受到环境的影响。比如，阳光下和树下、有风和无风、湿润和干燥，给人感觉上的气温差别可能在5度以上。

    A 天气预报有时会骗我们
    B 我们的感觉总是错误的
    C 天气预报经常出现错误
    D 环境影响人对气温的感觉

63. 钱钟书先生是一位很有学问的人，他写的小说以及根据他的作品改编的电影，在中国都非常受欢迎。有很多记者都希望能当面采访他，但他却谦虚地说："如果你吃了一个鸡蛋觉得不错，为什么一定要认识那只生蛋的母鸡呢？"

    A 钱钟书拒绝记者采访
    B 钱钟书学问大，但不谦虚
    C 钱钟书不喜欢吃鸡蛋
    D 钱钟书改编了很多电影

64. 现在，科学家发明了一种自动翻译电话，这对不懂外语的人来说是个好消息。当两个说不同语言的人打电话时，电脑会自动把一种语言翻译成另一种语言，并且用声音传给对方。这样不需要第三个人翻译就可以对话，中间也不会因为翻译而耽误时间。

    A 打电话的人不懂外语
    B 这种电话能听懂两种语言
    C 使用这种电话可能耽误时间
    D 科学家发明了有自动翻译功能的电话

65. 心理上的不自信会带来失败。不少人总觉得："我一定会失败""所有人都看不起我""周围的人都不喜欢我"……其实当一个人想要怎样时，他就真的会变成那样。如果一个想戒烟的人总是告诉自己"我无法戒烟"，那么他永远也戒不了烟。

    A 不自信的人很难成功
    B 大家看不起不自信的人
    C 自信的人永远无法戒烟
    D 别人的态度决定一个人能否成功

66. 有这样一个游戏：参加者每人拿出一张纸，在上面写下和自己在一起时间最多的六个人的名字，也可以说是六个关系最近的朋友，然后记下他们每个人的月收入，最后算出他们平均的月收入。这个收入应该就能反映你自己的月收入是多少。

    A 人们应该和有钱人交朋友
    B 选择哪种朋友对我们很重要
    C 每个人都有至少六个好朋友
    D 一个人的收入由朋友多少决定

67. 无数人希望自己有一张好看的脸，所以没有人不羡慕那些漂亮的女演员们。但是著名的电影明星哈利·贝瑞却对记者说，美丽并没有让她的生活比别人更幸福，难过没有减少，烦恼没有减少，恋爱一直都不顺利。

    A 美丽不一定带来幸福
    B 女明星的生活都不幸
    C 不漂亮的人生活不幸
    D 美丽让一个人更顺利

68. 哈佛大学是世界上最好的大学之一，他们挑选优秀学生的标准是：有独特的个性；有学术精神；有领导能力。哈佛重视的是一个年轻人的综合能力，而不是考试成绩。

    A 哈佛很重视综合能力
    B 成绩好的才能上哈佛
    C 年轻人要有学术精神
    D 优秀的学生都有个性

69. 松下公司是世界500强企业之一。作为世界上最有钱的公司之一，公司里却有很多"小气"的规定。比如，公司使用的信封上面都有几条横线，第一次用时，把收信人的名字写在第一条横线上，第二次把收信人的名字写在第二条横线上。一个人想随便记点儿什么的，如果他用了一张新纸，那么他一定会受到批评。

A 松下公司缺少新纸
B 松下公司的信封很贵
C 松下公司非常注意节约
D 松下公司的老板非常小气

70. 今天是我第一次自己开车出来，真是既紧张又兴奋。到一个路口的时候，我看到红灯，就把车停了下来，等红灯变成绿灯的时候，我发现车走不了了。过了一会儿，绿灯变成了黄灯，又变成了红灯，可是我的车还是不动。我急坏了，一位交通警察走过来说："小姐，请问你还没有等到喜欢的颜色吗？"

A "我"开车的经验丰富
B "我"在等喜欢的颜色
C "我"开车的技术不错
D 交通警察非常幽默

第三部分

第71—90题：请选出正确答案。

71—73.

在一些人的印象里，好像没有钱的人才会骑自行车，有钱人都是开车上下班的。如果在荷兰，那他们的想法得改一下了。荷兰是一个"自行车王国"，在这里，骑自行车是一种时髦。荷兰人口才1600万，但全国自行车的数量就有1700万辆。在荷兰的马路上，经常可以见到各种各样的自行车。贵的价格可以卖到3000美元，已经可以买到一辆二手小汽车了。

为了让更多的人骑自行车上下班，荷兰很多公司有规定：如果员工购买了自行车，那么会得到"自行车补助"，大概750欧元。在荷兰还可以找到专门为骑自行车画的地图。在这张地图上，你可以找到全国自行车路线图。上面每一条马路都分为三部分：汽车道、自行车道、人行道，用不同的颜色标明。甚至路口的红绿灯，都分为给汽车看的、给自行车看的、给行人看的。按照交通法律规定，汽车必须让自行车先走。

71. 一辆贵的自行车在荷兰可以卖到多少钱?

　　A 1600万　　　B 1700万　　　C 750欧元　　　D 3000美元

72. 荷兰公司对员工买自行车的态度是：

　　A 随便　　　B 反对　　　C 鼓励　　　D 无所谓

73. 荷兰交通法律规定：

　　A 人让汽车先走　　　　　　B 人让自行车先走
　　C 自行车让汽车先走　　　　D 汽车让自行车先走

74—77.

恐怕大部分人都已经记不清楚自己小时候的梦想了吧,但有一个女孩却一直坚持着自己小时候一定要做世界冠军的梦想。为了这个梦想,她每天都早早地起床跑步,下课以后除了帮父母做家务,就是参加各种体育活动。

后来,她不得不忙着学习;再后来,她结婚、生子,接着照顾孩子;孩子长大了,她又得照顾变老的父母;接下来,她又要照顾孙子……转眼,她已经60岁了。终于没有什么要她必须去做的事情了。她又开始锻炼身体,想实现小时候的梦想。她的丈夫开始总是笑话她,说他没有见过一个60岁的冠军。后来却被她的坚持感动了,开始支持她,并且和她一起锻炼。

老年人可以参加的比赛机会并不多,等她终于等到一个出国比赛的机会时,她的丈夫却突然病倒了。为了照顾丈夫,虽然她为这次比赛花了很多<u>心血</u>,但她还是放弃了比赛,一直陪伴丈夫走完最后的时光。

30年后,在2009年10月的一次比赛中,她终于参加了扔铅球比赛并且取得了冠军。这时候,她已经100岁了,这位把梦想坚持了一生的老人赢得了所有人的尊重。

74. 她放弃出国比赛的原因是:
  A 摔倒了   B 忙着学习   C 照顾父母   D 照顾丈夫

75. 第三段中画线词语"心血"最可能是什么意思?
  A 心脏   B 心情   C 努力   D 伤心

76. 她的丈夫大概是在她多大年纪的时候去世的?
  A 60岁   B 70岁   C 80岁   D 100岁

77. 她最后取得了什么比赛的冠军?
  A 铅球   B 跑步   C 足球   D 网球

78—82.

去年我花了一个月的时间在一所大学学习管理学。来学习的人都是有丰富管理经验的经理、老板，所以大家都是带着问题来学习的。

最后一节课的时候，教授很早来到了教室。他发给我们每人一张白纸，对我们说："以前的课里我给大家讲了很多解决问题的方法，今天是最后一节课，我们来做一个总结，看看大家究竟掌握了多少。"然后，教授在黑板上写下一道数学题，让我们用30分钟做完。

这道题非常难，我想来想去，也不知道该怎么做。半个小时很快就过去了，很多人和我一样，把一张没有字的白纸交给了老师。大家都觉得很不好意思，但也都不明白为什么老师给我们这么难的题，根本就做不出来！

教授看了看我们交上去的纸，告诉我们："这道题的答案是——没有答案。"

我们都很吃惊。教授笑着对我们说："我们以前的课讲的都是解决问题的方法，而这最后一课也很重要。我想告诉大家，工作中有很多问题就像这道题一样，根本就没有正确答案。为什么没有答案？因为给的条件还不够。所以，如果以后遇到这样的问题，我们要及时发现，不要在没有答案的问题上浪费太多时间。不但要学会解决问题，还需要学会在合适的时候放弃问题。得分最高的应该是十分钟之内交白卷放弃的人。"

78. 根据上文，可以知道作者可能是：
   A 教授　　　　B 老板　　　　C 学生　　　　D 老师

79. 这节课教授想给大家的学习做一个：
   A 预习　　　　B 复习　　　　C 总结　　　　D 概括

80. 交答卷的时候，"我"觉得：
   A 很自信　　　B 很难过　　　C 很生气　　　D 很羞愧

81. 教授最想让大家在工作中学会什么？
   A 适时放弃　　B 坚持到底　　C 努力工作　　D 迅速完成

82. 根据文意，哪个人得分最低？
   A 写出答案的人　　　　　　　B 写得最快的人
   C 第一个交白卷的人　　　　　D 最后一个交卷的人

83—86.

　　小时候，我们家很穷，可是母亲却总是喜欢"制造"一些可能性，让我选择。

　　早上，母亲会说："孩子，早餐是吃面条还是吃馒头？"当我说吃面条时，母亲就高高兴兴地去厨房为我做面条。虽然我心里最想吃的是饺子，但我知道我们吃不起饺子。不过，有选择的早餐还是让我觉得很满足。

　　春节的时候，很多小孩子都买了很漂亮的衣服和玩具，可家里没有那么多钱给我买一套衣服。于是，母亲就问我："今年春节，你想要一件新上衣，还是要一条新裤子呢？"我仔细地考虑以后，说想要上衣，母亲就会高兴地带我去商店买上衣。

　　后来，我问母亲，为什么总是让我作出选择呢？母亲说："孩子，一个有选择的人，是富有的。"感谢我的母亲，她让我贫穷的童年生活，因为有选择而变得富有、快乐和幸福。

83. 在"我"童年时期，家里的情况怎么样？

　　A 很富有　　　B 很幸福　　　C 很快乐　　　D 很贫穷

84. "我"最想吃的早餐是：

　　A 饺子　　　B 馒头　　　C 面包　　　D 面条

85. 关于"我"的童年，正确的是：

　　A 有很多玩具　　　　　　B 妈妈很爱我
　　C 很喜欢面条　　　　　　D 没有新衣服

86. 根据文意，可以知道妈妈是一个什么样的人？

　　A 悲观　　　B 犹豫　　　C 谦虚　　　D 乐观

87—90.

生活中，人们有时候会有这样的感觉：越是怕什么事，就越会出什么事。比如，刚穿上一件新衣服，偏偏吃饭的时候弄脏了；出门没带伞，突然下了场大雨；地图上有个地方破了，正好是你要找的地方……这时候，很多人就会说自己：太倒霉了！事实上，倒霉也有科学道理，这就是"墨菲法则"。

墨菲法则其实有数学和心理学的解释，就是说，人们总是更容易去记住那些不好的、倒霉的事情。比如，如果我们在超市排队买东西，而自己排的那一队走得最慢，我们就很容易记住这件事情，而把其他排队速度正常的时候忘记了。所以很多人觉得自己去超市排队总是最慢的。

那这个法则对我们的生活有什么用处呢？比如，对用电脑的人来说，它的意义就是告诉我们：任何可能出错的事情都会出错。所以，重要的资料一定要另外保存一份。

87. 根据上文，如果你的地图破了，可能怎么样？
    A 你会迷路   B 你会迟到
    C 你得再买一张   D 破的是你要找的地方

88. 根据"墨菲法则"，什么样的事情不容易忘记？
    A 幸福的   B 特别的   C 倒霉的   D 幸运的

89. 去超市排队，一般来说排队速度怎么样？
    A 很慢   B 很快   C 不一定   D 不快不慢

90. 根据文意，保存重要资料的原因是：
    A 避免丢失   B 工作需要   C 电脑不好   D 总是倒霉

三、书 写

第一部分

第 91—98 题：完成句子。

例如： 发表　这篇论文　什么时候　是　的

　　　　这篇论文是什么时候发表的？

91. 他　帮助　拒绝　了　大家　的

92. 精神　大　失眠　压力　造成　会

93. 精彩　演出　这　很　场

94. 学生　不　的　听话　批评　受到　了

95. 窗户　把　打开　请

96. 抽烟　里　禁止　医院

97. 起来　得　气　哭　妻子

98. 破坏　美丽　人类　被　风景　的　了

第二部分

第 99—100 题：写短文。

99. 请结合下列词语（要全部使用），写一篇 80 字左右的短文。

    周末   打折   浪费   满足   放松

100. 请结合这张图片写一篇 80 字左右的短文。

新汉语水平考试
HSK（五级）
模拟试卷 第6套

注 意

一、HSK（五级）分三部分：

   1. 听力（45 题，约 30 分钟）

   2. 阅读（45 题，45 分钟）

   3. 书写（10 题，40 分钟）

二、听力结束后，有 5 分钟填写答题卡。

三、全部考试约 125 分钟（含考生填写个人信息时间 5 分钟）。

		答对题数	成 绩		
听力			2.22 分 ×	=	分
阅读			2.22 分 ×	=	分
书写	完成句子		5 分 ×	=	分
	写短文	1	（满分 30 分）		分
		2	（满分 30 分）		分
总成绩			分		

一、听　力

第一部分

第1—20题：请选出正确答案。

1. A 女的生病了
   B 男的是女的的朋友
   C 男的是宾馆的服务员
   D 女的房间的水有问题

2. A 女的刚换了部门
   B 男的对服装没有研究
   C 女的对新部门印象不好
   D 男的觉得套装不适合女的

3. A 女的是男的的同事
   B 男的没有宣传册
   C 宣传册上有联系方式
   D 宣传册上有产品价格

4. A 医生
   B 学生
   C 老师
   D 导游

5. A 男的感冒了
   B 女的很关心男的
   C 天气要变暖和了
   D 男的喜欢多穿衣服

6. A 女的失恋了
   B 女的最近很忙
   C 男的喜欢女的
   D 男的觉得自己很优秀

7. A 医院里
   B 汽车上
   C 饭店里
   D 学校里

8. A 夫妻
   B 同事
   C 邻居
   D 朋友

9. A 男的买了股票
   B 女的喜欢投资
   C 男的买了保险
   D 女的正在买鸡蛋

10. A 人们的平均收入增加了
    B 人们喜欢低价位的商品
    C 中高价位产品质量没问题
    D 男的公司的产品在北京卖得不好

11. A 男的希望能从银行借钱
    B 男的不想自己开公司
    C 男的毕业以后想找工作
    D 女的觉得男的不会做买卖

12. A 看病
    B 面试
    C 吃饭
    D 旅游

13. A 不想降价
    B 要照顾病人
    C 同意打九折
    D 电子产品赚钱多

14. A 商店
    B 饭店
    C 机场
    D 办公室

15. A 很努力
    B 老师教得好
    C 每天都练习
    D 有高水平的对手

16. A 吃惊
    B 抱怨
    C 兴奋
    D 难过

17. A 男的没考虑费用问题
    B 男的的设计方案很全面
    C 女的对男的的设计很满意
    D 女的觉得男的没考虑环境

18. A 害怕打针
    B 对海鲜过敏
    C 不喜欢吃海鲜
    D 昨晚睡觉很早

19. A 教师
    B 警察
    C 记者
    D 服务员

20. A 两人是朋友关系
    B 今天是女的的生日
    C 男的祝贺父母结婚纪念日
    D 女的忘了给自己买礼物

第二部分

第 21—45 题：请选出正确答案。

21. A 男的想参加健身训练
    B 女的健身的目的是保持体型
    C 健身中心会为顾客提供午餐
    D 健身中心提供两年的会员卡

22. A 买车库的停车位要 50 万元
    B 男的不想装修房子
    C 女的看中了一套房子
    D 男的觉得没必要买车位

23. A 男的花了很多钱
    B 女的希望男的出国
    C 男的希望女的出国
    D 男的得到一份工作

24. A 生病了
    B 摔到了
    C 来晚了
    D 得到一笔奖金

25. A 喜欢做家务
    B 事业很成功
    C 不会照顾孩子
    D 和丈夫离婚了

26. A 女的想吃肉
    B 男的想吃青菜
    C 男的正在减肥
    D 节食可以减肥

27. A 害怕被骗
    B 喜欢网购
    C 忘了密码
    D 没有自己的电脑

28. A 病了
    B 不相信足疗
    C 昨晚没睡好觉
    D 吃了一片安眠药

29. A 男的病了
    B 电脑着火了
    C 电脑有毛病了
    D 女的下载过游戏软件

30. A 女的感冒了
    B 现在是春天
    C 最近天气很冷
    D 这个月发生了地震

31. A 要去结婚
    B 要去医院
    C 想离开公司
    D 对公司不满

32. A 他和老板关系差
    B 老板同意他辞职
    C 他身体很健康
    D 老板希望他留下

33. A 钢琴
    B 短跑
    C 乒乓球
    D 太极拳

34. A 观众不多
    B 说话人是运动员
    C 比赛已经结束
    D 她男朋友要参加比赛

35. A 更受欢迎
    B 缺乏同情心
    C 愿意承担责任
    D 没有社会经验

36. A 母亲对孩子影响最大
    B 孩子的性格很像父亲
    C 父亲对孩子影响很大
    D 母亲照顾的孩子数学更好

37. A 北京
    C 南京
    B 西安
    D 杭州

38. A 男乘客身上带着炸药
    B 这对情侣违反了治安规定
    C 在飞机上随便开玩笑没关系
    D 警察把这对情侣带到了警察局

39. A 想当艺术家
    B 想以后开公司
    C 积累工作经验
    D 家里没太多钱

40. A 演员
    B 导游
    C 教师
    D 记者

41. A 欣赏她的勇气
    B 剩下的时间很多
    C 没有招到合适的人
    D 觉得她符合条件

42. A 新闻节目主持人
    B 娱乐节目主持人
    C 气象节目主持人
    D 访谈节目主持人

43. A 47 人
    B 73 人
    C 7770 人
    D 1600 名

44. A 年龄增长
    B 竞争激烈
    C 吃零食太多
    D 情绪不稳定

45. A 多喝水
    B 多吃零食
    C 多听音乐
    D 多和同事聊天儿

二、阅 读

第一部分

第46—60题：请选出正确答案。

46—48.

有一家牙膏厂，产品优良，包装精美，__46__顾客的喜爱，营业额连续10年递增，可到了第11年，业绩停滞下来，之后两年也如此。公司老板__47__会议，商量对策。会议中，公司老板说：谁能想出解决问题的办法，让公司的业绩增长，重奖10万元。有位年轻经理站起来，递给老板一张纸条，老板看完后，马上签了一张10万元的支票给这位经理。那张纸条上写着：将现在牙膏开口扩大1毫米。试想一下，如果消费者每天早晨挤出同样__48__的牙膏，开口扩大了1毫米，每个消费者就多用了1毫米宽的牙膏，每天的消费量将多出多少呢？于是，公司立即更改包装。

到了第14年，公司的营业额增加了32%。

46. A 增加　　　　B 受到　　　　C 减少　　　　D 建议
47. A 解释　　　　B 说明　　　　C 决定　　　　D 召开
48. A 质量　　　　B 利润　　　　C 长度　　　　D 结果

49—52.

孔子的一位学生在煮粥时，__49__有脏的东西掉进锅里去了。他连忙用汤匙把它捞起来，正想把它倒掉时，忽然想到，一粥一饭都来之不易啊，于是便把它吃了。刚巧孔子走进厨房，以为他在偷吃，便__50__了那位煮粥的学生。__51__解释，大家才恍然大悟。孔子很感慨地说："我亲眼看见的事情也不能确定，__52__？"

49. A 解释　　　　B 讨论　　　　C 发现　　　　D 认识
50. A 教训　　　　B 培养　　　　C 告诉　　　　D 表扬
51. A 完成　　　　B 经过　　　　C 停止　　　　D 选择
52. A 别人怎么知道呢　　　　　　B 谁知道是怎么回事呢
　　C 为什么你要这么做呢　　　　D 何况是听别人说的呢

53—56.

某大公司准备以高薪雇用一名小车司机，经过层层选拔和考试之后，只__53__下三名技术最优秀的竞争者。主考官问他们："假如悬崖边有块金子，让你们开着车去拿，你们觉得__54__悬崖多近能拿到金子而又不至于掉落呢？""两米。"第一位说。"半米。"第二位很有__55__地说。"我会尽量远离悬崖，__56__。"第三位说。结果这家公司录取了第三位。

53. A 剩　　　　B 捡　　　　C 找　　　　D 赢
54. A 开出　　　B 回到　　　C 告别　　　D 距离
55. A 决心　　　B 经验　　　C 把握　　　D 目标
56. A 越远越好　　　　　　　B 不怕危险
　　C 确定怎么样　　　　　　D 我有恐高症

57—60.

做一名合格的网球观众并不容易，因为不仅要熟知复杂的网球规则，更要__57__看台上的一些规矩。

背包入场必须安检，行李是不能带进场内的，尤其是大件的物品，但可交由专人或放在指定地点进行__58__。

一些电子通信设备也不能带进场地，包括电视、收音机等，电视及收音机的杂音会__59__选手的发挥。另外，也不能带婴儿进入场地，__60__。观众在观看比赛时，必须将手机关掉或调成振动。

57. A 了解　　　B 达到　　　C 组成　　　D 实现
58. A 控制　　　B 保护　　　C 管理　　　D 照顾
59. A 形成　　　B 影响　　　C 鼓励　　　D 增加
60. A 因为他们看不懂比赛　　　B 因为父母不能照顾他们
　　C 因为他们应该去幼儿园　　D 因为他们的声音无法控制

第二部分

第61—70题：请选出与试题内容一致的一项。

61. "手机依赖症"是一种心理疾病，多见于相对缺乏自信的人。随着生活节奏的加快，这种心理不适应状况出现增多趋势，特别易发于白领人群。这些人在日常生活中频繁使用手机，在无意识中，手机成为其生活的一部分，在来电数量突然减少或手机丢失的情况下，他们通常会出现相关症状。

  A 手机依赖症是一种身体疾病
  B 手机依赖症易发于蓝领人群
  C 手机丢了的情况下会出现相关症状
  D 自信的人容易患"手机依赖症"

62. 煤炭和石油等燃料看似很安全，但从统计数据上看，它们更加致命。每年，有好几百人因为采煤死亡，主要死于职业病和井下事故。煤电站的危害也不容忽视，每年有2.4万人因为煤电站污染死亡，主要死于肺癌等疾病。石油生产也存在隐患，不久前发生的墨西哥湾漏油事故就是最好的例子。

  A 煤电站污染会导致肺癌
  B 很多人因为石油事故死亡
  C 煤、石油比其他燃料更安全
  D 煤、石油目前对人类仍然很重要

63. 专家最近的研究证实，在要发表演说或面试前，喝下含咖啡因的饮料，能帮助人们集中注意力，增强思考能力，提高记忆力。不过专家也强调，这个效果并不能持续太久，至多一个小时，所以建议你不妨在有重要的会议或面试前半小时来杯咖啡吧！

  A 应该在面试时喝咖啡
  B 咖啡对身体没有好处
  C 咖啡能帮助人们集中注意力
  D 咖啡对记忆力的影响可达两小时

64. 很多人即使到了假期，仍然会感觉自己处于一种工作状态，即使是睡一个懒觉醒来的时候还是觉得很空虚，仍然会想着自己的工作。而当假期快结束时又很害怕，还是因为工作。所以，在假期的时候关掉手机和电脑，安安静静享受属于自己的假期是压力过大的白领走出心理阴影的第一步。

  A 白领不喜欢休假
  B 很多白领有心理疾病
  C 白领假期结束时觉得很开心
  D 白领假期开着手机会增加压力

65. 熊猫妈妈一般无法同时抚养两只熊猫宝宝。每当双胞胎宝宝降生，保育员们就要承担起奶爸奶妈的重任。由于与外界交通不便，保育员们渐渐失掉了自己的圈子。大多数养育员的薪水甚至比一般工薪阶层还要低，但是他们把养育熊猫当做自己的理想，真心实意为它们付出。

    A 熊猫生长得很慢
    B 熊猫养育员的朋友很少
    C 熊猫养育员的工资很高
    D 熊猫妈妈能同时抚养双胞胎

66. 心情忧郁或情绪低落可能是由于身体缺乏某些重要的维生素造成的。营养专家提醒大家，多吃含丰富维生素B、叶酸与铁质的食物，有助于提升情绪。什么食物可让你心情好一点儿？含丰富维生素B的有干果；含丰富叶酸的有橙子；而添加了铁质的早餐谷类食品，如麦片，也是很好的选择。

    A 干果含有丰富的叶酸
    B 情绪低落应该多吃肉类
    C 营养专家大部分心情忧郁
    D 人吃了加有铁质的麦片会心情好

67. 随着社会的发展，人们的消费方式也在悄然改变，尤其是网络的普及使得越来越多的人选择网上购物。据报告显示，2009年中国网购人数突破1.3亿，而其中大专及以上学历的用户比例则高达85%，大学生显然已经成为网上购物的主要力量。

    A 人们不相信网上购物
    B 网购的人以大学生为主
    C 85%的人选择在网上购物
    D 2009年中国网购人数不到1.3亿

68. 就在你用手擦眼睛、鼻子或嘴巴的时候，流感病毒可能已趁机钻进了你的身体。专家指出，在降低患感冒的风险方面，勤洗手远比服用抗病毒药物要有效得多，特别是接触过病人用过的东西后一定要洗手。不过洗手也要讲究正确方法：每次洗手要用香皂和温水洗20秒。

    A 每次洗手要洗20分钟
    B 感冒以后要多休息
    C 流感病毒通过空气传播
    D 洗手对预防感冒很有效

69. 运动不一定要在健身房或固定的场所进行。每天在日常工作学习之余多活动30分钟，就算是做普通琐事，如打扫家居或爬楼梯，所得的好处也能跟参加正规运动课程一样多。因此，可以走路就不要开车，可以爬楼梯就不要搭电梯，可以自己去拿的东西就不要让别人代劳。

    A 运动必须参加正规课程
    B 别人可以帮助我们运动
    C 做家务也是一种运动方式
    D 每周运动30分钟才有效

70. 我们经常觉得别人时刻在关注自己，于是便会产生一些担心。比如："我穿这套衣服上班，别人会认为得体吗？"其实，类似这些担心都是多余的。因为我们一般人不是明星，别人不会像关注明星那样关注我们。如果我们不在自己心中安装这种多余的监控器，就会减少许多担心和烦恼，增加许多从容与快乐。

    A 人身上都有监控器
    B 我们经常被别人关注
    C 很多人经常担心犯错
    D 不担心别人看法的人更快乐

第三部分

第71—90题：请选出正确答案。

71—74.

男人不必再死爱面子了，赚得比妻子少，没什么不好意思的；男人在家煮饭带孩子，妻子在外面赚钱，也未必会威胁到家庭幸福。

美国最新的研究数据显示，美国近1/3的婚姻中，妻子的受教育程度要高于丈夫。虽然从整体上说，男性的收入还是高于女性，但是有22%的家庭是由妻子来承担经济支柱的角色的，而在1970年时，这个比例只有7%。经济角色的转换对于婚姻的稳固性造成了惊人的影响。有证据表明，妻子在外面赚的钱多，对于降低离婚率会起到积极的作用。

婚姻中角色的互换常常并不是夫妇俩计划出来的，而是突如其来的经济压力所带来的。维尔德夫妇就是这样，他们俩在5年内有了4个孩子，这就意味着如果夫妇俩都继续工作的话，白天请保姆看孩子的费用会成倍增长，而妻子所在的保险公司给全家人提供了医疗保险，因此丈夫维尔德不得不选择辞掉工作，留在家里照顾4个孩子。他除了负责日常的清扫、洗衣、做饭等家务外，也负责送孩子们去图书馆、幼儿园或者博物馆。周末的时候，维尔德太太则尽量花时间和孩子待在一起，负责彻底地打扫、采购和做顿大餐。

维尔德夫妇说，目前这样的生活让他们很享受。

71. 根据本文，如果妻子比男人赚得多：
   A 男人觉得没面子　　　　　　B 妻子会不高兴
   C 男人就要做家务　　　　　　D 不一定威胁家庭幸福

72. 从美国最新的研究数据可以看出，多少家庭中妻子比丈夫赚得多？
   A 1/3　　　　B 22%　　　　C 7%　　　　D 100%

73. 丈夫维尔德为什么在家照顾孩子？
   A 他没有工作　　　　　　　　B 妻子不喜欢做家务
   C 妻子公司能提供保险　　　　D 他受教育程度比妻子低

74. 根据本文，下面哪一项是正确的？
   A 男人应该养家　　　　　　　B 女性的收入已经高于男性
   C 现在丈夫都比妻子赚得多　　D "女主外，男主内"的家庭更稳固

75—77.

小黄刚到厦门的时候,在一个工厂当工人。有个朋友告诉她,学软件设计很实用。

对她来说,软件设计完全是个陌生的名词。朋友告诉她,可以去北大青鸟学习。第一次去的时候,老师说了两件事情,一是一学期的学费要5000元左右,二是像她这样的女生学起来很困难。可是她觉得这是她想要学习的。

口袋里只有2000元,怎么办?她去找校长商量能否分期付款,校长被她的热情所感动,同意了。

后来,学校的老师都喜欢她,课余让她做一些辅助的教务工作,增加点儿收入,总算把学费和生活费给解决了。

小黄开始学习的时候很吃力,但是,她觉得只要付出努力就一定能学会,她一般每天凌晨四点就起来开始复习和预习软件设计的课程内容。

从一个普通的程序员做起,到成为一个项目经理,她只花了不到三年的时间。她比别人多的是勤奋、努力。她到厦门这么多年,一次电视都没有看过,一次电影也没有看过,也没有逛过一次街,每天除了工作,就是不断地学习。

有一次遇到她,谈到她的成长经验,她说:"人生中,其实自己真正想要的,几乎都可以实现,关键是你是否足够坚定,是否付出足够的努力。"

75. 小黄刚到厦门的时候做什么工作?
  A 软件设计   B 项目经理
  C 工厂工人   D 饭店服务员

76. 她学习软件设计的学费是怎么解决的?
  A 借朋友的   B 借老板的
  C 从银行贷的款   D 做辅助工作挣的

77. 关于小黄成功的经验,下面哪一项正确?
  A 专业对口   B 非常勤奋
  C 不喜欢逛街   D 和同事关系好

78—82.

他5岁时就失去了父亲，14岁时开始了流浪生活。他在农场干过杂活，当过电车售票员，但都很不开心。16岁时他谎报年龄参了军，但军旅生活也并不顺心。之后，他开了个铁匠铺，但不久就倒闭了。随后，他在南方铁路公司找到了一份工作。对这份工作，他很喜欢，他以为终于找到了属于自己的位置。18岁时他结了婚，在得知太太怀孕的同一天，他却接到了被解雇的通知。

后来有一天，当他在外面忙着找工作时，他的太太卖掉了他们所有的财产，从此没了踪影。随后，经济危机开始了，但他没有因为老是失败而放弃，而是一直努力寻找出人头地的机会。他卖过保险，也卖过轮胎，做过厨师，还开过一家加油站，但最后这些都失败了。

接着，他就到了退休的年龄。眼看一辈子都过去了，而他仍一无所有，要不是有一天邮递员送来了属于他的第一份社会保险支票，他还不会意识到自己老了。那天，他身上的某种东西被激怒了，他又一次觉醒了，他收下了那张105美元的支票，并用它开创了自己崭新的事业。而今，他的事业欣欣向荣，而他，也终于在88岁高龄时大获成功。

这个在生命的终点开始走向辉煌的人就是肯德基的创始人，他用他的那一笔社会保险金创办了闻名世界的肯德基家乡鸡。

78. 他第一份比较满意的工作是：
   A 军人　　　　　　　　B 厨师
   C 卖家乡鸡　　　　　　D 铁路公司职员

79. 第二段中的画线词语"出人头地"最可能的意思是：
   A 赚钱　　　　　　　　B 出风头
   C 超出一般人　　　　　D 去农村工作

80. 知道太太怀孕的那天，他：
   A 很高兴　　　　　　　B 失业了
   C 太太失踪了　　　　　D 找到了新工作

81. 什么时候他开始知道自己老了？
   A 创办肯德基　　　　　B 生了一场大病
   C 到了退休的年龄　　　D 收到第一份社会保险

82. 这个故事告诉我们：
   A 肯德基很有名　　　　B 坚持不放弃才能成功
   C 人老了的时候才能成功　D 社会保险可以帮助人们创业

83—86.

高考那年,她听从父母的教导,选择了南京大学中文系。大四时,一个同学得了癌症,她和同学在食堂门口募捐,无意被电视台看中。在那里,她主持一档娱乐节目,口才一流,但是她并不喜欢:"我不愿意做别人的棋子,我更愿意做下棋的人。"

毕业最初的两年,她在国企,但她不想要那种一眼就能望到头的生活。于是,她跳槽到了一家外企,起初也有过手忙脚乱,但她很快发现,外企并不神秘。

2004年5月,在南京做出一番成绩的她决定独闯北京。等朋友们劝说时,她已经把所有行李打包寄出,把手续办完了。

短短几个月,她和好友组建了公司,坐在头把交椅上,开始浮沉商海。但很少有人知道,在寂静的黄昏或夜晚,她静坐桌前,一字一句地敲打着文学梦想。

2007年,她化名"京城洛神",在天涯网上发表长篇小说《浮沉》,这部小说多少带有她自己的影子,书中以灰姑娘乔莉在外企的成长经历为主线,通过讲述职场人的潮起潮落,展现了商战风云。令她没想到的是,《浮沉》刚在天涯连载一周,许多出版社就找上门来。

相比很多人常常苦恼不知路在何方,她知道自己要的是什么,外界不足以构成诱惑。在她看来,30岁是女人一生最好的开始,20岁只是为它作准备。

83. 她毕业最初两年工作的地方是:
   A 外企   B 电视台
   C 国有企业   D 自己的公司

84. 根据本文,《浮沉》是:
   A 一部历史书   B 一部电视剧
   C 一部法律书   D 一部长篇小说

85. 关于《浮沉》,下列选项中正确的是:
   A 写的是外企职场生活   B 一开始发表在报纸上
   C 写的是作者自己的经历 D 作者的真名是"京城洛神"

86. 根据本文,"京城洛神":
   A 是记者   B 喜欢下棋
   C 当过主持人   D 专业是国际贸易

87—90.

人们一般把名望、金钱、权力这三个指标混淆起来，以为只要有了一个，就自然有了另外两个。看起来，名人、富人和官员在很多场合的确被赋予了一些额外的权利，比如：买票的时候可以不用排队，去餐厅吃饭一定要进贵宾包厢，如果级别够高，甚至会出动交警把整条道路变成他们的专行道。

于是，所有和名、权、利相关的人，往往被装进所谓"特殊待遇"的套套里，以致人们很难相信他们挣的钱也许和自己差不多，他们住的地方也许还没有自己的大，他们开的车也许还没自己的好。

事实上，有名的人也许没什么钱。比如现在大学教授的薪水也很可能没有外企销售经理多。

而经常在电视上出现的嘉宾，非常惭愧，我也算其中一个吧，也不过是家乐福超市收银处排队的普通一员而已。

当然也有不少职业可以名利双收，比如名演员、商界大亨、篮球明星，等等。但说白了，人家靠的是自己出众的技艺与智慧。不管有没有名利心，最重要的是，他们都是先脚踏实地做成了一些实实在在并得到承认的事情的。

事实上，这是名利场最重要的规则：你做成了一件事，名或利甚至名和利同时就追着你来了；而如果你一开始就在追求名或利，你会发现自己离它们越来越远。

87. 根据本文，人们一般相信什么？
    A 有钱的人一定生活幸福　　B 有权的人不一定有钱和有名
    C 有名的人一定挣钱比自己多　D 有名的人不需要靠自己出众的智慧

88. 根据本文，哪些职业可以名利双收？
    A 大学教授　　　　　　　　B 篮球明星
    C 销售经理　　　　　　　　D 电视上的嘉宾

89. 名利场最重要的规则是什么？
    A 有了名就会有利　　　　　B 有了名就会有事做
    C 有了利就会带来名　　　　D 做成事才有名和利

90. 本文主要谈什么？
    A 名人和金钱的关系　　　　B 时间和金钱的关系
    C 理想和现实的关系　　　　D 名望、金钱、权力三者的关系

三、书写

第一部分

第91—98题：完成句子。

例如：发表　这篇论文　什么时候　是　的

　　　　这篇论文是什么时候发表的？

91. 树　刮　断　了　被　风

92. 合作　愉快　非常　我们　得

93. 导致　天气　大雾　推迟　飞机　起飞

94. 激烈　他们　得　吵　很

95. 假装　不认识　他们　互相

96. 观众　问题　提出的　尖锐　很

97. 决赛　晚上　在　安排　举行

98. 气氛　他　把　了　搞坏

第二部分

第 99—100 题：写短文。

99. 请结合下列词语（要全部使用），写一篇 80 字左右的短文。

　　球迷　　胜利　　庆祝　　警察　　谈判

100. 请结合这张图片写一篇 80 字左右的短文。

新汉语水平考试
HSK（五级）
模拟试卷 第7套

注　意

一、HSK（五级）分三部分：

　　1. 听力（45题，约30分钟）

　　2. 阅读（45题，45分钟）

　　3. 书写（10题，40分钟）

二、听力结束后，有5分钟填写答题卡。

三、全部考试约125分钟（含考生填写个人信息时间5分钟）。

			答对题数	成　绩
听力				2.22分 ×　　＝　　分
阅读				2.22分 ×　　＝　　分
书写	完成句子			5分 ×　　＝　　分
	写短文	1	（满分30分）	分
		2	（满分30分）	分
总成绩				分

一、听 力

第一部分

第1—20题：请选出正确答案。

1. A 我们的服务好
   B 我们的产品质量好
   C 我们的产品价格低
   D 我们的产品卖得好

2. A 机场
   B 宾馆
   C 医院
   D 学校

3. A 男的没去看电影
   B 女的觉得电影没意思
   C 女的不喜欢昨天的电影
   D 男的觉得电影没意思

4. A 明年第一期
   B 今年第一期
   C 今年最后一期
   D 明年最后一期

5. A 腿坏了
   B 车坏了
   C 是男的的责任
   D 女的给保险公司钱

6. A 女的没有力气
   B 办公室的人力不够
   C 男的刚从国外回来
   D 小张现在在办公室工作

7. A 女的病了
   B 男的想吃药
   C 男的想去医院
   D 女的想去医院

8. A 希望房租便宜些
   B 周围环境不好
   C 房子没有装修
   D 不喜欢这套房子

9. A 学校
   B 医院
   C 饭店
   D 机场

10. A 男的
    B 女的
    C 小王
    D 小王和女的

11. A 喜欢开车
    B 开车技术不好
    C 最近每天练车
    D 开车技术很熟练

12. A 滑雪
    B 雪融化
    C 天气好
    D 气温升高

13. A 同学
    B 同事
    C 邻居
    D 母子

14. A 吃惊
    B 讽刺
    C 肯定
    D 遗憾

15. A 停车
    B 看报
    C 看演出
    D 找座位

16. A 讨论病情
    B 谈工作条件
    C 谈工资待遇
    D 讨论合同条款

17. A 不想继续合作
    B 价格上可以优惠
    C 不能提供价格表
    D 价格不能再商量

18. A 喜欢吃饭
    B 正在减肥
    C 肚子不舒服
    D 两天没吃饭

19. A 记者
    B 教师
    C 医生
    D 服务员

20. A 飞机还没到
    B 女的起床晚了
    C 女的没赶上飞机
    D 飞机因为下雨不能起飞

第二部分

第21—45题：请选出正确答案。

21. A 他们在开会
    B 他们在医院
    C 女的想去北京
    D 男的想订机票

22. A 送一年话费
    B 现在打七折
    C 有优惠活动
    D 保修期为三年

23. A 很少开车
    B 喜欢生气
    C 不用塑料袋
    D 喜欢去市场买菜

24. A 头疼
    B 休息不好
    C 工作不好
    D 喜欢宣传材料

25. A 开车旅游
    B 好好休息
    C 坐车旅游
    D 快点儿退休

26. A 邻居
    B 姐弟
    C 同事
    D 师生

27. A 做服装设计工作
    B 市场定位不准确
    C 资金是最大的问题
    D 成功比失败的次数多

28. A 退休了
    B 觉得寂寞
    C 喜欢做家务
    D 和别人闹矛盾了

29. A 海边
    B 农村
    C 沙漠
    D 动物园

30. A 打印机坏了
    B 打印机没打开
    C 打印机里没纸了
    D 打印机没连上电脑

31. A 开会
    C 谈判
    B 照相
    D 加班

32. A 小张不加班
    B 小王不是会计
    C 小王是会计
    D 老板去饭店吃饭

33. A 她现在在市场部工作
    B 她在市场部干得很好
    C 她不想去市场部工作
    D 她现在在办公室工作

34. A 性格幽默
    B 善于交际
    C 喜欢锻炼身体
    D 喜欢麻烦别人

35. A 钓鱼
    B 和作家聊天儿
    C 罚作家的款
    D 向作家学习

36. A 很会编故事
    B 今天没有钓到鱼
    C 负责这段江面
    D 昨天运气不错

37. A 680万
    B 660万
    C 90万
    D 80万

38. A 非常顺从
    B 急于离开
    C 马上放弃
    D 坚持介绍自己

39. A 父母家附近
    B 刘明单位附近
    C 妻子单位附近
    D 夫妻单位之间

40. A 开车
    B 步行
    C 坐地铁
    D 坐公共汽车

41. A 方便洗晒衣服
    B 离他的单位近
    C 离孩子学校近
    D 因为妻子喜欢

42. A 没钱买房子
    B 离父母家近
    C 生活质量更高
    D 不想接送孩子

43. A 称赞
    B 批评
    C 抱怨
    D 教育

44. A 孩子不写作业
    B 孩子不做家务
    C 孩子不尊重父母
    D 孩子不喜欢被教育

45. A 受到父亲的批评
    B 受到父亲的影响
    C 得到父亲的表扬
    D 受到父亲的打骂

二、阅读

第一部分

第 46—60 题：请选出正确答案。

46—48.

很多人在吃饱了后还会吃点儿甜食，但是如果你正在减肥，那会__46__你的体重。如果饭后你仍然想吃东西，请用水果__47__吧。下次当你发现自己饭后还想打开冰箱时，请记住，你只是因为__48__而想要吃东西，其实你的胃已经满了，让它休息一下吧！

46. A 增加　　　　B 浪费　　　　C 怀疑　　　　D 支持
47. A 安慰　　　　B 代替　　　　C 代表　　　　D 改进
48. A 发愁　　　　B 放松　　　　C 后悔　　　　D 无聊

49—51.

衰老是一切生物生存、发展的__49__结果。任何人都有老的时候，有些人刚步入老年，便经常望镜感叹："唉，头发白了，满脸皱纹，老啦，没多大意思了。"其实，由于怕老，心情长期抑郁会加速衰老的进程。如果能对衰老采取正确的态度，认识到"老有老的乐趣"，以乐观主义态度__50__衰老，会觉得越活越年轻。有人建议老年应把自己的年龄减去 10 岁，70 岁时，自认为才 60 岁，这也不失为一个__51__心理年轻的妙法。

49. A 必须　　　　B 必然　　　　C 忽然　　　　D 然后
50. A 要求　　　　B 告诉　　　　C 对待　　　　D 反应
51. A 忘记　　　　B 表扬　　　　C 保护　　　　D 保持

52—56.

从前，有两只老鼠是好朋友。一只老鼠住在农村，另一只住在城里。很多年以后，乡下老鼠碰到城里老鼠，说："你 52 要来我乡下的家看看。"于是，城里老鼠就去了。乡下老鼠领着它到自己的家里，把所有最好吃的食物都找出来给城里老鼠。城里老鼠说："这东西不好吃，你的家也不好，你为什么住在这儿呢？你应该 53 到城里去住，你能住上漂亮的房子，还会吃上各种好吃的食物，你应该到我城里的家看看。"

于是，乡下老鼠就到城里老鼠的家去了。房子十分漂亮，好吃的东西也 54 好了。可是正当它们要开始吃的时候，突然听见很大的一阵 55 ，城里的老鼠叫起来："快跑！快跑！猫来了！"它们迅速地跑开躲藏起来。

猫走后，它们出来了。乡下老鼠说："我不喜欢住在城里，我喜欢住在农村， 56 ，这比起条件很好却要整天躲躲藏藏的生活好多了。"

52. A 确认　　　B 肯定　　　C 一定　　　D 确定
53. A 搬　　　　B 拉　　　　C 捡　　　　D 跑
54. A 晒　　　　B 摆　　　　C 收　　　　D 摘
55. A 哭声　　　B 铃声　　　C 响声　　　D 笑声
56. A 农村的食物更好吃　　　B 虽然快乐，但是却很穷
　　C 如果不觉得麻烦的话　　D 虽然穷，但是却很快乐

57—60.

网球比赛是体育比赛中对观众要求较多的项目，只有了解了基本的比赛 57 ，才能更好地欣赏比赛。观众一定要在比赛开始之前坐到自己的 58 上，不能停留在过道上看球。比赛开始后，要保持绝对安静，关闭所有的无线 59 设备，尽量不在赛场接听电话。此外，吃东西、互相聊天儿和走动都是不允许的，只有在球员交换场地休息的90秒内， 60 。运动员有权因为观众的不安静而停止或推迟比赛。

57. A 规则　　　B 规模　　　C 规律　　　D 规范
58. A 范围　　　B 固体　　　C 位置　　　D 地位
59. A 通常　　　B 通知　　　C 通过　　　D 通信
60. A 如果观众太吵　　　　　B 才可以起来活动
　　C 假设比赛不精彩　　　　D 如果你想参加比赛

第二部分

第61—70题：请选出与试题内容一致的一项。

61. 上周六上午，我省举行了第十届大学生英语演讲比赛。经过初赛、复赛和决赛，我校张文同学在比赛中发挥出色，最后获得了冠军。

    A 比赛安排在周六下午
    B 张文每次比赛都参加
    C 张文的比赛成绩最好
    D 这场比赛的水平不是很高

62. 汽车的增加不仅造成了空气污染，而且还给城市交通带来了压力，这些都严重地影响着我们的生活，而解决的办法之一就是少开私家车，提倡乘坐公共交通工具。

    A 空气污染得到缓解
    B 汽车对环境污染影响不大
    C 少开私家车能减少空气污染
    D 汽车对农村的生活影响很大

63. 早上8点到9点超市里人最少。有关调查显示，这个时间，超市里的人流量最小，但蔬菜、鲜肉类以及海鲜产品是最新鲜的。晚上8点以后超市人最多，但很多食品，如蔬菜、海产品、豆制品等都不新鲜了，开始打折促销。

    A 早上超市的顾客最多
    B 中午蔬菜、鲜肉类最新鲜
    C 晚上8点以后超市人最少
    D 晚上超市的蔬菜、海产品会便宜

64. 手机功能越来越强大，越来越多的人利用手机上网浏览网页和玩游戏，但是要小心，因为一些病毒也会趁机进入手机系统中，给手机用户带来一定的安全威胁。

    A 手机对身体有害
    B 手机本身带有病毒
    C 病毒破坏了手机系统
    D 用手机上网要小心病毒

65. 随着气温的逐渐降低，这几天，本市小动物保护组织的志愿者们更忙碌了，他们要为这些小动物顺利过冬作好充分的准备。据报道，这些志愿者是从5000多名报名的市民中选出来的，其中包括公务员、退休老人及在校的大学生。

    A 志愿者们不怕寒冷
    B 小动物一共有5000只
    C 小动物在冬天更需要照顾
    D 志愿者全部是在校的大学生

66. 中国南北方饮食习惯不一样。拿甜品市场来说，在南方城市，普通人可能每天都会去甜品店吃一两次，但是北方没有这种饮食习惯，北方消费者对甜品的消费会少很多。在南方的一些中等城市，很多甜品品牌的规模都超过了北京。

    A 北方的甜品店比南方多
    B 南方人比北方人更喜欢吃甜品
    C 北方人喜欢每天去甜品店消费
    D 南方人和北方人吃甜品各有特色

67. 每到节假日，旅游城市的宾馆通常都不打折，较高的房价对旅游者来说是一笔不小的负担。近几年，出现了"换房旅游"这种方式。所谓"换房旅游"，就是身在两地的朋友分别住到对方家里去，交换地点，享受假日生活，它能帮助彼此省去住宿的费用。

    A 旅游的人越来越少
    B 人们在节假日才旅游
    C 换房旅游的历史很短
    D 换房旅游价格很低

68. 太极拳在中国有着悠久的历史，它综合了当时各家拳法的长处，已经成为中国最有代表性的体育运动。太极拳适合不同年龄、不同性别的人练习。经常练习太极拳，对身体和精神健康都有好处。

    A 太极拳历史很短
    B 太极拳只适合老年人
    C 练习太极拳能促进身心健康
    D 很多拳法吸收了太极拳的长处

69. 给孩子讲故事要达到好的效果有很多方法，比如，孩子如果想听新故事，要求他们必须学会好好听，也要学会自己讲。时间一长，既有利于培养孩子听故事的良好习惯，又能提高他们的语言表达能力。

    A 孩子不会讲故事
    B 讲故事对孩子没有效果
    C 讲故事能提高孩子的表达能力
    D 讲故事可以培养大人的良好习惯

70. 妻子第一天开车上班，担心路上车多，早上 6 点就出发了。可是下午都过了下班的时间了却还没走。最后走的一个同事说："有车开上下班就是快啊！早上比我们早到了半个小时，现在大家都走了，你不急，可我们没有到家你就能到家了。"妻子回答："现在路上人多，我不敢开，所以打电话叫丈夫来帮我开回去，现在正等着呢。"

    A 妻子开车技术不好
    B 妻子开车速度很快
    C 妻子开车比丈夫好
    D 妻子不喜欢下午开车

第三部分

第 71—90 题：请选出正确答案。

71—73.

世界上有三类丈夫：

第一类丈夫，回家帮助妻子做家务。这类丈夫会想到妻子既要忙工作，还要忙家务，肯定很辛苦，因此下班回到家，他会理解妻子的辛苦，帮助妻子做做家务。这样的丈夫，一定是个好丈夫。如果你很幸运地遇到这样一个丈夫，请一定要好好珍惜他。

第二类丈夫，回家后不会帮忙做家务，但是在喝茶看报的时候，还不忘赞美妻子。他会称赞妻子煮菜水平高，身材还是那么苗条，打扮永远这么时尚，等等。这类丈夫，虽然不帮忙做家务，至少嘴巴还会赞美妻子，妻子再怎么辛苦，也会觉得很值得。

第三类丈夫，觉得自己是这个家庭里最辛苦的人，回到家里，嘴里永远没有好听的话，总是批评这、批评那的，他会批评妻子房子打扫得不干净、菜煮得难吃，或者批评妻子不会打扮等等。他从小就生活在这样的家庭里，父亲就是这样对待自己的母亲的，因此觉得大男人就应该这样。他不知道时代已经不一样了，批评经营不了一个幸福的婚姻。

71. 关于第一类丈夫，下面哪一项正确？
    A 不喜欢做家务　　　　　　　　B 喜欢赞美妻子
    C 理解妻子的辛苦　　　　　　　D 觉得自己很幸运

72. 关于第二类丈夫，下面哪一项正确？
    A 喜欢做家务　　　　　　　　　B 喜欢称赞妻子
    C 喜欢指挥妻子　　　　　　　　D 喜欢给妻子买衣服

73. 第三类丈夫的做法是在：
    A 模仿自己的父亲　　　　　　　B 显示自己的成功
    C 经营一个幸福的婚姻　　　　　D 鼓励妻子好好做家务

74—77.

因为家里没钱，他高二的时候就出去打工，但是，由于没有工作经验，他经常被人拒绝。但是他从不放弃，终于在一家饭店找到了做服务员的工作。

他很珍惜这份工作，饭店的脏活累活都抢着干。一天，一个厨师悄悄地说："我看你人挺聪明，也挺会说话，我感觉你挺适合做销售的。"

于是，他辞职了，开始找销售这个行业的工作。但是因为他没有销售经验，总是被人拒绝。他一家家地找，一家家地被拒绝，最后，一家卖电池的公司接受了他，但是工资很低，而且推销的时候，也总是被拒绝。一天，一个超市老板在门口和别人下象棋，他在旁边看，老板赢了棋，他夸老板水平高，老板看看他，说："你这小伙子真有意思，我都拒绝你三次了，你还来。这样吧，我买你一百板电池，如果质量好，以后我还进你的。"于是，在经过这个老板的三次拒绝后，他终于谈成了第一笔生意。

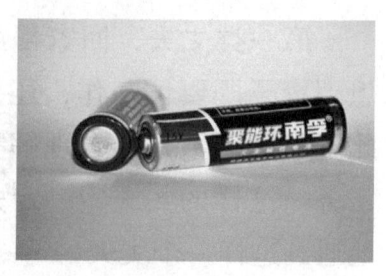

虽然电池销售得不错，但是，电池行业毕竟利润不大，于是他去了另一家销售公司工作。开始的时候，他每天要打几百个电话，虽然都是被拒绝，但是他一直没有放弃，有一天，终于成功地拿到了一个三百多万的合同。

每个人的一生中，都会面临着很多的拒绝，所以，习惯被拒绝非常重要。习惯被拒绝，你早晚会在事业上获得成功。

74. 根据上文，他的第一份工作是：
   A 销售电池　　　　　　　　　B 饭店厨师
   C 销售网络　　　　　　　　　D 饭店服务员

75. 超市老板为什么买他的电池？
   A 老板赢了棋很高兴　　　　　B 被他的诚恳所感动
   C 他销售的电池质量好　　　　D 他称赞老板下棋水平高

76. 他离开卖电池的公司，是因为：
   A 赚钱太少　　　　　　　　　B 他销售得不好
   C 他更喜欢打电话　　　　　　D 老板不喜欢他

77. 作者认为，不怕被拒绝的人：
   A 会有更好的工作　　　　　　B 工作的效果更好
   C 肯定会获得成功　　　　　　D 更明白成功的不容易

78—82.

飞机起飞前，一位乘客请求空姐给他倒一杯水吃药。空姐很有礼貌地回答："先生，为了您的安全，请稍等一会儿，等飞机进入平稳飞行后，我会立刻把水给您送过来，好吗？"

15分钟后，飞机进入了平稳飞行状态。空姐突然想到：由于太忙，她忘记给那位乘客倒水了！她小心地把水送到那位乘客跟前，面带微笑地说："先生，实在对不起，由于我的原因，耽误了您吃药的时间，我感到非常抱歉。"这位乘客抬起左手，指着手表说道："怎么回事？有你这样服务的吗？"

接下来的飞行途中，每次给乘客服务时，空姐都会特意走到那位乘客面前，面带微笑地询问他是否需要水，或者别的什么帮助。然而，那位乘客仍然很愤怒，摆出一副不合作的样子，并不关心空姐的感受。

快到目的地了，那位乘客要求空姐把留言本给他送过去，很显然，他要对这名空姐提出批评。此时空姐心里虽然很委屈，但是仍然面带微笑地说道："先生，请允许我再次向您道歉，无论您提出什么意见，我都将高兴地接受！"那位乘客没有说什么，他接过留言本，开始在本子上写了起来。

等到飞机安全降落，所有的乘客陆续离开后，空姐不安地打开留言本，但是她却吃惊地发现，那位乘客在本子上写下的是一封表扬信，信中说："在整个过程中，您的服务质量很高，特别是您的微笑深深感动了我。下次如果有机会，我还将乘坐你们这趟航班！"

78. 根据上文，可以知道这位空姐：
　　A 心里很愤怒　　　　　　　　B 工作很轻松
　　C 开始时态度不好　　　　　　D 忘了给乘客倒水

79. 乘客要水，是因为：
　　A 口渴　　　B 要吃药　　　C 洗手　　　D 找麻烦

80. 乘客要留言本，空姐：
　　A 觉得很高兴　　　　　　　　B 没有给乘客
　　C 显得非常生气　　　　　　　D 担心乘客不满意

81. 乘客要留言本，是因为：
　　A 要写电话号码　　　　　　　B 要写别的要求
　　C 对服务提出建议　　　　　　D 对空姐服务很满意

82. 乘客是怎么评价空姐的服务的？
　　A 写了一封表扬信　　　　　　B 让她管理其他空姐
　　C 让她去别的航班工作　　　　D 以后不再乘坐这趟航班

83—86.

一群学生一同去拜访大学教授。起初大家谈得很愉快，说着说着，学生们的话题便转向了抱怨，他们抱怨生活压力太大，人际关系太复杂。

这时，教授<u>不动声色</u>地从厨房里取出了许多杯子，其中有陶制的，有瓷制的，有木制的，有玻璃的，也有塑料的。教授嘱咐学生们自己取杯子倒水喝。大部分杯子被取走后，托盘上只剩下一些看起来很丑的杯子。

教授这时别有深意地微笑着说："你们瞧，所有美丽的杯子都被拿走了，剩下的，全是让人瞧不上的塑料杯。现在，我想问的是：你们选杯子的目的是什么？"

学生们异口同声地说："喝水啊！"教授又问："既然是喝水，那为什么你们那么在意盛水的杯子呢？随手拿一个杯子不就可以了吗？为什么还要刻意选好的、美的、精致的？"学生们被问得哑口无言。

这时，教授严肃地说道："什么都想一手抓的心态，正是造成压力的主要原因。你们喝的是水，却要选美的杯子，甚至在选不上好的杯子时，心生怨意。"

在学生的一片沉默中，教授继续说道："这就和生活一样。生活就是水，而名誉与地位，仅仅是盛水的杯子罢了。如果我们把所有的注意力放在杯子上，那么，我们将没有时间和心情来品尝和享受杯中水的美好滋味。"

83. 第二段中的画线词语"不动声色"的意思最可能是：

　　A 不高兴　　　　B 很满意　　　　C 不说话　　　　D 不热情

84. 教授为什么取出不同的杯子让学生们喝水？

　　A 想告诉学生一个道理　　　　B 家里没有相同的杯子
　　C 美丽的杯子可以让人心情变好　　　　D 告诉学生们家里有很多杯子

85. 教授认为学生们爱抱怨的原因是什么？

　　A 人际关系复杂　　　　B 生活的压力太大
　　C 他们想得到的太多　　　　D 他们只喜欢美丽的杯子

86. 教授要告诉学生们什么道理？

　　A 懂得舍弃才能享受生活　　　　B 漂亮杯子是用来喝水的
　　C 应该用普通的杯子喝水　　　　D 生活压力很大，要学会放松

87—90.

我们身边常常有这样的人，他们努力工作，挣钱也很多，然后自由地消费，以此来刺激自己再挣更多的钱。他们虽然挣钱很多，却很少能存下钱，甚至经常喊着钱不够花。

那么怎么做才是更合理的消费呢？

第一，应该对每月资金的去向作个合理的计划。据报道，美国有钱人平均每周大约有44到45小时花在挣钱上，而他或者他的妻子每周要花掉一小时以上的时间制订财富计划，这个比例在有钱人中占到接近三分之二。所以多下点儿工夫关心一下自己的财务，对于财富的积累和增长一定会有好处。

第二，心情不好的时候请不要去购物。有的女性受到委屈后往往会去购物消费，直到把自己累到说话都没了力气，然后买回一堆也许永远都用不上的东西。这种消费也许会暂时让你忘掉心中的不愉快，但是仔细想想，这笔钱你花得是多么不值得，你是在花自己的钱为别人的错误买单。

第三，请改掉一些不好的习惯。很多人都有自己的购物喜好，有人喜欢买手表，有人喜欢买名牌包，有人见到太阳眼镜就忍不住。但是如果生活遇到困难，恐怕这些东西都没有用。对某一项事物过分喜爱就容易花钱太多，比如，以抽烟为例，如果平均每天抽一盒，大概花费15元的话，一年就要花掉5500块钱，假设抽烟40年，就要花掉大概22万元。这还没有算上因为吸烟得病所需要的治疗费用。如果用抽烟的钱来作投资，恐怕也是一笔不小的收入了。

87. 根据上文，美国有钱人每周工作的时间：
   A 大约44到45小时   B 大约一个小时以上
   C 大约45到50小时   D 大约占一周三分之二的时间

88. 作者认为，心情不好的时候去购物：
   A 会用别人的钱买单   B 容易买不实用的东西
   C 容易买到便宜的东西 D 会永远忘掉一些不愉快

89. 作者举抽烟的例子，是为了说明：
   A 抽烟会花很多钱   B 手表、名牌包没有用
   C 抽烟对健康没有好处 D 不好的习惯会花很多钱

90. 本文主要谈的是：
   A 合理消费   B 多挣少花   C 不要抽烟   D 要学会投资

三、书 写

第一部分

第 91—98 题：完成句子。

例如： 发表　这篇论文　什么时候　是　的

　　　<u>这篇论文是什么时候发表的？</u>

91. 钱　的　为了　吵架　事　不要

92. 能　打喷嚏　病毒　感冒　传播

93. 给　表演　他的　我　深刻的　印象　了　留下

94. 故事　这个　取材　电影　于　一个　真实　发生　的

95. 喝　饮料　光　被　了

96. 经理　的　话　让　我　受　很　鼓舞

97. 我　回国　一　就　您　和　联系

98. 朝　他　那个　方向　开车　去　了

第二部分

第 99—100 题：写短文。

99. 请结合下列词语（要全部使用），写一篇 80 字左右的短文。

　　教育　　经验　　父母　　抗议　　烦恼

100. 请结合这张图片写一篇 80 字左右的短文。

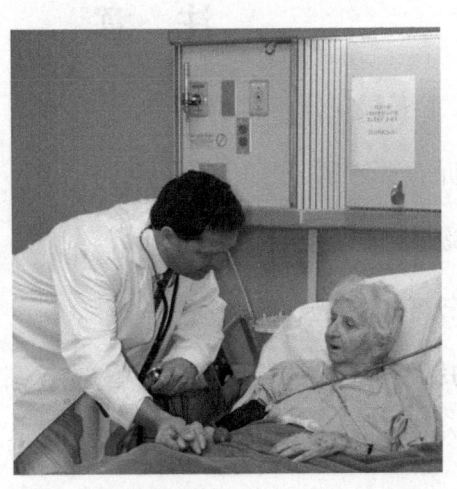

新汉语水平考试
HSK（五级）
模拟试卷　第8套

注　意

一、HSK（五级）分三部分：

　　1. 听力（45题，约30分钟）

　　2. 阅读（45题，45分钟）

　　3. 书写（10题，40分钟）

二、听力结束后，有5分钟填写答题卡。

三、全部考试约125分钟（含考生填写个人信息时间5分钟）。

		答对题数	成　绩
听力			2.22分 ×　　＝　　分
阅读			2.22分 ×　　＝　　分
书写	完成句子		5分 ×　　＝　　分
	写短文	1	（满分30分）　　　分
		2	（满分30分）　　　分
总成绩			分

一、听 力

第一部分

第1—20题：请选出正确答案。

1. A 称赞
   B 讽刺
   C 怀疑
   D 诚恳

2. A 医生和病人
   B 丈夫和妻子
   C 老师和家长
   D 学生和老师

3. A 不适合成家
   B 不到四十岁
   C 结婚比较晚
   D 没找到工作

4. A 律师
   B 交警
   C 教师
   D 司机

5. A 害羞
   B 抱歉
   C 尴尬
   D 发愁

6. A 男的性格不太好
   B 女的不知谁调皮
   C 男的生小明的气
   D 小明病得很厉害

7. A 中国人重视年龄
   B 西方人重视次序
   C 西方人关心年龄
   D 中国人喜欢感情

8. A 长得很好看
   B 性格很幽默
   C 存款比较多
   D 心脏不太好

9. A 在提醒女的
   B 没作好准备
   C 不想冒风险
   D 已确定投资

10. A 男的工资非常高
    B 小李的钱不太多
    C 小李的住房很贵
    D 女的看不起小李

11. A 女的性格很悲观
    B 女的在批评男的
    C 男的找到工作了
    D 男的需要人安慰

12. A 手术室
    B 病房楼
    C 门诊楼
    D 医务室

13. A 5：50
    B 6：10
    C 6：20
    D 6：40

14. A 观察病人
    B 批改作业
    C 新闻采访
    D 推荐景点

15. A 男的和女的是夫妻
    B 刘新的要求比较高
    C 那个女孩长得太高
    D 女的不想帮刘新找

16. A 学校
    B 商场
    C 饭店
    D 车站

17. A 吃饭
    B 购物
    C 回家
    D 办事

18. A 常吃快餐
    B 常喝饮料
    C 不爱运动
    D 学习辛苦

19. A 海南
    B 家里
    C 云南
    D 哈尔滨

20. A 吃晚饭
    B 改论文
    C 干活儿
    D 挂上电话

第二部分

第 21—45 题：请选出正确答案。

21. A 专业是修电脑
    B 打算追求女的
    C 业余爱好摄影
    D 拍照片得了奖

22. A 男的不想马上上来
    B 男的开车开得很累
    C 很难找到停车车位
    D 女的做事情也磨蹭

23. A 应该多去国外留学
    B 学生不应该质疑老师
    C 应重视学生个性发展
    D 应该完全学习西方

24. A 不能买衣服
    B 心情很激动
    C 领到了奖金
    D 从来不迟到

25. A 打车
    B 看病
    C 办事
    D 购物

26. A 男的想换工作
    B 女的工作不顺
    C 女的心很平静
    D 男的在劝女的

27. A 同事
    B 夫妻
    C 父女
    D 同学

28. A 很体贴男的
    B 身体不太好
    C 是营养专家
    D 心理不平衡

29. A 女的要回国度假
    B 他们要留在中国
    C 对话发生在夏天
    D 男的感觉很遗憾

30. A 要去其他城市发展
    B 现在不需招聘员工
    C 没有合适的人应聘
    D 不太需要工作经验

31. A 老人和年轻人互相认识
    B 年轻人是邮局工作人员
    C 年轻人不听老人的要求
    D 年轻人已帮了老人的忙

32. A 太谨慎
    B 不认真
    C 不努力
    D 很狡猾

33. **A** 邮局
    B 银行
    C 商店
    D 学校

34. **A** 可能增加家长的经济负担
    B 孩子会过多通过短信聊天
    C 可能成为孩子攀比的工具
    D 会减少孩子和家长的沟通

35. **A** 用手机联系很必要
    B 父母需要了解孩子
    C 用手机有利也有弊
    D 手机影响孩子学习

36. **A** 是人们攀比的工具
    B 是人们联系的工具
    C 能进行短信聊天儿
    D 能减少沟通的成本

37. **A** 10%
    B 65%
    C 90%
    D 100%

38. **A** 7倍
    B 65倍
    C 90倍
    D 100倍

39. **A** 室内空气污染更严重
    B 人们都知道空气污染
    C 工作和生活中有污染
    D 空气污染有很多种类

40. **A** 40多条
    B 100多条
    C 400多条
    D 800多条

41. **A** 1号航站楼
    B 2号航站楼
    C 3号航站楼
    D 4号航站楼

42. **A** 旅游的客人
    B 出租车司机
    C 飞机乘务员
    D 景点讲解员

43. **A** 年轻人有礼貌
    B 年轻人想试试
    C 这件事很新鲜
    D 他认识年轻人

44. **A** 最终被重用
    B 一直很糟糕
    C 让经理讨厌
    D 共面试15次

45. **A** 去面试要事先准备
    B 坚持不懈就会成功
    C 要去知名公司应聘
    D 年轻人要抓住机会

二、阅 读

第一部分

第46—60题：请选出正确答案。

46—50.

朋友经常出差，但总是买不到坐票。可是无论车上多挤，他总能找到座位。他的办法其实很简单，就是__46__地一节车厢一节车厢找过去。每次，他都作好了从第一节车厢走到最后一节车厢的__47__，可是每次他都用不着走到最后就会发现空位。他说，这是因为像他这样一直坚持找座位的乘客实在不多。经常是在他坐的车厢里还__48__下很多座位，而在其他车厢的过道和车厢接头处，竟然都挤满了人。

朋友作为生意人，经常被同行__49__"运气好"。因为一些看来希望很小的机会一旦被他撞上，最后总能签下合同。但当我听过他"找座位"的故事后，我开始明白，__50__。

46. A 耐心　　　　B 伤心　　　　C 可惜　　　　D 痛苦
47. A 目标　　　　B 准备　　　　C 计划　　　　D 座位
48. A 存　　　　　B 成　　　　　C 剩　　　　　D 坐
49. A 解释　　　　B 羡慕　　　　C 承认　　　　D 建议
50. A 他很会跟别人谈判　　　　　　B 他其实比别人更有热情
　　C 他的运气是他不断追求的结果　D 他的运气是不断找座位的结果

51—53.

领导让我写个调查报告，__51__第二天一早交上。白天在单位写了一整天，完成了三分之二。回家之后，把哄儿子睡觉的任务交给老公，就直接走进书房写报告去了。

好不容易把调查报告弄完，一看，已经快10点了，不知道老公把儿子哄睡着了没有。还没走到卧室，就听儿子正嚷着让老公给他讲故事呢。老公讲故事？可是个__52__事，别说儿子，这么多年我都没听他讲过故事。出于好奇，我就站在门外偷听。

老公开讲了："有个小孩，很淘气，每天都跑出去玩儿……"嘿，这家伙还挺会编，只是儿子很不满意："不听现代的，我要听古代的。"老公沉默了，__53__。过了半天，老公终于开始讲古代故事了："很久很久以前，有个小孩，很不听话，每天都跑出去玩儿……"

51. A 要求　　　　B 讨论　　　　C 认为　　　　D 认识
52. A 幸运　　　　B 认真　　　　C 新鲜　　　　D 热闹
53. A 不想讲古代的　　　　　　　　B 看来非常生气
　　C 看来是被难住了　　　　　　　D 儿子真的很麻烦

54—57.

我记得17岁的时候做推销员，我所有的亲戚朋友都非常__54__，所以，我只好作"陌生拜访"，可是很我害怕敲别人家门或跟陌生人谈论产品的时候，__55__，因此业绩一直不太理想。

直到有一天，我的经理跑来找我，他说："你今天跟我去拜访。"我就跟他下楼走到马路上，他看到对面走来一个小女孩，就告诉我："假如我现在向她推销不出去产品的话，我走回马路时就被车__56__死。"当时我听了吓了一大跳，认为他怎么能说出这种话。

我看他走过马路，开始向这位小女孩推销产品，过了15分钟，他终于把产品卖出去了。

于是，第二天我也开始与陌生人交谈，我根本不知道我要说什么，但是我又不能走回头路，因为我已经下定决心，于是我使出各种__57__向这位陌生人推销产品。20分钟之后，他终于买下了我的产品。

后来我发现，原来是我的决心帮助了我，使我推销成功。

54. A 反对　　　　B 拒绝　　　　C 讨厌　　　　D 烦恼
55. A 产品质量不好　　　　　B 会被他们拒绝
　　 C 一定要注意选择　　　　D 他们会买我的产品
56. A 开　　　　B 撞　　　　C 摔　　　　D 怕
57. A 观念　　　　B 表演　　　　C 压力　　　　D 办法

58—60.

许多老年人的深度睡眠时间很短，甚至完全没有。这种变化可能是衰老过程的一个正常组成部分，也可能是使用药物的结果。但如果医生和护士仍然用8小时睡眠来__58__所有人的睡眠时间是否充足，就不合理了。当超过60岁的时候，一般来说，我们身体器官的活动就不会很__59__了，所需要的睡眠也会减少很多。因此，如果条件__60__的话，上了年纪的人应该把睡眠时间分成两段，一部分在下午，另一部分在晚上。当下午感觉疲劳时，小睡一觉，晚上再晚点儿睡，这会有助于他们解决很多问题。

58. A 谈判　　　　B 判断　　　　C 肯定　　　　D 改善
59. A 活跃　　　　B 活泼　　　　C 清楚　　　　D 激烈
60. A 省略　　　　B 确定　　　　C 接受　　　　D 允许

第二部分

第61—70题：请选出与试题内容一致的一项。

61. 要不要接受这次采访，我矛盾了很久。记者让我谈谈关于感情的事，说实话，我对感情没什么自信，我不是大家想的那种对感情那么有把握的人。讲工作、讲友情、讲音乐什么都好，我觉得"感情"这两个字超出了我能控制的范围，是最高深的学问。

   A "我"喜欢这次采访
   B "我"喜欢控制感情
   C "我"对感情没有信心
   D "我"不喜欢谈论音乐

62. 一次性筷子的大量生产和使用，给已经减少的森林资源带来了更大的压力。一次性筷子不仅严重破坏环境，而且对人体的健康也有极大危害。据专家介绍，有些筷子看上去很干净，但是因为在加工过程中加入了一些化学物质，所以长期使用会导致呼吸道和消化道疾病。

   A 森林资源逐渐增加
   B 一次性筷子很干净
   C 一次性筷子影响健康
   D 应该停止使用化学物质

63. 鸡蛋是日常饮食中最常见的高营养食物之一。有些人喜欢吃生鸡蛋，觉得鸡蛋煮熟后营养成分就被破坏了，真的是这样吗？专家研究表明，从鸡蛋营养的吸收和消化率来看，煮鸡蛋为100%，油炸为81.1%，生吃为30%—50%。由此看来，生吃鸡蛋会浪费营养物质。

   A 生鸡蛋没有营养
   B 生吃鸡蛋不会被吸收
   C 专家主张生吃鸡蛋
   D 鸡蛋煮着吃最有营养

64. 目前，网上购物越来越受到消费者的欢迎，但网购也有很多问题，最主要的是网上付款的安全问题。网上购物时应尽量使用信用卡支付，因为有些信用卡公司在商家解决消费者提出的问题之前，会停止向电子商家付款，这是一个保护措施。

   A 网上付款很安全
   B 网上购物能保证质量
   C 注意付款的安全问题
   D 信用卡公司会帮助商家

65. 为了使残疾儿童能够接受教育，走向独立，春苗幼儿园长期招聘志愿者，条件是：第一，身体健康，请确定参加志愿活动时没有生病，以避免把病毒传染给孩子；第二，因为孩子的作息时间比较规律，因此请志愿者尽量保证每次可以参加整个半天（共4小时）的活动。

    A 志愿者身体必须健康
    B 孩子每天休息4个小时
    C 幼儿园只招聘这一次志愿者
    D 志愿者要照顾身体正常的孩子

66. 超市在促销的时候，都会推出一些特价商品，很多人认为特价商品就是价格便宜的商品，殊不知商家正是利用人们这种认识上的误区，将一些正常价格的东西甚至是高价的东西标成特价出售。

    A 特价商品并不便宜
    B 人们不相信特价商品
    C 超市不喜欢卖特价商品
    D 每个超市促销手段都不同

67. 调查显示，近八成用户最关注手机上网功能，越来越多的手机用户将利用手机上网，手机是否支持上网已经成为消费者购买新手机时考虑的重要因素。

    A 网购手机的人越来越多
    B 大多数人正在考虑买手机
    C 人们上网的时候才买手机
    D 人们买手机时关心手机能否上网

68. 河南位于中国的中部、黄河中下游地区，历史悠久，文化灿烂，是中华民族文明的主要发祥地之一。在中华民族5000年的历史长河中，先后有20多个朝代的200多位帝王建都或迁都于此，河南作为全国政治、经济、文化中心长达3000年之久。悠久的历史创造了灿烂的文化，河南省的旅游资源因此而丰富多样。

    A 河南的历史不长
    B 河南旅游资源丰富
    C 河南的风俗很特别
    D 河南的发展速度很快

69. 科学家研究证明，色彩能刺激大脑的反应，提高注意力，平时使用有色笔或有色纸，能帮助记忆。因此大人的世界不要总是黑白分明，可以学学孩子，多用五颜六色的东西。

    A 孩子喜欢画画儿
    B 大人不喜欢色彩
    C 色彩能帮助记忆
    D 大人喜欢彩色笔和纸

70. 一位商人生产的口香糖在销售初期顾客很少，即使有顾客也多半是儿童，于是，商人决定在儿童身上下工夫。他按照电话本上登记的地址，给每个家庭免费送上4块口香糖。他一口气送了150万户，共600万块。几天后，这个办法见效了，孩子们吃完商人送的口香糖都吵着还要吃，家长们当然只得再买。从此，口香糖的销路打开了。

    A 只有儿童喜欢吃口香糖
    B 商人通过电话本查到地址
    C 商人生产的口香糖开始就销量很大
    D 商人给每个家庭免费送150块口香糖

第三部分

第71—90题：请选出正确答案。

71—74.

从农村出来的我，性格乐观，一直与朋友相处得很好。当年大学毕业来到这个城市工作后，父母便为我购买了一套商品房。人们都说，住在楼里的人，邻里之间"老死不相往来"，我却从没有过这种感觉。

自从入住新房开始，我就主动做了整座楼的"楼长"，承担起楼里几乎所有的事。我们所在的这座楼交付使用时，一座楼只安了一个自来水总表。水费需要一同收齐后再交到物业办公室。隔两个月，我都要挨家挨户上门看水表、收水费。遇上家里没人，还要去第二趟。每当意外停电停水，楼里的住户也总是不约而同地找我。

我与邻居们渐渐熟悉后，为了联系方便，我把整座楼里所有住户的电话存在了手机里。良好的邻里关系和氛围，让我们生活得非常舒心。一次，我烧饭烧到一半，煤气用完了，不用思索，敲开对门邻居的门，借用煤气炉接着烧。

还有一次，我出门在外，家里电路突然烧了。妻子不会修理，急得不得了，而我又一时回不了家。这时，我拨通了四楼邻居的电话，让他帮忙解决一下。嘿嘿，问题就此解决了。

相处十多年，类似邻里间互相帮忙的事情多着呢。不是吗？谁家没有麻烦的事。俗话说得好：远亲不如近邻。因此，我觉得，即使是搬入了楼房，大杂院里那种"你帮我来我帮你"、邻里互助互爱的好传统还要继续发扬光大。

71. 第一段画线的"老死不相往来"的意思最有可能是：
   A 经常交往　　　　　　　　B 死后才联系
   C 很老的时候才交往　　　　D 相互之间不来往

72. 关于"我"做楼长，可以知道：
   A "我"会修电器　　　　　　B "我"负责收水费
   C 是大家选出来的　　　　　D "我"喜欢去别人家聊天儿

73. 为什么"我"存了整座楼里所有住户的电话？
   A 工作需要　　　　　　　　B 安全考虑
   C 便于联系　　　　　　　　D 可以互相帮忙

74. "我"家里电路坏了，最后是怎么解决的？
   A 妻子自己修好的　　　　　B 找物业修好的
   C 邻居帮忙修好的　　　　　D "我"赶回来修好的

75—78.

在社会交往中，人们说谎或被谎言欺骗的次数之多令人震惊。美国一位心理学家研究甚至研究称，每人每日平均最少说谎25次。当然，谎言有不同层次之分，有的谎言是出于善意，对此我们大可不必理会。但如果谎言是出于欺骗和伤害，我们又如何知道自己是否被骗呢？

美国心理学家韦斯曼说："人们在说谎时会自然地感到不舒服，他们会本能地把自己从他们所说的谎言中排除出去。比如你问朋友他昨晚为什么不来参加原本已经定好的聚餐，他抱怨说他的汽车坏了，他不得不等着把它修好。说谎者会用"车坏了"代替"我的车坏了"。

而从身体语言上看，说谎时眼睛会向右上方看。每个人都记得小时候妈妈的批评："你肯定又撒谎了——我知道，因为你不敢看我的眼睛。"这教会你从很小起就知道说谎者不敢看眼睛，所以人们学会了说谎时看对方的眼睛，以避免被发觉。实际上，欺骗者看你的时候，注意力太集中，他们的眼球开始干燥，这让他们更多地眨眼，这是个明显的撒谎信息。

另外，撒谎的人老爱触摸自己，比如摸自己的鼻子，这是说谎的体现。心理学家做过一项实验，参加实验者撒谎的时候，回答变得更加简短，而且还伴有摆弄手指、下意识地抚摸身体某一部位等细微的动作。人在撒谎的时候越是想掩饰自己的内心，就越是会因为多种身体动作的变化而暴露出来。

75. 根据文章，对于"善意的谎言"，我们可以：
   A 揭穿它 B 不管不问
   C 问个明白 D 感谢别人

76. 根据本文，下面哪一项正确？
   A 人没办法避免说谎 B 诚实的人不受欢迎
   C 人比动物更爱说谎 D 谎言不全都有危害

77. 根据韦斯曼的理论，说谎者说谎时会：
   A 身体不舒服 B 不说自己
   C 不停地眨眼 D 重复回答问题

78. 本文主要告诉我们：
   A 如何识别谎言 B 人们都喜欢撒谎
   C 经常撒谎是不对的 D 撒谎的人老爱看别人

79—82.

一个年轻人问智者："老师，我觉得没有人看重我，我该怎么办呢？"

智者说："孩子，我很同情你的遭遇，可惜不能帮你。但是如果你愿意帮我，就可以很快处理好问题，或许也就帮助了你自己。"

"好吧。"年轻人犹豫了一会儿说。

于是智者从手指上脱下一枚戒指交给年轻人说："你到集市上把这枚戒指卖了，因为我需要钱，换回的钱越多越好，无论如何不能少于一个金币。"

年轻人到了集市，但是，当听到年轻人说戒指的最低价不能少于一个金币后，集市上的人都说年轻人要价太高了。年轻人穿过集市，到处卖戒指，但没人愿意出一个金币，年轻人失望地回来了。

年轻人说："老师，对不起，我没能达到你的要求。也许我可以卖到两个或三个银币，但我觉得那不应该是这枚戒指的真正价值。"

"年轻人，你说得太对了。"智者笑着说，"你再去一趟珠宝店，你跟珠宝商说我要把戒指卖掉，问他能出多少钱，但不要真卖，问完价格后你再带戒指回来。"

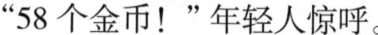

珠宝商仔细看了看戒指后说："告诉你的老师，如果他想卖戒指，我最多可以给他58个金币。"

"58个金币！"年轻人惊呼。

"对。"珠宝商说，"如果不着急卖的话，我可以出70个金币……"年轻人兴奋地跑回去，将发生的一切告诉智者。智者说："你就像这枚戒指，珍贵、独一无二，只有专家才能真正判定你的价值。你怎能期望生活中随便一个人就能发现你真正的价值呢？"

79. 年轻人为什么找智者？
 A 缺钱   B 找一份工作
 C 找成功的办法   D 没有人重视他

80. 智者为什么让年轻人去卖戒指？
 A 智者需要用钱   B 想证明戒指很值钱
 C 智者故意为难年轻人   D 想告诉年轻人一个道理

81. 年轻人在市场上没有把戒指卖掉，是因为：
 A 戒指是假的   B 别人觉得戒指太贵
 C 戒指没有人买   D 年轻人不会做生意

82. 智者想要告诉年轻人什么道理？
 A 同一个戒指可以卖不同的价钱
 B 想要别人帮自己，必须先帮助别人
 C 不是每个人都能发现你真正的价值
 D 只有珠宝商才能发现戒指真正的价值

83—86.

他 22 岁那年，国家恢复了高考。那些想通过上大学改变命运的人，无论男女老少，都去参加高考。他当时有个女朋友，女朋友的父母要求他也去高考，可是他无论如何也不愿意去，女朋友因此跟他分了手。

"考试是我的弱项，所以我特别怕考试。恢复高考那年，我当工人。我从小考试就不行，我记不住要考的内容。我还有一个缺点，就是爱乱想。比如小时候，老师说水的事，我就会想到鱼，接着我就想到一条大鱼把一条船吃到肚子里去了，接着我就想到一个小女孩被鱼吃到肚子变成什么……就这样越想越远。等到该交卷了，我还没答完呢。"

与女朋友的"分手事件"让他决心通过写作获得成功。因为小时候一次命题作文的经历，让他觉得自己是全天下孩子中作文写得最好的一个。"那次老师出的作文题是《我长大了干什么？》，别的同学写的都是远大理想，我当时写的就是当一名工人。老师一看，觉得这孩子有思想，就把我这篇作文推荐到《小学生优秀作文选刊》上了。"从此以后，他就感觉谁的作文都写不过他，因此开始喜欢上了写作。

20 多年来，他的童话书销售量已经超过 7000 万册。他已经成为中国当代最有影响力的童话作家。无论从金钱的标准，还是事业的标准，他都站在"成功人士"之列。

83. 根据本文，《我长大了干什么?》是：

A 一本杂志　　　　　B 一篇作文
C 一本历史书　　　　D 一本童话书

84. 他与女朋友分手的原因是：

A 高考失败　　　　　B 工作不稳定
C 女友不爱他　　　　D 不愿参加高考

85. 本文提到"鱼"的例子，是想说明这位作家：

A 喜欢吃鱼　　　　　B 记忆力有问题
C 想象力丰富　　　　D 对上课不感兴趣

86. 根据本文，这位作家的童话书已经卖了多少册？

A 超过 20 万册　　　B 超过 17 万册
C 超过 22 万册　　　D 超过 7000 万册

87—90.

2001年5月，美国内华达州的一所中学在入学考试中出了这么一个题目：比尔·盖茨的办公桌有五只带锁的抽屉，分别贴着"财富""兴趣""幸福""荣誉""成功"五个标签，盖茨总是只带一把钥匙，而把其他四把锁在抽屉里。请问盖茨带的是哪一把钥匙？其他的四把锁在哪一只或哪几只抽屉里？

一位刚移民美国的中国学生恰巧赶上了这场考试，看到这个题后，一下慌了手脚，因为他不知道它到底是一道语文题还是一道数学题。考试结束后，他去问他的担保人——该校的一名理事。理事告诉他，那是一道智能测试题，内容不在书本上，也没有标准答案，每个人都可根据自己的理解自由地回答，但是老师有权根据他的观点给一个分数。

中国学生在这道9分的题上得了5分。老师认为，他没答一个字，至少说明他是诚实的，凭这一点就应该给一半以上的分数。让他不能理解的是，他的同桌回答了这个题目，却仅得了1分。同桌的答案是，盖茨带的是财富抽屉上的钥匙，其他的钥匙都锁在这只抽屉里。

后来，他的这位美国同桌写信去向比尔·盖茨请教答案。比尔·盖茨在回信中写了这么一句话：在你最感兴趣的事物上，隐藏着你人生的秘密。

87. 根据本文，这场考试中，那个中国学生看到题为什么慌了？
    A 不懂英语 B 看不懂题目
    C 题目没有答案 D 分不清是语文题还是数学题

88. 那个中国学生9分的题得了5分，是因为：
    A 他的答案很正确 B 同桌只得了1分
    C 老师给错了分数 D 老师认为他很诚实

89. 美国同桌为什么答了题目，但只得了1分？
    A 他的答案完全错误 B 他对这个题目不感兴趣
    C 老师认为他的价值观不正确 D 他的答案只是他自己的观点

90. 从比尔·盖茨的回信中可以推测出，他带的是哪把钥匙？
    A 财富 B 幸福 C 成功 D 兴趣

三、书 写

第一部分

第91—98题：完成句子。

例如： 发表　这篇论文　什么时候　是　的

　　　<u>这篇论文是什么时候发表的？</u>

91. 就好了　价格　要是　再　一点儿　便宜

92. 气氛　了　她的话　紧张的　缓解

93. 假期　都　他　国外　去　旅游　每个

94. 实现　他　良好的　愿望　完全　未能

95. 他　了　很　被　荣幸地　录取

96. 他　吃惊　离婚　的　决定　我　让

97. 粮食　面临　生产　压力　巨大的

98. 把　浏览　网页　所有的　一遍　再

第二部分

第 99—100 题：写短文。

99. 请结合下列词语（要全部使用），写一篇 80 字左右的短文。

　　生气　　平静　　礼物　　情绪　　庆祝

100. 请结合这张图片写一篇 80 字左右的短文。

新汉语水平考试
HSK（五级）
模拟试卷　第 9 套

注　意

一、HSK（五级）分三部分：

　　1. 听力（45 题，约 30 分钟）

　　2. 阅读（45 题，45 分钟）

　　3. 书写（10 题，40 分钟）

二、听力结束后，有 5 分钟填写答题卡。

三、全部考试约 125 分钟（含考生填写个人信息时间 5 分钟）。

		答对题数	成　绩
听力			2.22 分 ×　 ＝　 分
阅　读			2.22 分 ×　 ＝　 分
书写	完成句子		5 分 ×　 ＝　 分
	写短文	1（满分 30 分）	分
		2（满分 30 分）	分
总成绩			分

一、听 力

第一部分

第1—20题：请选出正确答案。

1. A 不怕麻烦
   B 想去爬山
   C 早一点儿出发
   D 不喜欢出差

2. A 很多人看
   B 音乐很好听
   C 故事没有意思
   D 女的不感兴趣

3. A 不成功
   B 对方很满意
   C 交货时间已经谈好
   D 需要在规定时间交货

4. A 这一周
   B 本月底
   C 下个月
   D 下一周

5. A 同意女的的说法
   B 认为女的说得不对
   C 认为南方的天气干燥
   D 认为北方的天气不错

6. A 见领导
   B 去医院
   C 谈合同
   D 打电话

7. A 很有收获
   B 照片很少
   C 没去看展览
   D 希望能学到东西

8. A 不接受男的的祝贺
   B 在学校比赛中获得第一名
   C 在全国大赛中获得第一名
   D 觉得学校的比赛不重要

9. A 开车还是新手
   B 买了一辆新车
   C 想多练习倒车
   D 还没拿到驾照

10. A 女的
    B 经理
    C 小王
    D 小王和女的

11. A 女的不喜欢购物
    B 女的不想陪男的
    C 男的不同意女的的说法
    D 女的觉得购物时间不对

12. A 亲戚
    B 邻居
    C 夫妻
    D 同事

13. A 医院
    B 饭店
    C 机场
    D 学校

14. A 担心
    B 吃惊
    C 兴奋
    D 难过

15. A 怕冷
    B 没吃饭
    C 正在散步
    D 是中年人

16. A 买家具了
    B 还没买家电
    C 正在装修房子
    D 三个月后搬家

17. A 合同谈成了
    B 对方不想合作
    C 对方还没决定
    D 合同大纲有问题

18. A 不想找工作
    B 不想做这份工作
    C 觉得找工作很难
    D 还没有考虑清楚

19. A 晚上
    B 中午
    C 下午
    D 早上

20. A 看电视
    B 看报纸
    C 听朋友说的
    D 去现场看球

第二部分

第 21—45 题：请选出正确答案。

21. A 他们在上网
    B 现在是晚上
    C 他们在宾馆
    D 男的想吃饭

22. A 现在是冬天
    B 男的不怕热
    C 女的喜欢坐车
    D 男的不喜欢逛街

23. A 这套房子没装修过
    B 这套房子有四个卧室
    C 男的决定买这套房子
    D 男的对这套房子很满意

24. A 睡觉不好
    B 工作很轻松
    C 想出去旅游
    D 喜欢用手机上网

25. A 去泰国旅游
    B 吃美味的食物
    C 看美丽的风景
    D 买便宜的东西

26. A 适应能力强的
    B 有合作精神的
    C 工作经验丰富的
    D 工作态度认真的

27. A 不会弹钢琴
    B 喜欢流行歌曲
    C 要去上音乐课
    D 没有业余爱好

28. A 喜欢晒太阳
    B 不喜欢戴帽子
    C 不想去海边玩儿
    D 喜欢时尚的东西

29. A 买食品
    B 买包子
    C 买醋和盐
    D 买方便面

30. A 电子文件打不开了
    B 软件不能下载了
    C 电脑没装杀毒软件
    D 杀毒软件被删除了

31. A 朋友
    B 同事
    C 邻居
    D 亲戚

32. A "我"的传真机出毛病了
    B "我"会修传真机
    C 对方没把材料传过来
    D 对方没有把材料发完整

33. A 商店
　　B 工厂
　　C 学校
　　D 海关

34. A 王先生不了解产品
　　B 说话人今天没有时间
　　C 王先生周六没有时间
　　D 说话人周六下午没时间

35. A 飞机上
　　B 火车上
　　C 出租车上
　　D 长途车上

36. A 现金和证件
　　B 证件和火车票
　　C 现金和银行卡
　　D 火车票和银行卡

37. A 太贵
　　B 他晕车
　　C 时间太长
　　D 买不到票

38. A 香港
　　B 西安
　　C 上海
　　D 北京

39. A 列车内禁止吸烟
　　B 运行时间为5小时8分钟
　　C 重的行李应该放在行李架上
　　D 轻的行李可以放在座位下面

40. A 飞机
　　B 留声机
　　C 电影机
　　D 电灯

41. A 他发现爱迪生穿着一件新衣服
　　B 爱迪生发明了一种新衣服
　　C 他没有认出爱迪生来
　　D 爱迪生穿着和以前一样的衣服

42. A 关心生活细节
　　B 只关心研究发明
　　C 关心朋友的看法
　　D 关心衣服是否合适

43. A 没钱买新书
　　B 很多书被偷
　　C 丢书会被罚款
　　D 受到负责人的批评

44. A 出版被偷的书
　　B 找到偷书的小偷
　　C 制订偷书的计划
　　D 出版没被偷的书

45. A 书的质量好
　　B 书有吸引力
　　C 有优惠政策
　　D 宣传方式特别

二、阅 读

第一部分

第46—60题：请选出正确答案。

46—48.

在飞机、火车上与在一般的公共空间不同：在飞机场或候车室内都是不能脱鞋的，而在飞机和火车上，因为人们旅途比较__46__，为了更舒服地旅行，可以脱下鞋__47__地休息。当然，有人会因为脱鞋而"污染"空气，给其他旅客带来不__48__。解决这个问题很容易，您乘飞机或火车以前，换上干净的鞋子和袜子就行了。

46. A 浪费　　　　B 方便　　　　C 辛苦　　　　D 谨慎
47. A 充分　　　　B 继续　　　　C 充满　　　　D 持续
48. A 麻烦　　　　B 愉快　　　　C 活跃　　　　D 紧张

49—52.

老李在一家汽车销售公司工作，他每月都能卖出30辆以上的汽车，经常受到公司经理的__49__。但由于种种原因，老李估计这个月只能卖出10辆车。于是他对经理说："由于经济状况不好，我估计这个月最多只能卖出5辆车。"经理点了点头，对他的__50__表示赞成。没想到一个月过后，老李__51__卖了12辆汽车，经理把他大大表扬了一番。假如老李说本月可以卖30辆或者事先什么都不说，结果只卖了12辆，__52__？经理会认为老李失败了，不但不会夸他，反而可能批评他。

49. A 称赞　　　　B 讨论　　　　C 解释　　　　D 批准
50. A 情绪　　　　B 看法　　　　C 态度　　　　D 思想
51. A 然后　　　　B 当然　　　　C 突然　　　　D 竟然
52. A 老李会怎么认为呢　　　　　　B 你这个月究竟怎么了
　　C 你为什么卖得这么少　　　　　D 公司经理会怎么做呢

53—56.

　　昨天早上 5 点左右，做生意的王先生等人从海鲜市场回来驾车经过市第五医院时，突然一只动物跑到了马路中间。他及时采取__53__躲过了小动物。他和同车的人下车一看，是一种不认识的动物，重七八公斤。为了__54__这只小动物，王先生决定先把它抱回车上拉回市场，然后把它放进放杂物的小屋里。可等他忙完以后，发现小动物不知道什么时候__55__了。早上市场开始营业后，一名修锁的男子发现一只小动物不知道什么时候跑到了自己的房间内，__56__，好好的一双鞋被咬坏了一只。王先生知道后，主动赔偿了人家 80 元钱。中午，王先生花钱买了一些肉喂它。由于动物园不收养这类动物，所以下午 3 点，王先生决定把它放回大自然。

53. A 细节　　　　B 手段　　　　C 措施　　　　D 政策
54. A 维持　　　　B 保存　　　　C 保持　　　　D 保护
55. A 迷路　　　　B 逃跑　　　　C 寻找　　　　D 逃避
56. A 而且竟然在咬他的鞋　　　　B 而且竟然正在穿他的鞋
　　C 正在房间里跑来跑去　　　　D 这只小动物真奇怪

57—60.

　　面对激烈的竞争，你要搞清楚自己的目标是什么。你不要管别人怎样，别人第一第二跟你没关系。__57__一个人是否成功，重要的不是和别人比，而是和自己比，看自己做得怎么样。你就根据自己现在的__58__，给自己定一个实际的目标。不要太高，太高了够不着，__59__，还会把你的自信摔掉；可也不要太低，太低会让你失去__60__的力量。也就是说，这个目标对你来说应该是：跳起来，够得着。

57. A 判断　　　　B 达到　　　　C 构成　　　　D 实现
58. A 地位　　　　B 位置　　　　C 地址　　　　D 座位
59. A 一旦山太高　　　　　　　　B 一旦不会爬山
　　C 一旦摔下来　　　　　　　　D 一旦没有能力
60. A 改变　　　　B 沟通　　　　C 合作　　　　D 奋斗

第二部分

第61—70题：请选出与试题内容一致的一项。

61. 比赛时，心情一定会紧张，发挥当然不如平时，所以，比赛的时候只要用平常心去打就好了。我们的教练常跟我们说，想赢怕输就一定会输，一定就发挥不好。所以，比赛的时候一定不能将比赛看成比赛，要放轻松点儿，这样才会打好。

    A 对比赛没有信心
    B 比赛时一定发挥不好
    C 比赛时教练指挥很重要
    D 比赛时如何发挥最好水平

62. 石油是现代社会不可缺少的重要能源，人们的衣食住行都离不了石油。尤其是20世纪以来，汽车工业成为最大的制造业，大大提高了石油的需求量。当然，汽车业的发展在给人类生活带来方便的同时，也在很大程度上造成了环境污染。为了解决这个问题，寻找能代替石油的新能源已经成为我们的任务。

    A 石油对汽车业很重要
    B 石油造成了环境污染
    C 石油对现代生活很重要
    D 人类找到了绿色的新能源

63. 面对鲜嫩的蔬菜，许多人会选择生吃。专家指出，蔬菜中所含的营养素，在炒或者煮时很容易受到破坏，生吃有利于营养成分的保存。但是，并不是每一种蔬菜都适合直接生吃，有些蔬菜必须做熟后再吃。

    A 所有蔬菜都能生吃
    B 应该选择能生吃的蔬菜
    C 专家主张蔬菜必须煮熟后吃
    D 应科学判断蔬菜生吃还是熟吃

64. 1986年，电脑病毒首次被人们发现。此后，电脑病毒的种类和数量不断上升，人们在上网时，有些病毒就会悄悄进入电脑系统，破坏电脑里存储的资料。尽管如此，只要我们采取一定的防护措施，电脑受病毒危害的问题还是可以避免的。

    A 上网要小心病毒
    B 人们不能避免电脑病毒
    C 电脑病毒的数量越来越少
    D 资料破坏电脑里边的病毒

65. 本宠物店会按时为宠物提供营养丰富的食物，并且提供免费的玩具让宠物玩儿。另外，店内还设有专门的宠物服饰区。在宠物的主人外出旅游时，我们还会为您派出专门的宠物保姆上门照顾您的宠物。

    A 宠物店服务周到全面
    B 宠物很喜欢专门的服饰
    C 宠物店的玩具都是免费赠送的
    D 宠物店里边有专门的药物

66. 最近，美国一家网站调查了100位成功的人，包括已经作出重大贡献的科学家、作家、商人、体育明星、影视明星以及其他取得巨大成就的人。在这些人当中，有99%的人说不清楚自己为什么能成功。他们有的是凭着感觉，有的是因为勤奋，有的是因为爱好。但最关键的是，不管遇到什么困难，他们都一直没有放弃对成功的追求，最后终于走向了成功。

    A 成功的人都很勤奋
    B 成功的人从不放弃
    C 成功的人都知道成功的原因
    D 成功的人都喜欢凭着感觉做事

67. 有一种男人，外人对他们的评价特别高，职业好、收入高、朋友多，要说和这种男人过不下去，真的没有人会相信。但是他们带给妻子、孩子的却是无尽的痛苦，"月亮男"就是这群男人的代称，他们把光明留给了外人，把黑暗留给了家人。

    A "月亮男"喜欢光明
    B "月亮男"对家人不好
    C 外人对"月亮男"评价很低
    D "月亮男"收入高、朋友少

68. 在男孩的成长过程中，父亲对男孩的影响几乎无处不在，不论是脾气性格、生活习惯、兴趣爱好还是心理状态等，在儿子身上总会找到父亲的影子。在心理咨询工作中可以很明显地发现，缺少父爱的男孩，在青春期容易产生情绪不稳定、不自信等心理障碍。

    A 男孩在青春期会不自信
    B 母亲在家庭里作用很大
    C 父亲会影响儿子的身高
    D 男孩性格受父亲影响很大

69. 很多时候，旅游只是一个借口，我们只是需要跑到一个陌生的地方，那里没有加班，没有激烈的竞争，更关键的是，我们可以暂时忘掉现实生活带来的巨大压力，获得调整身心的难得机会。

    A 旅游会带来激烈的竞争
    B 旅游可以永远逃避现实
    C 人们喜欢出去旅游的原因
    D 人们喜欢去陌生的地方旅游

70. 心理学家研究表明，选择适当的衣服有改善情绪的作用。他们认为，穿喜爱的衣服可以给人舒适的感觉，而相反，在情绪不好时穿那些自己不喜欢的衣服，则会让人产生更烦乱和不舒服的感觉。

    A 衣服能调整情绪
    B 情绪能决定穿什么衣服
    C 心理学家喜欢穿舒服的衣服
    D 情绪好时应该穿不喜欢的衣服

第三部分

第71—90题：请选出正确答案。

71—74.

在中国，出现在公众视野中的"富二代"大多都是负面形象：他们挥金如土，严重缺乏社会责任感。日前，记者采访了"富二代"何佳，了解到了这一人群无奈、敏感和自卑的一面。

何佳小的时候，正是他父亲的创业时期，父亲很少有时间陪他玩儿，一年到头除了工作就是应酬。何佳3岁时，父亲和母亲离婚了，他跟母亲住在一起，靠母亲开出租车的收入度日。作为单亲家庭的孩子，他很敏感，逢年过节不在他们任何一家过，总是自己跑到爷爷奶奶家，心中的孤独难以形容。

何佳的父亲对他的管教非常严，从不允许浪费一分钱。上小学时，别的小孩每天都会有零花钱，用来买水、买冷饮等，何佳的父亲一毛钱都不会给他，让他自己从家里带白开水到学校，还说："吃冰激凌是浪费，钱都是省出来的。"何佳周围的朋友中很多也是"富二代"，他们的童年基本跟何佳差不多，都有一个忙得经常不照面的父亲和一个慈爱的母亲，不同的是，他们的父母会出于补偿心理给他们大把的钱花。

由于父辈的光环罩在他们头上，无论"富二代"们做得多棒，别人都会觉得他们不是凭借自己的实力，而是靠父辈的财富才会如此。他们没有办法证明自己，因此他们特别在意别人的眼光或评价，非常渴望得到周围人和社会的认可。

71. 对第一段中的画线词语"无奈"最恰当的解释是什么？

　　A 没有限制　　　B 没有办法　　　C 没有目标　　　D 没有效果

72. 何佳小时候的家庭情况是：

　　A 爸爸很顾家　　　　　　　B 妈妈是老板
　　C 生活在单亲家庭　　　　　D 住在爷爷、奶奶家

73. 何佳周围"富二代"朋友的父母对待孩子的方式怎么样？

　　A 很大方　　　B 很孝顺　　　C 很神秘　　　D 很时尚

74. 关于本文，最合适的题目是：

　　A "富二代"缺乏社会责任感　　　　B "富二代"的家庭各不相同
　　C "富二代"不在乎别人的评价　　　D "富二代"渴望得到社会认可

75—77.

有一个年轻人，好不容易获得了一份销售工作，可辛辛苦苦干了大半年，不但一点儿成绩也没有，反而连着在几个大项目上失败。而他的同事，个个都干出了成绩。他实在受不了这种痛苦，决定辞职。在老板的办公室，他惭愧地说，可能自己不适合这份工作。"年轻人，再坚持一段时间，我会给你时间，直到你成功。到那时，你再要走我不留你。"老板的话让年轻人很感动。他想，总应该做出一两件像样的事来再走。于是，他在后来的工作中多了一些冷静和思考。

过了一年，年轻人又走进了老板的办公室。不过，这一次他是轻松的，因为他已经连着七个月在公司销售业绩排名中取得第一。原来，这份工作是那么适合他！他想知道：当初，老板为什么会继续留用他呢？

老板解释说："记得当初招聘时，公司收下100多份应聘材料，我面试了20多人，最后却只录用了你一个。如果接受你的辞职，这就证明我是非常失败的。我深深地相信，既然你能顺利通过面试，就一定有能力在工作中取得好成绩，你缺少的只是机会和时间。与其说我对你仍然有信心，倒不如说我对自己仍然有信心，我相信我没有用错人。"

75. 年轻人辞职的原因是：
    A 老板不喜欢他   B 销售业绩不理想
    C 不喜欢这份工作   D 和同事关系不好

76. 公司招聘时，老板面试的人数是：
    A 1人   B 7人   C 20多人   D 100多人

77. 老板不接受年轻人辞职的原因是：
    A 年轻人非常有能力   B 年轻人工作很努力
    C 非常喜欢年轻人   D 相信自己的判断

78—81.

新学年开始时，一位心理学博士让校长把三位教师叫进办公室，对他们说："根据你们过去的教学表现，我觉得你们是本校最优秀的老师。因此，我们特意选了100名全校最聪明的学生组成三个班让你们教，希望你们能让他们取得更好的成绩。"

三位老师都高兴地表示一定尽力。校长又嘱咐他们，对待这些孩子，要像平常一样，不要让孩子或家长知道他们是被特意选出来的，老师们都答应了。

一年以后，这三个班的学生成绩果然排在整个学区的前列。这时，校长才把真实情况告诉这些老师：这些学生并不是特意选出的最优秀的学生，只不过是一些最普通的学生。老师们没想到会是这样，都认为自己的教学水平确实高。这时校长又告诉他们，他们也不是被特意挑选出来的全校最优秀的教师，也不过是一些普通老师。

这个结果正是博士所想要的：这三位教师都认为自己是最优秀的，并且学生又都是最聪明的，因此对教学工作充满了信心，工作自然非常努力，结果肯定非常好了。

在做任何事情以前，如果能够充分肯定自己，就等于已经成功了一半。当你面对挑战时，你可以告诉自己：我就是最优秀的、最聪明的，那么肯定会是另一种结果。

78. 根据本文可以知道，100这名学生：
   A 是最聪明的   B 是最普通的
   C 是最自信的   D 是水平最高的

79. 对第二段中画线词语"嘱咐"最恰当的解释是：
   A 属于   B 告诉   C 分配   D 付出

80. 这三个班的学生成绩好的原因是：
   A 老师有信心   B 学生很努力
   C 学生最聪明   D 老师教学水平高

81. 根据本文，作者认为：
   A 成功很重要   B 聪明很重要
   C 努力很重要   D 自信很重要

82—86.

网络既是近年来热门而又时尚的话题，也是人们各种信息交流不可缺少的工具，为现代文化科技发展作出了重要的贡献。但是，网络也给青少年带来了很多问题。

第一，网络会导致青少年自我控制能力下降。网络的过度使用，使青少年对网络产生了强烈的依赖心理。特别是网络游戏中的冒险刺激感、不健康内容的诱惑等，使青少年自控能力下降，对学习失去兴趣。第二，会导致"网络性格"的形成和身体素质的下降。网络性格最大的特征是"孤独、紧张、恐惧、冷漠"。网络容易使人的性格脱离现实社会，同时青少年又处于生长发育的旺盛期，长时间待在电脑前，身体高度紧张，会损害健康，导致身体素质下降。第三，网络会导致青少年对周围人的不信任，带来紧张的人际关系。因为长时间上网会减少和周围人的交流，导致人际关系紧张。第四，网络犯罪现象会引发青少年的安全焦虑。由于青少年生理和心理发育都不成熟，辨别是非能力差，自我保护意识不强，而网络交流具有随意性和隐蔽性，所以常常使青少年成为受害者。由于青少年有极强的好奇心和模仿性，使得很多网络受害者又成为侵略者，网络犯罪不断增加。

总之，网络带给了我们知识和娱乐，扩大了我们的交际范围。但同时它也带来了一定的危害，对我们而言，重要的是要知道怎样来充分利用网络好处，避免网络带来的危害。

82. 关于上网，作者认为：
   A 能提高学习成绩 B 不适合青少年
   C 交流信息的必要工具 D 可以改善人们的情绪

83. 为什么上网导致人际关系紧张？
   A 交流减少 B 睡眠减少
   C 引起许多争论 D 网络游戏不健康

84. 根据本文，网络给青少年带来的问题不包括：
   A 犯罪率上升 B 身体健康问题
   C 生理和心理成熟 D 自我控制力下降

85. 根据本文，下面哪一项正确？
   A 网络交流是公开的 B 许多人反对上网
   C 上网可以锻炼身体 D 青少年自我保护意识弱

86. 本文主要介绍的是：
   A 网络带来的问题 B 网络的交流功能
   C 如何充分利用网络 D 网络对心理造成的损害

87—90.

王小姐是一家公司的职员，今年26岁，大学毕业后就进了这家公司，到目前已经工作了4年。由于工作努力，又有较强的业务能力，她即将升职。可这样一来，王小姐的工作压力更大了。为了缓解压力，晚上下班后，她常会走进超市，买一大堆零食回家，然后往沙发上一躺，打开电视，就开始大吃起来。牛肉干、饼干、鱼片……只要是好吃又不容易饱的食物，都会被王小姐吃下肚。除了在家吃零食，王小姐偶尔也会约上几个大学时代的好友，一起去吃大餐。

"吃的时候很享受，工作上的烦恼、同事之间激烈的竞争都没有了，感觉整个人都很轻松，"王小姐说，"大家聊的也是一些很轻松的话题，谁也不说工作上的事。"

"东西吃下去之后，我又特别担心变胖。"为此，王小姐也有自己的一套解决办法，那就是吃泻药。

根据王小姐介绍，目前她这种"减压"办法已经持续了两年。"也有朋友说，这样下去对身体不好，让我去参加体育锻炼。但是我一回家就不想动，周末喜欢待在家里不出门，更别说去运动了。"

专家说，王小姐这种情况属于心理健康问题。人们因为工作、学习、生活等各方面的压力，会去寻找一些减压的办法，但是像王小姐这种减压方式会给身体带来危害。专家建议，遇到心理问题应该找心理咨询师聊聊，另外，运动也能缓解压力。

87. 王小姐缓解压力的主要方法是：
　　A 吃东西　　　　　　　　B 体育锻炼
　　C 和朋友聊天儿　　　　　D 外出旅游

88. 王小姐为什么喜欢和大学时代的好友聊天儿？
　　A 可以缓解压力　　　　　B 可以回忆大学时代
　　C 可以聊工作上的事　　　D 可以互相介绍业务

89. 关于王小姐这种情况，专家认为：
　　A 属于竞争问题　　　　　B 属于心理问题
　　C 属于身体问题　　　　　D 属于工作能力问题

90. 本文主要谈什么？
　　A 健康与饮食的关系　　　B 身体健康的重要性
　　C 心理咨询师的作用　　　D 减压不当影响健康

三、书 写

第一部分

第 91—98 题：完成句子。

例如： 发表　这篇论文　什么时候　是　的

　　　　　 这篇论文是什么时候发表的？

91. 天气　　起来　　暖和　　了

92. 压力　　运动　　可以　　缓解

93. 增加　　了　　利润　　一倍

94. 挂着　　"禁止入内"　　门上　　牌子　　的

95. 删除　　病毒　　被　　了

96. 他　　人　　全楼的　　都　　嚷得　　听见　　能

97. 工作中　　快乐　　我们　　寻找　　从　　应该

98. 上午　　文件　　一下　　要　　整理　　把

第二部分

第 99—100 题：写短文。

99. 请结合下列词语（要全部使用），写一篇 80 字左右的短文。

　　旅游　　风景　　发现　　风俗　　告别

100. 请结合这张图片写一篇 80 字左右的短文。

新汉语水平考试
HSK（五级）
模拟试卷　第10套

注　意

一、HSK（五级）分三部分：

　　1. 听力（45题，约30分钟）

　　2. 阅读（45题，45分钟）

　　3. 书写（10题，40分钟）

二、听力结束后，有5分钟填写答题卡。

三、全部考试约125分钟（含考生填写个人信息时间5分钟）。

		答对题数	成　绩
听　力			2.22分 × ＝　　　分
阅　读			2.22分 × ＝　　　分
书写	完成句子		5分 × ＝　　　分
	写短文	1	（满分30分）　　　分
		2	（满分30分）　　　分
	总成绩		分

一、听 力

第一部分

第1—20题：请选出正确答案。

1. A 他们还没下班
   B 路上现在正堵车
   C 五点出发太早了
   D 应该早点儿出发

2. A 惊喜
   B 遗憾
   C 感动
   D 难过

3. A 是一部动作片
   B 女主角不漂亮
   C 男的没去看电影
   D 拍得不是很成功

4. A 三天
   B 四天
   C 五天
   D 六天

5. A 时间不够了
   B 今天他请客
   C 菜的种类太少
   D 不用再点菜了

6. A 赚钱不容易
   B 书桌很便宜
   C 她现在没钱
   D 孩子很听话

7. A 比较容易读懂
   B 是关于历史的
   C 男的买了一本
   D 书里没有例子

8. A 男的拿到驾照了
   B 女的在练习倒车
   C 女的不同意买新车
   D 男的开车技术很好

9. A 是一个医生
   B 身体很健康
   C 没查出头疼的原因
   D 没有去医院作检查

10. A 司机
    B 医生
    C 教师
    D 商人

11. A 大学扩大规模
    B 缺少就业信息
    C 专业结构不合理
    D 工作岗位数量少

12. A 她的手机丢了
    B 她正在飞机上
    C 手机出问题了
    D 不方便接电话

- 157 -

13. A 女的工作压力大
    B 男的很关心父母
    C 在小城市收入更高
    D 大城市发展机会少

14. A 同学
    B 同事
    C 邻居
    D 亲戚

15. A 男的想学钢琴
    B 女的没去排队
    C 孩子上学费用很高
    D 家长愿意为孩子花钱

16. A 不想浪费钱
    B 肚子不舒服
    C 在家里做饭更方便
    D 嫌饭馆的菜不干净

17. A 他喜欢看电视广告
    B 电视剧里没有广告
    C 很欣赏广告里的剧情
    D 不反对电视剧里加广告

18. A 银行
    B 宿舍
    C 教室
    D 机场

19. A 他们在机场
    B 女的来接人
    C 男的刚到上海
    D 女的没拿牌子

20. A 产品价格并不高
    B 她更相信大公司
    C 她们的产品质量好
    D 她不想与男的合作

第二部分

第 21—45 题：请选出正确答案。

21. A 他们还没确定要买
    B 他们要买一台空调
    C 冰箱质量比空调好
    D 现在价格比平时贵

22. A 回家调养身体
    B 给病人做手术
    C 联系病人家属
    D 制订手术计划

23. A 反映当代生活
    B 女主角很漂亮
    C 故事非常真实
    D 已经播放完了

24. A 所学的专业是英语
    B 不喜欢现在的职位
    C 负责在网上发广告
    D 想到这家公司工作

25. A 当老师
    B 开公司
    C 去公司工作
    D 到政府部门工作

26. A 衣服
    B 食物
    C 雨伞
    D 水杯

27. A 25 号下午的卧铺票
    B 25 号晚上的硬座票
    C 26 号下午的卧铺票
    D 26 号晚上的硬座票

28. A 女的没交定金
    B 男的要卖房子
    C 女的还没结婚
    D 男的有买房经验

29. A 喜欢吃辣
    B 不喜欢出差
    C 吃过很多海鲜
    D 经常来这家饭馆吃饭

30. A 没有必要减肥
    B 女的缺少营养
    C 不能多吃水果
    D 应该科学减肥

31. A 戒烟是能够做到的
    B 戒烟没有好的方法
    C 吸烟是一种自然习惯
    D 不能告诉别人自己吸烟

32. A 听音乐时
    B 看电视时
    C 情绪不好时
    D 与人交谈时

33. A 写戒烟日记
    B 多吃巧克力
    C 转移注意力
    D 给自己一些奖励

34. A 15
    B 20
    C 25
    D 40

35. A 放假的大学生
    B 外出旅行的人
    C 在外地工作的人
    D 放弃中国传统的人

36. A 很多人在外地工作
    B 中国人喜欢坐火车
    C 交通运输能力不够
    D 回家过年的传统观念

37. A 妻子经常和他吵架
    B 别人说他脾气不好
    C 觉得自己精力不够
    D 不知道该怎么锻炼

38. A 放弃工作
    B 经常旅游
    C 每天跑步
    D 改变脾气

39. A 他没有力气了
    B 他的脾气改了
    C 医生给他开药了
    D 他现在离家很远

40. A 儿子不喜欢画画儿
    B "我"不懂得欣赏画儿
    C 画儿上只有两种颜色
    D 同学们不喜欢儿子

41. A 带儿子去作心理测验
    B 一个星期后再去找他
    C 再和心理医生谈一谈
    D 学会接受儿子的行为

42. A 同桌抢走了他的笔
    B 他不需要别的颜色
    C 没人教他区分颜色
    D 他患上了心理疾病

43. A 增加节假日总天数
    B 取消所有的黄金周
    C 春节放假时间提前
    D 全面推行带薪休假

44. A 平时交通压力太大了
    B 这是中国的传统节日
    C 节假日总天数减少了
    D 少了一次回老家的机会

45. A 中国的传统节日
    B 关于假日生活的讨论
    C 一次网上的民意调查
    D 中国减少节假日天数

二、阅 读

第一部分

第46—60题：请选出正确答案。

46—48.

少年时的我们，总是相信自己读到的东西。那时的我们，内心__46__一张白纸，无条件地相信任何事情，而书本就像我们的老师一样，告诉我们许多人生的道理。我们总是把书本上的话抄在日记本上，还经常将书本上的话送给别人。那时的我们，正处在一个非常容易受__47__的时期。假如我们幸运地读到真正的好书，这对我们的一生都有好处。不过，很多时候情况正好__48__。

46. A 像　　　　　B 带　　　　　C 有　　　　　D 装
47. A 尊重　　　　B 标准　　　　C 影响　　　　D 单纯
48. A 相当　　　　B 相反　　　　C 相关　　　　D 相同

49—52.

从前楚国有一个人，他有一颗漂亮的珍珠，打算把它卖出去。他用最好的木头为珍珠做了一个盒子，还在盒子上做了许多精美的__49__。然后，他把珍珠放进盒子里，拿到市场上去卖。那个盒子__50__是太漂亮了，很多人都围上来欣赏。一个郑国人把盒子拿在手里看了半天，__51__，最后出高价买了下来。

过了一会儿，郑国人又回来了，对楚国人说："先生，您的一颗珍珠忘在盒子里了。"说完，他把珍珠还给楚国人，然后就走了。楚国人非常高兴，因为他知道，这颗珍珠比那个盒子值钱多了。

很多时候，我们就像那个郑国人一样，只注意到事物外观的美丑，而__52__了其内在的价值。

49. A 保险　　　　B 装饰　　　　　C 表情　　　　D 发明
50. A 真实　　　　B 凡是　　　　　C 实在　　　　D 往往
51. A 越看越喜欢　　　　　　　　　B 周围的人都走了
　　C 把它递给旁边的人　　　　　　D 又看了看里面的珍珠
52. A 充满　　　　B 忽视　　　　　C 出版　　　　D 创造

53—56.

一个男人约一个女人见面，女人说："我不能和你见面，因为这几天我很忙。"其实，那不是理由，而是__53__。

一个员工向老板要求增加工资，老板说："很抱歉，我们这里的工资就是这么多。"其实，那不是理由，而是老板认为，不__54__给这个员工那么高的工资。

一个女孩说自己很喜欢画画儿，总是没有时间拿起画笔，__55__，而是在安慰自己。

一个工作很忙的中年男子，总是能抽出时间去进行自己喜欢的音乐创作。有人问他为什么能做到这一点，他微笑着回答道："__56__是真的喜欢，总会有时间的。平时，人家吃饭要一个小时，我吃饭只用十分钟，人家晚上十点睡觉，我十一点才睡。所以，我能够挤出时间进行音乐创作。"

如果爱得不够，就会找出理由来推辞；如果努力得不够，就会找出理由来安慰自己。其实，那些并不是理由。

53. **A** 原因　　　　　**B** 谦虚　　　　　**C** 推辞　　　　　**D** 害羞
54. **A** 值得　　　　　**B** 确定　　　　　**C** 愿意　　　　　**D** 犹豫
55. **A** 真是太可惜了　　　　　　　　　**B** 其实，那也不是理由
　　C 她经常为此感到苦恼　　　　　**D** 所以没能成为有名的画家
56. **A** 只要　　　　　**B** 即使　　　　　**C** 既然　　　　　**D** 其实

57—60.

很多人好像都有一个秘密目标：非要把一切事情都做完不可。为此，我们不得不忙于工作，而让我们心爱的人在旁边__57__。很多时候，因为我们让心爱的人等得太久，所以对方放弃了这段感情。

我们一般都认为，工作忙是暂时的，__58__做完该做的事，我们就能放松下来，有一个轻松愉快的心情。事实上，这样的情况永远不会发生，旧的事情刚做完，__59__，我们永远都有忙不完的工作。

我经常提醒自己，人生的目标并不是完成所有事情，而是要__60__生命的过程，和心爱的人一起过着幸福的生活。这样，我就不会有非得完成所有事情不可的想法。

57. **A** 观看　　　　　**B** 等待　　　　　**C** 管理　　　　　**D** 宣布
58. **A** 即使　　　　　**B** 虽然　　　　　**C** 一旦　　　　　**D** 不管
59. **A** 你要更加耐心地等待　　　　　**B** 你可以给自己放几天假
　　C 你应该好好休息几天　　　　　**D** 新的事情就会接着而来
60. **A** 享受　　　　　**B** 赞美　　　　　**C** 流传　　　　　**D** 克服

第二部分

第61—70题：请选出与试题内容一致的一项。

61. 工作是我们生活的保证，也是我们和社会联系的方式。只要失业三个月，人就会焦虑。很多家长都希望子女上大学时选择一个好专业，目的就是要找到一份好工作。调查显示，有爱情而没有理想工作的人很多。大多数人有勇气去找一个自己爱的人，却没有勇气去找一份自己真正喜爱的工作。

A 工作只是赚钱的手段
B 有工作的人经常焦虑
C 很多人做着自己不喜欢的工作
D 有了理想的工作，就会有理想的爱情

62. 去年，我入住一家旅馆，服务员蹲在旁边为我填表。我问他为什么不坐下来，他说那样很好，一点儿也不累。后来我才知道，这家旅馆是这么训练员工的：当客人坐在里面"最尊位"的沙发时，服务员可以坐在靠近门口的位子；如果客人已经坐在靠近门的位子，他们要蹲下来，绝不能坐到"最尊位"上去。

A 旅馆的服务员受过严格的训练
B 客人不可以坐在门口的沙发上
C 服务员蹲在沙发旁边填表并不累
D 靠近门的位子是房间的"最尊位"

63. 第一届奥运会的100公里自行车比赛是在运动场上进行的，运动员要在场内绕上300圈。出发后法国选手弗拉明一直领先，把对手落下好几圈。突然，他发现一位希腊选手停了下来，原来是赛车坏了。当时规定不准换赛车，修不好就只能退出比赛。弗拉明停下来，帮助希腊选手修好赛车，继续比赛。最后他还是以3小时8分19秒2的成绩摘取了桂冠！

A 希腊选手不得不退出比赛
B 弗拉明错失了拿冠军的机会
C 自行车比赛都是在马路上进行的
D 弗拉明的实力比其他选手高很多

64. 在一次实验中发现，拿到红色考卷的测试者，在考试过程中特别紧张，频频出错，而拿到绿色考卷者心态平和，基本不受影响。有学者认为，红色与错误、失败有着密切的联系，一直以来，老师都是用红色笔来批改试卷的。在日常生活中，红色也和危险存在联系，如红灯、红色警报器等。

A 颜色会影响人们的心情
B 考试前不要受到任何影响
C 警报器使用绿色更为合适
D 绿色和错误、失败没有关系

65. 不值得做的事情，就不值得做好。一个人如果从事的是一份自己认为不值得做的事情，不仅成功的可能性小，而且即使成功，也没有太大的成就感。值得做的工作应该符合我们的价值观、适合我们，并能让我们看到希望。如果你的工作不是这样，你应该考虑换一个更合适的工作，并努力做好它。

    A 人们经常忽视简单的工作

    B 成功并不能给人带来成就感

    C 只有重要的事情，才值得做好

    D 选择适合自己的工作，更有可能成功

66. 我们需要多少时间睡觉？人和人不一样。有的人睡眠质量不高，睡两三天还睡不够，这就是慢性疲劳综合征。专家认为，睡眠紊乱可能导致严重的疾病，如高血压、中风等，心血管病在很大程度上也是睡眠不好造成的。坐着工作、活动少的人在心情紧张、情绪激动的时候，常常睡不好觉。

    A 高血压是过度疲劳引起的

    B 人们其实不需要太多的睡眠

    C 有些疾病是睡眠问题引起的

    D 坐着工作的人更容易紧张、激动

67. 游泳是夏季最好的运动休闲方式，但是也要讲究科学的方法。游泳池的水温通常比人的体温低，因此下水前必须做准备活动。剧烈运动后马上游泳，会加重心脏负担，而空腹游泳会影响食欲和消化功能。游泳后应该休息片刻再进食，立刻进食会突然增加胃肠负担，引起胃肠疾病。

    A 不正确的游泳方式会伤害身体

    B 游泳后应该立刻吃饭，补充能量

    C 游泳池的水温和人的体温差不多

    D 空腹游泳会给心脏造成很重的负担

68. 中国有很多传统礼仪，走路也不例外。在地位高的人面前走过时，一定要低头弯腰、小步快走，称为"趋礼"。宴会时的座位也有主次尊卑之分，什么身份坐什么位置都有规定，地位比自己高的人入座以后，自己才可以坐下。中国传统礼仪的原则是"自卑尊人"，强调谦恭待人、尊重他人。

    A 传统礼仪强调个人尊严

    B 参加宴会时，客人可以随便坐

    C "趋礼"是关于走路的礼仪

    D 在老人面前经过，应该大步慢走

69. 乔利洗衣服的时候，不小心把煤油滴到了一件昂贵的礼服上。他把那件礼服挂在床前，提醒自己以后干活儿时要谨慎。过了几天，他发现煤油滴到的地方比原来更干净了。多次实验后，他研制出了"干洗剂"。后来，乔利开了世界上第一家干洗店，生意越做越大，成了闻名全球的富豪。

A 干活儿时不用过分谨慎
B 煤油把那件衣服烧坏了
C 用"干洗剂"洗衣服更方便
D 乔利是一位非常成功的生意人

70. 淞沪铁路是中国最早的铁路，建于一百多年前，对上海的经济发展发挥过重要作用。改革开发之后，上海市内交通拥挤状况日益严重，淞沪铁路处在市区交通繁忙地段，对市内交通的干扰很大，因此上海市政府决定将其拆除。现在淞沪铁路已结束其历史使命，拆下来的铁轨等物件已被存放在博物馆。

A 淞沪铁路位于上海市郊区
B 中国最早的铁路建于一百多年前
C 铁路对经济发展的作用已经降低
D 上海市政府决定重新修建淞沪铁路

第三部分

第71—90题：请选出正确答案。

71—74.

来美国以后，我一共搬过两次家。

十五年前，刚到美国的我们希望拥有自己的房子。夫妻俩拼命工作，终于存够了钱，买了一座老房子。房子不大，只有两间小卧室和一个小客厅，连吃饭的地方都没有。

从越南到怒海，再到香港，最后由香港来到美国，我们并没有存下什么东西，连好一点儿的家具都没有，所以那次搬家很简单，不到半天就搬完了。

可那座房子实在是太旧了，天花板漏水，水管常常堵塞，顶楼隔热不好，夏天热，冬天冷。最严重的是，冬天房顶的雪融化时，水会流进屋里，必须爬上房顶扫雪。如果不小心从房顶掉下来，可是人命关天的事。于是，我们下决心购买一套新房。

两年前，我们通过房屋中介，买到了一套满意的房子，准备再次搬家。

朋友听说我们要搬家，问我们要不要纸箱，我摇了摇头。我们住的老房子很小，家具也很旧，不值得搬到新家，屋子里面的东西看上去也不多。我们从超市搜集了二十多个箱子，相信已经足够了。

事实证明：我错了。不知从哪儿跑出来这么多东西，二十多个纸箱全用光了。我向朋友借了四十个纸箱，很快又装满东西。我和妻子从早上一直忙到晚上，才把东西收拾好。搬家的那天，我看着那堆积如山的物品，心中不禁感叹：两个瘦瘦小小的人，竟然会有这么多东西！

71. 作者最早居住在什么地方？
   A 越南   B 怒海   C 香港   D 美国

72. 作者下决心购买新房，最主要的原因是什么？
   A 水管堵塞   B 天花板漏水
   C 顶楼隔热不好   D 上屋顶扫雪太危险

73. 开始时，作者不要朋友的纸箱，是因为他觉得：
   A 朋友不富裕   B 纸箱不结实
   C 东西少，用不着   D 房子小，放不下

74. 第二次搬家时，作者最大的感受是什么？
   A 纸箱不够   B 东西太多   C 搬家太累   D 房子太小

75—78.

美国的一个摄制组想拍一部中国农民生活的纪录片。他们来到中国某地农村，找到一位农民，说要用1600块钱，买他1000个柿子，请他把柿子从树上摘下来。

那位农民非常高兴，找来几个帮手干起来。他爬到柿子树上，用绑有弯钩的长杆，看准长得好的柿子，用劲一拧，柿子就掉下来了。柿子滚得到处都是，下面的人飞快地把它们捡到竹筐里，还不忘大声地和树上的人拉家常。旁边的美国人觉得这很有趣，全都拍了下来。

美国人付完钱，就准备离开。农民很奇怪："你们怎么不把柿子带走呢？"美国人说，这些柿子不好带，也不需要带，农民可以自己留着。

农民很生气："我的柿子很棒，质量好得很，你们没理由看不起它们。"美国人笑了，跟他解释，他们没有看不起他这些柿子的意思。

农民心里想：世界上竟然还有这样的傻子！付了钱，却不把东西带走。

那位农民不知道，在那几个美国人眼里，那些柿子并不值钱，值钱的是他们那种独特有趣的采摘方式和贮存柿子的生产、生活方式。一个柿子只能卖一次，但是他们拍的纪录片，可以卖一千次、一万次甚至千千万万次，不知道能收入多少个1600块。

有的人只看到眼前的、直接的"小利益"，却看不到更大但比较隐蔽的"大利益"。

75. 那个摄制组为什么来到中国的农村？

　　A 想拍一部纪录片　　　　　　B 想了解农民的生活
　　C 想尝尝中国的柿子　　　　　D 想学习农业生产技术

76. 第二段中的"拉家常"最可能是什么意思？

　　A 到朋友家做客　　　　　　　B 聊聊日常生活
　　C 拉家人去旅行　　　　　　　D 了解各自爱好

77. 那个农民为什么生气？

　　A 柿子都被摔坏了　　　　　　B 美国人给的钱不够
　　C 拍纪录片没有经过他同意　　D 以为美国人看不起他的柿子

78. 那个农民不明白什么道理？

　　A 美国人很富，不在乎钱　　　B 美国文化和中国的差别很大
　　C 美国人只想了解中国农民的生活　D 美国人得到了更大的"隐蔽"利益

79—82.

多年前,我和她一起走进那家保险公司。初出校门的我们,社会经验少,人际关系网也没有形成,只能一次又一次地敲开陌生人的门。每次遇到困难的时候,我都忍不住想要放弃。而她总是劝我,再坚持坚持。

我先后七次拜访一位客户。第一次,客户说他对保险没有兴趣。第二次,客户看都不看我。最后一次,客户大声骂我,我却要微笑着走出他的办公室。我对自己说,就是去打扫卫生,也不再做保险了。这次,她没有再劝我。

之后,我频频更换工作,经历丰富,却没能做出什么成就。七年之后,我们再次见面时,她已经是那家公司的业务经理了,有很多固定的客户,每天只是坐在办公室里,发发传真、打打电话,收入就比我高多了。

"你知道吗?你跑了七次的那位客户,后来给公司打电话,要找你办理保险。现在,他是我的老客户了。其实,做我们这一行的,被拒绝七八次甚至十几次都是正常的。我们要耐心等待自己的黄金时间到来。"

"黄金时间?这个说法倒是很新鲜。"

"是的,统计表明,无论在哪个领域,如果想要出人头地的话,大概都需要将近七年的时间。七年过后,你的黄金时间也就来了。"

她用七年的坚持,等到了自己的黄金时间,而我没有。

79. 刚到保险公司工作时,"我"为什么想放弃?
    A 觉得自己经验不够　　B 想回到学校继续学习
    C 工作中遇到很多困难　D 不愿意和好朋友竞争

80. 七年之后,"我"和她再见面时,她:
    A 自己开了一家公司　　B 每天工作非常辛苦
    C 积累了很多老客户　　D 不再做保险业务了

81. 关于那位客户,下面哪一项是**错误**的?
    A 曾经到公司找过"我"　B 开始时对保险不感兴趣
    C 对"我"的态度不是很友好　D 后来在公司办理了保险

82. 根据本文,"黄金时间"指的是什么?
    A 赚钱最多的时候　　　B 自己能力最强的时候
    C 生活最幸福、快乐的时候　D 工作顺利、有成就的时候

83—86.

中国人经常把当官称为"戴上乌纱帽",为什么乌纱帽被用来作为当官的代称呢?

在早期的中国,并没有"帽"这种称呼。南朝宋明帝时,有人发明了一种用黑纱做的帽子,称为"乌纱帽"。这种帽子很快就流行起来,成为人们常戴的一种帽子。那时候,不管官员还是百姓,都可以戴乌纱帽。

隋朝的时候,官员都戴乌纱帽,而且有了职位高低的区分。据记载,隋朝文武官员的服饰有四种,而乌纱帽上的玉饰则显示官职的大小。一品官是最高级官员,有九块玉饰,二品有八块,三品有七块,四品有六块,五品有五块,六品以下没有玉饰。

宋朝时,乌纱帽的形状有了改变。皇帝下令修改乌纱帽的样式,在乌纱帽的两边各加一个翅,有一尺多长,用不同的花纹来区分职位高低。

明朝时,乌纱帽成为官员的标志。《明史》上记载:"洪武三年定,凡上朝视事,以乌纱帽,团领衫,束带为公服。"从此,乌纱帽正式成了当官的代称。明世宗的时候,乌纱帽的形状也有了一些变动,翅的长度缩短,宽窄也变了。职位越高,双翅就越窄,职位越低,双翅则越宽。

清朝刚开始时,允许一些地方官员穿明朝官服、戴乌纱帽,后来下令将官员的乌纱帽全部改为红缨帽。可是一直到现在,人们仍然习惯将"乌纱帽"作为官员的标志。

83. "乌纱帽"是什么时候开始出现的?

　　A 南朝　　　　B 隋朝　　　　C 东晋　　　　D 明朝

84. 隋朝时,乌纱帽上的什么显示职位大小?

　　A 服饰　　　　B 玉饰大小　　C 玉饰多少　　D 双翅形状

85. 宋朝时,乌纱帽有什么变化?

　　A 不再有玉饰　　　　　　　　B 增加了双翅
　　C 长度有变化　　　　　　　　D 成为官员的标志

86. 关于乌纱帽,下面哪种说法是正确的?

　　A 隋朝时增加了双翅　　　　　B 明朝时形状有变动
　　C 开始时只有官员能戴　　　　D 清朝官员一直戴乌纱帽

87—90.

冬季养生要注意调整不良情绪，防止季节性情感失调征的发生。季节性情感失调征，是指一些人在冬季容易发生情绪抑郁、懒散嗜睡、昏昏沉沉等现象，并且年复一年地出现。这种现象多见于年轻人，尤其是女性。预防的方法是多晒太阳，延长光照时间，这是调节情绪的天然疗法。

冬季饮食的基本原则应该是以"补充热量"为主，因此，冬季应该多吃羊肉、鸭肉、萝卜等。同时，还要遵循"少食咸，多食苦"的原则，因为咸味食品会影响肾的正常功能。

《黄帝内经》里指出：冬天要"早卧晚起，以待日光"，意思是，冬天要早睡、晚起，起床的时间最好是在太阳出来后。穿衣要注意"衣服气候"，衣服里层与皮肤间的温度应始终保持在32℃—33℃，这种理想的"衣服气候"可缓冲外部寒冷气候对人体的侵袭。另外，要特别注意双脚的保暖。如果坚持每天用温水洗脚，可达到增强体质、防病治病的良好作用。

俗话说："冬天动一动，少生一场病；冬天懒一懒，多喝药一碗。"事实证明，冬季多参与室外活动，使身体受到适当的寒冷刺激，可使心脏跳动加快，呼吸加深，新陈代谢加强，身体产生的热量增加，有益健康。

87. 关于"季节性情感失调征"，下面哪一项是正确的？
   A 老年人比年轻人严重　　　　B 会让人更加紧张、激动
   C 多晒太阳有助于调养情绪　　D 在不同季节有不同的征状

88. 冬天为什么应该多吃羊肉？
   A 这时的羊肉味道最好　　　　B 其他季节不容易吃到
   C 能给身体提供更多的热量　　D 咸味食品可以增强肾功能

89. "衣服气候"指的是什么？
   A 衣服给人体的舒适程度　　　B 适合穿某种衣服的气候
   C 特定时期流行的衣服样式　　D 衣服里层与皮肤间的温度

90. 根据这篇文章，下面哪一项是正确的？
   A 一年四季都应早睡早起　　　B 用温水洗脚有助于预防疾病
   C 冬天的时候人们更容易紧张　D 冬天老人不应该参加室外活动

三、书写

第一部分

第91—98题：完成句子。

例如：发表　这篇论文　什么时候　是　的

　　　　这篇论文是什么时候发表的？

91. 这种药　你的疼痛　缓解　暂时　只能

92. 空气污染　身体健康　人类的　威胁　严重

93. 他　那件新毛衣　穿　舍不得　还是

94. 他　态度　自己的　表明　始终没有

95. 他的病　别人　传染给　是　的　不会

96. 商品价格里　我们　包含了　税　交给国家的　已经

97. 妈妈　课本　孩子小时候　保留着　用过的　还

98. 我们　她　对公司　贡献　并不否认　的

第二部分

第 99—100 题：写短文。

99. 请结合下列词语（要全部使用），写一篇 80 字左右的短文。

嘉宾　　荣幸　　代表　　祝贺　　美好

100. 请结合这张图片写一篇 80 字左右的短文。

听力文本·答案·答案说明

模拟试卷 第1套

听力文本

（音乐，30秒，渐弱）

大家好！欢迎参加HSK（五级）考试。
大家好！欢迎参加HSK（五级）考试。
大家好！欢迎参加HSK（五级）考试。

HSK（五级）听力考试分两部分，共45题。
请大家注意，听力考试现在开始。

第一部分

第1到20题，请选出正确答案。现在开始第1题：

1. 女：明天是礼拜天，一起去打网球怎么样？
   男：我哪有空儿啊？单位里一堆事，估计得加班。
   问：对话发生在什么时候？

2. 男：请问，你们银行有贷款买车这项业务吗？
   女：有，不过手续有点儿复杂，您可以来银行当面咨询一下。
   问：女的建议男的怎么做？

3. 女：昨晚的《人鱼小姐》最后一集看了吗？实在是太感人了！
   男：真佩服你们女生，能把一百多集的连续剧都看完！
   问：《人鱼小姐》是什么？

4. 男：你去听王教授的讲座了吗？
   女：去了，不过他讲的问题太抽象了，很多人都没听懂。
   问：王教授的讲座怎么样？

5. 女：你的书都是在网上买的吗？
   男：对。先在网站注册一下，然后选书、付款，特别方便。
   问：他们在讨论什么？

注：以下各套听力文本开场白文字略。

6. 男：学完基础会计课程大概需要多长时间？
   女：半年，然后你可以继续学习中级、高级课程，最后你可以参加会计资格考试。
   问：什么时候可以参加会计资格考试？

7. 女：明天是我们结婚15周年的纪念日，希望我老公能记得。
   男：你这一说倒提醒我了，怪不得我爱人上个月有几天不高兴呢，原来她跟你一样。
   问：男的是什么意思？

8. 男：我想看内科，请问在哪儿挂号？
   女：您先到1号窗口办一张卡，然后直接到内科挂号就可以了。
   问：对话发生在什么地方？

9. 女：你会用电脑修改照片吗？我想把我的照片改小一点儿，网上报名用。
   男：这个不难，你得上网下载安装一个照片修改软件。我来帮你吧。
   问：女的为什么不能修改照片？

10. 男：我有一笔资金，想做投资。你说买股票怎么样？
    女：买股票好是好，可是风险太大了。我看你不如买保险。
    问：女的建议男的怎么投资？

11. 女：李校长，明天上午9点，您要会见加拿大客人；11点，参加英国大学代表团欢迎宴会；下午3点，出席教育工作会议。
    男：日程够满的，看来明天有的忙了。
    问：李校长明天上午11点要做什么？

12. 男：小李最喜欢的明星要来北京开演唱会了，他正忙着在网上买票呢！你想去看吗？
    女：他的演唱会我在上海看过了，感觉不怎么样。
    问：女的是什么意思？

13. 女：你儿子今年就业了吗？
    男：他上个星期刚被卫生部录取，现在正忙着毕业的事呢。
    问：关于男的的儿子，可以知道什么？

14. 男：我要一个标准间。
    女：对不起，标准间没有了，给您换个套房可以吗？
    问：女的可能在哪儿工作？

15. 女：我想买一个双开门的冰箱，有什么好的可以推荐吗？
    男：这台是我们刚刚推出的产品，采用最新的自动除菌技术，保证食品的新鲜安全。
    问：这台冰箱的特点是什么？

16. 男：我可不愿意坐长途汽车，太累了。在高速公路上跑，也不安全。
    女：那就坐火车吧，不过你可别嫌火车人多。
    问：火车有什么缺点？

17. 女：现在禁止超市免费向顾客提供塑料袋，真是有些不方便。
    男：不方便就不方便吧，总比环境被污染了强。
    问：男的对超市的做法持什么态度？

18. 男：手机病毒时刻威胁着用户的信息安全，而且这个问题似乎越来越严重了。
    女：那您能向大家介绍一下最新的手机杀毒软件吗？
    问：对话最可能来自哪儿？

19. 女：你把钱借给他了？你傻不傻啊！脑子怎么一点儿也不会拐弯呢？
    男：你才傻呢！你这么说也太过分了吧。
    问：女的和男的在干什么？

20. 男：上午的射击比赛实在是太紧张了，看得我手心全是汗。
    女：你只是手心出汗，我都差点儿得心脏病了。
    问：上午女的怎么了？

第二部分

第21到45题，请选出正确答案。现在开始第21题：

21. 女：先生，这件深色衬衫特别适合您，穿上显得很精神。
    男：是吗？这件衬衫多少钱？
    女：一千。不过今天商场有优惠活动，新品打八折。
    男：麻烦给我包起来吧。
    问：男的买衬衫要花多少钱？

22. 男：好久不见了，最近忙什么呢？
    女：最近我们单位要搞一个现代艺术展览，正忙着准备呢。
    男：你们不是出版公司吗？为什么搞艺术展览？

女：对啊，这次展览是我们出版的一套艺术丛书的重要宣传活动。
问：女的的公司为什么要做现代艺术展览？

23. 女：你怎么了？走起路来一拐一拐的。
    男：昨天下楼梯的时候，腿受伤了。
    女：怎么受伤的？
    男：我不小心踩到了香蕉皮，一下子给滑倒了。
    问：关于男的，可以知道什么？

24. 男：现在汽油的价格真是越来越贵了。
    女：可不是嘛。买得起车都用不起车了。
    男：我们公司小李买的二十多万的车，天天放在家里，人家现在坐公交车上下班。
    女：要不明天我也不开车了？
    问：小李为什么不开车上班？

25. 女：既然双方父母都同意了，那我们就快准备吧。
    男：我们先去登记，然后再收拾新房。
    女：新房我们得好好装修一下，找个好的设计公司。
    男：我有一个朋友是做这个的，我先打电话问他一下。
    问：关于他们的安排，下面哪一项正确？

26. 男：今天雾这么大，飞机能按时起飞吗？
    女：你不知道吗？今天的航班已经取消了。
    男：啊？那咱们还能按时赶到北京参加研讨会吗？
    女：除非奇迹发生。
    问：他们能按时到北京吗？

27. 女：你怎么把牛奶洒到衣服上了？
    男：刚才一不小心弄上的。
    女：快脱下来，我给你洗洗，不然就洗不干净了。
    男：你不用管了，脏这么一点儿，看不出来。
    问：关于男的，可以知道什么？

28. 男：这次文学史考试有什么参考书吗？
    女：哪有啊？那么多文学作品都没读过，怎么复习啊？
    男：你觉得看教材管用吗？

- 178 -

女：谁知道呢？不过王教授最不主张背教材，他提倡学生应该有自己的观点。
问：关于文学史考试，可以知道什么？

29. 女：王明，能给我们介绍一下你这次在日本的工作经历吗？
    男：这次在日本我做了半个月的国际会议志愿者，为参会人员提供翻译服务。
    女：这个工作难吗？
    男：对我来说应该是充满了挑战。
    问：关于王明的工作，可以知道什么？

30. 男：李教授，您对政府新的经济政策有什么看法？
    女：可以说，政府这次经济政策的调整会在很大程度上刺激经济的发展。
    男：您能具体说一下吗？
    女：好的。下面我从税收、贸易、汇率三个方面来谈。
    问：李教授的研究领域最可能是什么？

第31到33题是根据下面一段话：
现在普通家庭的教育支出高得惊人。杨先生年收入20万元，他的儿子小健初中3年学费加住宿费约13万元，暑期补习费每年4000元，寒假辅导费每年3000元，旅游费每年3000—5000元，学吉他费用每学期约1500元，网费每年1000元，零用钱每周50元，三年共花费约20万元，够买一辆好车了。李先生虽然年收入只有6万元，可是他的投入也不小。每学期要为女儿小敏交4400元学费，此外书本费、考试费、资料费，每学期差不多要交500元，补课费2500元，每月伙食费300元，平均每年投资费用约1.6万元。李先生表示，不等女儿大学毕业，自己不敢随便花钱。

31. 小健每学期学吉他要花多少钱？
32. 小敏每年的教育投入有多少？
33. 这段话的主要内容是什么？

第34到36题是根据下面一段话：
这一天，从早晨起来就开始下大雨，路边几个卖食品的小贩一直没有生意。快到中午时，卖饼干的大概是饿了，就吃了一块自己卖的饼干。他有一大包饼干，反正也卖不出去。卖西瓜的坐着无聊，也就敲开一个西瓜来吃；卖辣花生的开始吃辣花生；卖橘子的开始吃橘子。雨一直下着，四个人一直这样吃着。卖橘子的吃得快酸死了，卖辣花生的吃得快辣死了，卖饼干的吃得快渴死了，卖西瓜的吃得肚子快胀死了。这时从雨中冲过来四个年轻人，他们从四个人那儿把这四样东西都买全了，坐到附近的公园凉亭里吃，又香又辣，酸酸甜甜，味道好极了。

34. 卖西瓜的吃的是什么？

35. 卖饼干的人后来怎么了？
36. 这个故事说明了什么道理？

第37到39题是根据下面一段话：

意大利经济学家曾提出一个应用很广的理论，叫做80∶20理论。意思是：在任何群体中，重要的部分通常只占小部分，即20%；而不重要的部分会占大部分，即80%。因此只需要控制这重要的小部分，就可以控制全部。反映在数量上就是80∶20理论，即80%的价值来自20%的部分，其余20%的价值来自80%的部分。例如，80%的销售额来自20%的顾客；80%的看电视的时间花在20%的节目上；80%的教师辅导时间花在20%的学生身上；80%的财富在20%的人手中；80%的地球资源被20%的人消费。这样的例子还有很多。当然，上面的80%与20%都是大概的说法，但其中的规律是不能忽视的。

37. 80%代表了什么？
38. 控制全部的关键是什么？
39. 这段话运用下面哪一项来举例说明？

第40到42题是根据下面一段话：

当记者时，笔是我最重要的工具。有一次，我委托一位同事为我买签字笔，我嘱咐了他很多遍："不要黑色的，记住，我不喜欢黑色。黑色看起来太暗了，让我心情不好。千万不要忘记啊，12支，全不要黑色。"第二天，同事把一打笔交给我，天哪，我差点儿昏过去。他给我买的12支笔，全是黑色的。我责备了他好久，可他不认为是自己错了。想想他的话也挺有道理。他说："你一再强调黑的，黑的。忙了一天，拖着疲劳的身体走进商场，脑子里只有印象最深的两个词：12支，黑色，于是就一心一意地只找黑色的买。"我很后悔，当时如果我明确地说"请为我买12支笔，全要蓝色"，相信同事就不会买错了。

40. "我"反复嘱咐同事什么？
41. 同事为什么买了黑色笔？
42. 听了朋友的解释，"我"的态度是什么？

第43到45题是根据下面一段话：

请热爱你的工作。如果你从事的工作是自己不喜欢的，可能会对你造成压力，长期下来会使你感到十分疲劳，还容易得病。专家们的研究表明，长期在高度压力下工作的人，有一半可能经常头疼、感冒、消化不良，还有可能得肺炎。30%的人一上班就出现头疼、背疼、胃疼的病征，一到周末，这些病征就奇迹般地消失了，但是星期一上班后，这些病征又重新出现。专家们发现，那些从事自己所不喜欢的工作的人，比起那些从事自己所喜欢的职业的人，得癌症的机会要大五倍。

43. 长期有压力的人会怎么样？
44. 30%从事自己不喜欢的工作的人，周末会怎么样？

45. 根据这段话，从事自己不喜欢的工作的人容易得什么病？

听力考试现在结束。

答 案

一、听力

第一部分

1. B	2. D	3. B	4. C
5. A	6. D	7. D	8. B
9. C	10. D	11. B	12. D
13. A	14. D	15. B	16. D
17. A	18. C	19. B	20. A

第二部分

21. C	22. B	23. B	24. D
25. B	26. D	27. B	28. C
29. C	30. C	31. B	32. C
33. B	34. B	35. D	36. B
37. C	38. D	39. B	40. C
41. A	42. C	43. B	44. C
45. D			

二、阅读

第一部分

46. B	47. C	48. D	49. D
50. B	51. C	52. C	53. B
54. C	55. C	56. D	57. B
58. C	59. D	60. D	

第二部分

61. D	62. D	63. D	64. B
65. B	66. D	67. A	68. B
69. D	70. D		

第三部分

71. C	72. D	73. D	74. D
75. C	76. C	77. A	78. C
79. D	80. A	81. C	82. D
83. D	84. D	85. B	86. D
87. D	88. D	89. A	90. C

三、书写

第一部分

91. 我终于想起来老师的话。

92. 经常爬山能够锻炼身体。

93. 今天的表演比昨天精彩多了。/ 昨天的表演比今天精彩多了。

94. 留学生活使她得到了丰富的经验。

95. 自行车被碰倒了。

96. 小张的英语说得很地道。

97. 我去展览馆看过展览。

98. 请把毕业论文交给老师。

第二部分

（参考答案）

99.

　　上周末，我想去买一个包，就和一个朋友一起去**逛街**。我最喜欢泉城路，因为那里非常**热闹**，有很多很有意思的东西，我不但喜欢买，也喜欢看，有时候也和卖东西的中国人聊几句。我们来到泉城路上，看到一个白色的包，老板要200块，我觉得有点儿贵，不过我的朋友很善于**讲价**。在朋友的帮助下，经过一番讨价还价，最后我花150块买到了我满意的包，我很**开心**。

100.
　　每次我去饭店的时候会看到桌子上有很多一次性的筷子，以前我觉得这样比较卫生。可是，有一天，我的朋友告诉我，每年都有很多树木被砍伐，然后做成一次性筷子，我听了以后心里很难过。我看过一幅艺术作品，一些孩子用用过的一次性筷子做成了一棵树，可是这是一棵没有生命的树。从那时起，我就决定，以后出去吃饭，自己带着筷子，过一种"绿色"生活。

答案说明

1. B　根据"明天是礼拜天"即明天是星期天，可以推知今天应该是星期六，选B。

2. D　根据"您可以来银行当面咨询一下"，选D。

3. B　根据"一百多集的连续剧"，选B。

4. C　女的说王教授的讲座"很多人都没听懂"，选C。

5. A　男的说书是在网上买的，并说明了网上购书的步骤，选A。

6. D　女的说学完高级课程可以参加会计资格考试，选D。

7. D　男的说他爱人不高兴是因为他忘了结婚纪念日，选D。

8. B　根据"内科""挂号"，可知对话发生在医院，选B。

9. C　男的说"你得上网下载安装一个照片修改软件"，可知选C。

10. D　女的说"我看你不如买保险"，选D。

11. B　根据"11点，参加英国大学代表团欢迎宴会"，可知选B。

12. D　女的觉得演唱会"感觉不怎么样"，可知她不喜欢这个明星的演唱会，选D。

13. A　男的的儿子"正忙着毕业的事"，可见还是个学生，选A。

14. B　根据"标准间""套房"，可知女的在酒店工作，选B。

15. B　根据"采用最新的自动除菌技术"，可知选B。

16. D　根据"不过你可别嫌火车人多"，可知选D。

17. A　男的的意思是不提供塑料袋不方便没关系，不污染环境就行，选A。

18. C　女的在以记者或主持人的口气问男的问题，从四个选项中，只有新闻采访最有可能，选C。

19. B　女的说男的"傻"，男的说女的"才傻"，双方态度都不好，可知他们在吵架，选B。

20. A　女的说看比赛"差点儿得心脏病了"，这是一种夸张的说法，她没真得病，只是形容自己紧张的程度深，选A。

21. C　女的说"一千。不过今天商场有优惠活动，新品打八折"，可知选C。

22. B　女的说"这次展览是我们出版的一套艺术丛书的重要宣传活动"，可知选B。

23. B　男的说"我不小心踩到了香蕉皮，一下子给滑倒了"，选B。

24. D　男的说"现在汽油的价格真是越来越贵了"，选D。

25. B　他们做的事情的顺序是：打电话——咨询装修——登记结婚——装修新房，选B。

26. D　根据女的的话"除非奇迹发生"，选D。

27. B　根据女的的话"你怎么把牛奶洒到衣服上了"，选B。

28. C　男的问"有什么参考书吗"，女的回答"哪有啊"，意思是没有，选C。

29. C　王明是"国际会议志愿者"，可知他的工作是免费服务，选C。

30. C　李教授在谈论政府的经济政策，所以他的研究领域最可能是C。

31. B　根据"学吉他费用每学期约1500元"，选B。

32. C　根据"小敏……平均每年投资费用约1.6万元"，选C。

33. B　第一句"现在普通家庭的教育支出高得惊人"是这段话的主题句，选B。

34. B　根据"卖西瓜的坐着无聊，也就敲开一个西瓜来吃"，选B。

35. D　根据"卖饼干的吃得快渴死了"，选D。

36. B　如果这四个人能合作，大家一起吃这些东西，就会"又香又辣，酸酸甜甜，味道好极了"，可知选B。

37. C　根据"而不重要的部分会占大部分，即80%"，选C。

38. D　根据"只需要控制这重要的小部分，就可以控制全部"，选D。

39. B　这段话举例用到了销售额、看电视的时间、教师辅导时间、财富和地球资源，选B。

40. C　根据"我嘱咐了他很多遍：'不要黑色的……'"，选C。

41. A　根据"他说：'你一再强调黑的，黑的……于是就一心一意地只找黑色的买。'"选A。

42. C　根据"我很后悔"，选C。

43. B　根据"可能会对你造成压力，长期下来会使你感到十分疲劳"，选B。

44. C　根据"30%的人一上班就出现头疼、背疼、胃疼的病症，一到周末，这些病症就奇迹般地消失了"，选C。

45. D　根据"有一半可能经常头疼、感冒、消化不良，还有可能得肺炎"，选D。

46. B　"可仔细一想"，表示转折，选B。

47. C　根据"不是要我答出一个确定的数字"，找到关联词"不是"，搭配的应是"而是"，选C。

48. D　与"录用通知"搭配的动词应为"收到"，选D。

49. D　与"才华"搭配的动词为"显示"，选D。

50. B　学习技艺是从"不会"到"会"的过程，也就是"掌握"的过程，选B。

51. C　"不料"后面应该是一个转折。根据"谦虚的唐伯虎也渐渐地产生了自满的情绪"可以知道，他以前谦虚，后来自满，可知应选C。

52. C　根据"才发现自己手下的窗户竟是老师沈周的一幅画"和"从此一直专心学画"，可知唐伯虎认识到了自己的错误，所以选C。

53. B　"承担"常常与"责任"搭配，"分享"的常常是"果实、喜悦"等好的事物，"享用"常常与"美食、美酒"搭配，"分担"的常用搭配是"负担"，所以选B。

54. C　"主人把所有的货物都放在马背上"是接着上句的原因说的，选C。

55. C　"我真倒霉"后面的话是驴心里的疑问，选C。

56. D　最后一句话是对故事说明的道理进行的一个总结，说的是强者和弱者之间的关系，选D。

57. B　漱口时用水"反复冲击整个口腔"，说明漱口需要"充分"，选B。

58. C　"挪用"的宾语常是钱款，"引用"的宾语常是话，"利用"的宾语常是工具或外界的力量。这个句子不是"把"字句。所以选C。

59. D　根据后面的"也可以加入少许食盐"，可以知道前一句应是说清水，选D。

60. D　前面说的是一般人应该注意的，后面说"中老年人更应避免"，可见此处应填一个表示"进一步"的副词，所以选D。

61. D　"说真的，减肥真的没必要去饿肚子，何必和自己的身体过意不去呢"，强调的是后半部分，选D。

62. D　根据"但是，即便如此，专家也表示，不能保证百分之百的安全"，选D。

63. D　根据"所以，不管渴不渴都要及时补水"，选D。

64. B　这段话从反面说明家长不明白教育造成的后果，也就是说，应该明白什么是教育，选B。

65. B　这段话说的都是交通事故对澳大利亚政府的困扰，所以排除A、C、D，选B。

66. D　根据"你要分清哪些话是真的有用，哪些话是谎言"，选D。

67. A　2.24米是王强的身高，姚明是篮球运动员，没提到王强和姚明是朋友，文中说王强"饭量惊人"，所以只有A正确。

68. B　这段话的后半部分说的是不同的脸谱有不同的象征意义，选B。

69. D　根据第一句话"内向和外向就像我们的左手和右手，在生活中我们的左手和右手都是必须用到的"，选D。

70. D　偷牛的人不承认自己偷牛，才说自己捡起一条草绳，选D。

71. C　根据"向他请教为人处世之道"，选C。

72. D　这三个故事说的是，不同的情况下付出努力，却有不同的结果，选D。

73. D　根据最后一句话"生活没有一成不变的处世准则，一切都要靠自己去摸索和体会"，选D。

74. D　短文开头说"爱到最高境界就是认同对方的习惯"，选D。

75. C　根据本文，适应了对方的习惯以后，不需要再问"爱是什么"的问题，再问这个问题就是"傻"了。"愚蠢"的同义词是"傻"。选C。

76. C　根据"一个男人习惯了一个女人的任性、撒娇，甚至无理取闹、无事生非，这就是爱"，选C。

77. A　根据最后一段，"爱，有时候就是这么简单、朴素"，选A。

78. C 文中说，诺基亚公司有一百多年历史，排除 A；它的业务很大程度上彼此毫无关联，排除 B；林业加工是它的传统业务，不是现在的主业，排除 D。根据"但诺基亚仍然是芬兰人心中的诺基亚"，选 C。

79. D 根据"诺基亚的主业……紧跟时代的潮流"，选 D。

80. A 根据原文"中年人会说诺基亚是一个家电制造商"，选 A。

81. C 根据"人们能把如此多的业务与同一个诺基亚联系起来，这得益于诺基亚留给了人们一个持久的核心价值：以人为本"，选 C。

82. D 根据第一段第一句话"一个企业该如何始终保持成长并充满活力，诺基亚（NOKIA）公司的发展给了我们很大启示"，选 D。

83. D 文中一开始说他"一事无成"，所以很苦恼，选 D。

84. D 从故事的结尾可以看出智者的目的，选 D。

85. B 根据"回来的时候那壶水已经凉得差不多了"，可知水没烧开，选 B。

86. D 水和柴两样都非常重要——远大的目标和充足的准备是成功的两个必要条件，选 D。

87. D 根据第一段"一个人的生命历程里最能改变人的是什么？金钱？地位？婚姻？健康？不，是时间"，选 D。

88. D 根据"时间里可能遭遇一切，失恋，疾病，磨难，挫折，失落，痛苦……"，选 D。

89. A "摧残"这个词的上下文说的都是痛苦失望的事情，所以它的意思应该是负面的，选 A。

90. C 根据"因为它在漫长的时间里已经麻木，已经感觉不到渐渐来临的危险"，选 C。

91. 本题主要考查的是趋向补语"起来"。"起来"放在动词"想"的后面有结果意义。"终于"是一个副词，应该放在动词前面。所以这个句子应该是：我终于想起来老师的话。

92. 本题主要考查能愿动词"能够"。能愿动词应该放在谓语动词的前面，所以这个句子应该是：经常爬山能够锻炼身体。

93. 本题考查比较句。句子结构是：A 比 B + 形容词 + 多了 / 一点儿。所以这个句子应该是：今天的表演比昨天精彩多了。或者：昨天的表演比今天精彩多了。

94. 本题考查动词"使"。"使"表示"致使"的含义时，后面一定要带兼语句式，不能单独做谓语。所以这个句子应该是：留学生活使她得到了丰富的经验。

95. 本题主要考查被动句。这个句子应该是：自行车被碰倒了。

96. 本题主要考查情态补语。这个句子应该是：小张的英语说得很地道。

97. 本题主要考查"过"在句子中的位置。当一个句子中有两个动词的时候，"过"应该放在第二个动词后面。所以这个句子应该是：我去展览馆看过展览。

98. 本题考查"把"字句。这个句子应该是：请把毕业论文交给老师。

模拟试卷 第2套

听力文本

第一部分

第1到20题，请选出正确答案。现在开始第一题：

1. 女：周三我们开会讨论一下吧。
   男：最好能换个时间，那天我要准备一个报告。
   问：男的是什么意思？

2. 男：你怎么了？好像不太高兴啊！
   女：咳，别提了。我想买一张演唱会的票，可是已经卖完了。
   问：女的是什么语气？

3. 女：经理，您觉得他们公司的这个产品怎么样？
   男：外观很漂亮，广告宣传也很成功。可是功能才是销量的关键。你认为会有人花一千块钱买这么一个摆设吗？
   问：关于这个产品，男的是什么意见？

4. 男：小李，你什么时候能完成这份调研报告？
   女：我得用两个星期调查，一个星期整理数据，最后用一个星期撰写报告。
   问：女的多长时间能完成那个报告？

5. 女：您想要什么主食？水饺、面条还是炒饼？
   男：我晚上一般不吃主食。他们这儿有没有小米粥？
   问：男的是什么意思？

6. 男：李阿姨，天气这么冷，您怎么还出来？可别感冒了！
   女：天气再冷也得去买菜啊，要不晚上吃什么？
   问：女的最可能去哪儿？

7. 女：昨天下午的讲座你去听了吗？
   男：去了，你没去真是太可惜了！那位教授讲得很精彩，我听到了很多独特的观点，对我写毕业论文也有帮助。

问：根据对话，下面哪一项是正确的？

8. 男：考上名牌大学是一件很不容易的事情，祝贺你！
   女：越是名牌大学，竞争就越激烈。我得利用暑假的时间学一些课程，提前作些准备。
   问：女的是什么意思？

9. 女：上次给你开的药，你吃了吗？
   男：吃了，现在胃不疼了，可是肚子又疼了，一天去好几趟卫生间！
   问：关于男的，可以知道什么？

10. 男：这场足球比赛，我们学院一定能赢！
    女：不见得，对手没有我们想的那么差，谁输谁赢还真不好说！
    问：女的是什么意思？

11. 女：平时一个小时就能到的，今天却用了两个小时！
    男：现在是下班的高峰期，今天又是周五。幸亏我们提前动身，要不就赶不上火车了。
    问：根据对话，可以知道什么？

12. 男：王姐，下班以后一起去酒吧喝几杯，怎么样？
    女：瞎想什么呢？咱们还没准备好明天开会要用的材料呢！
    问：他们最可能是什么关系？

13. 女：这么大的商场，怎么就找不到一件让我满意的衣服呢？
    男：快别挑来挑去的了，都逛了一个多小时了，你不累，我都累了。
    问：根据对话，下面哪一项是正确的？

14. 男：马上就要去机场了，再检查检查行李，该带的都带了吗？到了那儿就给我打电话。要注意安全。
    女：知道了，我又不是第一次去国外出差！再说，我们好几个同事一起去呢！
    问：根据对话，可以知道什么？

15. 女：我的电脑速度这么慢，是中病毒了，还是机器太旧了？
    男：都不是，是你安装的程序太多了，我帮你清理一下就好了。
    女：女的的电脑速度为什么慢？

16. 男：昨天给你打了好几个电话，都不通，是不是手机欠费了？

女：哪儿啊，昨天坐公交车的时候叫人偷走了。
问：女的的手机怎么了？

17. 女：小张，你的年纪也不小了，抓紧时间找个合适的女孩儿结婚吧！
    男：这事儿不能着急，等我买得起房的时候再说吧。我刚参加工作，一点儿经济基础也没有，哪个女孩儿会跟我结婚啊？
    问：男的主要是什么意思？

18. 男：这件衣服我要了，在哪儿交钱？
    女：前边右拐就有一个收银台，可以交现金，也可以刷卡。
    问：他们最可能在什么地方？

19. 女：你知道那辆车是什么牌子的吗？我好像从来都没见过。
    男：我整天和车打交道，会有我不知道的汽车品牌吗？
    问：男的最可能是做什么工作的？

20. 男：这家饭馆的酸汤鱼做得最地道了，又辣又酸，来一份尝尝吧。
    女：我平时最喜欢吃辣了，可是这几天胃疼，医生不让我吃辣。
    问：根据对话，可以知道什么？

第二部分

第21到45题，请选出正确答案。现在开始第21题。

21. 女：公司今年的年终晚会定在顺风酒店，行吗？
    男：可以。给他们的经理打个电话，让他们打七折。
    女：咱们跟他们是多年的合作关系，应该没问题。
    男：晚会上发给员工的礼物、奖品什么的，都准备好了吗？
    女：还没有，我们下午就去采购。这是节目单，请您看一下。
    问：根据对话，下面哪一项正确？

22. 男：我买了四点的火车票。从学校去火车站，应该坐哪路公共汽车？
    女：332路，得坐十几站呢。时间很紧张，你还是打车去吧。
    男：打车太贵了，再说，遇上堵车的话，出租车也快不了多少。
    女：对了，从东门出去，往前走三百米，有一个地铁站。
    男：那我就不用担心堵车了。我现在就去。
    问：男的决定怎么去火车站？

23. 女：今天晚上咱们做一个西红柿炒鸡蛋吧。
    男：怎么又吃这个啊？我都吃烦了，就不能换个菜吗？
    女：你不做饭，不知道做饭的辛苦。这个菜好吃、好做又有营养，多好啊！
    男：行了行了，你做什么我就吃什么，行不行？
    女：这还差不多。
    问：根据对话，可以知道什么？

24. 男：你能把《中国文化史》的笔记借给我抄一下吗？
    女：咦？你也选这门课了？我怎么一次都没见到你？
    男：平时不是太忙、没时间吗？
    女：忙什么呀？我看你是在宿舍上网玩儿游戏吧！
    男：别说了，快把笔记借给我吧，下周就期末考试了。
    问：关于男的，下面哪一项是正确的？

25. 女：你的检查结果已经出来了，没有发现什么异常。
    男：那我为什么总是头疼？已经疼了挺长时间了。
    女：头疼的原因很复杂，有的是身体原因，有的跟心理有关系。你是不是工作压力太大了？
    男：最近压力是有点儿大，经常加班，有时做梦还在想工作的事情。
    女：我给你开一些止痛药，缓解一下。回去要多休息，适当放松放松。
    问：根据对话，下面哪一项是正确的？

26. 男：我想租一套两室一厅的房子，你们这儿有合适的房源吗？
    女：附近就有一套，房主把钥匙放在我们这儿了，我们现在就可以带你去看。
    男：房租贵不贵？
    女：不算贵，三千块钱一个月。
    男：这还不贵啊！对不起，让我再考虑考虑。
    问：女的最可能在哪儿工作？

27. 女：喂，你下班了吗？
    男：下班了，快走到咱们楼下了。有什么事吗？
    女：家里没有盐了，你去超市买两袋吧。
    男：好的。你在家忙什么呢？
    女：我把菜都切好了，正准备做米饭呢。
    问：女的让男的做什么？

28. 男：快到暑假了，咱们去海南旅游吧。
    女：去海南？济南的天气还不够热吗？
    男：那就去哈尔滨吧，那儿肯定凉快。
    女：要我说啊，夏天去青岛最舒服了，还可以看看大海、坐坐游轮什么的。
    男：好，就听你的。
    问：暑假他们打算去哪儿？

29. 女：大卫，你有什么爱好？
    男：我的爱好很多，看电影、听音乐、打游戏，还经常去看足球比赛。
    女：我们班的几个男生也很喜欢踢足球，你们可以一起踢比赛。
    男：我只是喜欢"看"比赛而已。
    女：噢，我明白了。
    问：男的的爱好不包括什么？

30. 男：你在网上买过东西吗？
    女：当然买过了。网上的东西种类多、价钱低，还可以送货上门，多好啊！
    男：可我总是担心那些商品的质量没有保证。
    女：不用担心，不满意可以退货嘛！
    男：你帮我注册个账号吧，我也想试一试。
    问：他们在谈论什么？

第 31 到 33 题是根据下面一段话：

　　来自山东的各位朋友，大家下午好！首先，请允许我代表我们南方旅行社，欢迎各位朋友来上海观光旅游。

　　我姓方，大家可以叫我"方导"。这位是我们的司机李师傅。在我市旅游期间，由李师傅和我为大家提供服务，我们感到很荣幸！大家在这儿旅游，可以把两颗心交给我们：一颗是"放心"，交给李师傅，他开车十二年了，没有出过任何事故；另一颗是"开心"，交给我，我会让大家开心地度过这一周。

　　再过二十分钟，就要到达我们要入住的长城大酒店了，这是一家四星级酒店。请大家把身份证准备好，我们要办理入住手续。

　　最后祝大家这次旅游玩儿得开心、吃得满意、住得舒适。谢谢！

31. 说话人现在在哪儿？
32. 说话人为什么让大家把身份证准备好？
33. 说话人是做什么工作的？

第 34 到 36 题是根据下面一段话：

　　从前，有一个人鞋子破了，想买一双新的。他先用尺子量好自己脚的大小，用笔写在一张纸上，然后才进城。他找到一家鞋店，那里各种尺寸的鞋子都有。可是他突然想起来，那张纸忘在家里了，于是回家去拿。等他再到城里的时候，商店已经关门了，他没有买到鞋子。有人问他："你为什么不用脚试试呢？"他回答说："我只相信尺子，不相信自己的脚。"

在现实生活中，有的人思考问题，只从书本出发，不从实际出发。在这种人看来，书上写的就是真理，书上没写的就不是真理。其实，实践才是检验真理的唯一标准。我们从实践中得到的经验，才是更真实可靠的。

34. 那个人把什么忘在家里了？
35. 那个人为什么没有买到鞋？
36. 这段话主要想告诉我们什么？

第37到39题是根据下面一段话：

当您上飞机以后，首先要把座位卡交给空中服务员，请她带领或指引入座。到了座位以后，将行李放在行李架上，大衣或雨伞可交给服务员保管。飞机起飞前后，应系好安全带，不能吸烟。

随着飞机的上升，您的耳朵可能会因为压力而感到不舒服，吃片口香糖可以减少不适的感觉。起飞后，机长会通过广播致欢迎辞，一般用汉语和英语两种语言广播。然后，服务员会告诉您飞机预定到达的时间和注意事项。

飞机上的座位很舒服，可以自己调整角度。座位前有一个袋子，里面放着航班时刻表、塑料袋和几本杂志。服务员还会给您送去免费的食物和饮料。饮料有茶、咖啡、可乐等很多种，但如果您想喝酒，一般需要自己付费购买。

37. 上了飞机以后，要做的第一件事情是什么？
38. 飞机座位前的袋子里面没有什么？
39. 根据这段录音，下面哪一项是正确的？

第40到42题是根据下面一段话：

有一个小偷，每天都偷邻居家的鸡。邻居发现后，告诉他："偷东西是不道德的。你不能再偷了，再偷的话，我们就让警察把你抓起来。"小偷回答说："我也想改掉这个毛病，可是已经习惯了，一下子改不掉。这样吧，以后我每个月只偷一次鸡。"

小偷的话好像挺有道理的。的确，有些事情不能着急，应该慢慢来。但是仔细想一想，事实并非如此。有的人知道吸烟对身体不好，可是已经习惯了，一下子戒不掉，那就每天少抽点儿吧。有的管理者知道公司有问题，一下子解决不了，只好一步一步慢慢来。可是最后会怎样？烟还在抽，问题还是没解决。

聪明的管理者在解决问题时，总是会想着这样一件事：做一个日程，明确问题解决的步骤和期限。日程就是一种计划，只有制订出合理的计划，并严格地执行计划，才能最终解决问题。

40. 被邻居发现后，那个小偷决定以后怎么做？
41. 说话人提到"吸烟"是想说明什么？

42. 这段话告诉我们什么很重要?

第 43 到 45 题是根据下面一段话:

人们一般认为,有选择比没选择好,选择越多越好。但是最近美国的一项研究却发现,选择太多也可能会造成不好的结果。

科学家做了这样一个实验:他们在学校附近的一家食品超市卖巧克力。第一天他们摆出了 6 种巧克力,有 104 位客人停下来试吃,最后购买的有 31 人。第二天,他们摆出了 24 种巧克力,吸引了很多客人来试吃,但最后购买的只有 4 人。

提供的选择太多,采取行动的人反而少了。管理者在考虑公司未来的发展时,也可能会面临多种选择。在听取别人意见的同时,管理者应该有自己的判断和信念,勇敢地作出选择、采取行动。

其实,不同的选择,差别可能并不大,但过多的犹豫会让你错失良机。

43. 美国科学家的研究结论是什么?

44. 第一天有多少客人购买了巧克力?

45. 在考虑公司未来发展时,管理者应该怎么做?

听力考试现在结束。

答 案

一、听 力

第一部分

1. A	2. B	3. D	4. D
5. A	6. A	7. C	8. D
9. A	10. D	11. C	12. D
13. D	14. C	15. C	16. B
17. C	18. C	19. B	20. D

第二部分

21. D	22. C	23. D	24. B
25. A	26. C	27. A	28. C
29. B	30. A	31. C	32. B
33. D	34. D	35. D	36. C
37. B	38. A	39. D	40. C
41. A	42. D	43. C	44. D
45. A			

二、阅 读

第一部分

46. A	47. C	48. B	49. B
50. C	51. A	52. B	53. C
54. A	55. D	56. B	57. B
58. C	59. D	60. A	

第二部分

61. D	62. A	63. B	64. A
65. D	66. A	67. D	68. A
69. D	70. C		

第三部分

71. D	72. C	73. A	74. B
75. C	76. A	77. D	78. B
79. B	80. C	81. D	82. D

83. A	84. C	85. C	86. B
87. A	88. C	89. B	90. C

三、书 写

第一部分

91. 他经常和保险公司打交道。
92. 电脑打印代替手写是一种趋势。
93. 这台机器设计得极其巧妙。
94. 这份合同的部分细节还没确定。
95. 很多大学生正在为工作的问题发愁。
96. 这次治疗的全部费用由公司承担。/ 由公司承担这次治疗的全部费用。
97. 小孩子对什么事情都感到好奇。/ 对什么事情小孩子都感到好奇。
98. 恶劣天气是导致事故发生的主要原因。/ 导致事故发生的主要原因是恶劣天气。

第二部分

（参考答案）

99.
昨天下班的时候，我走得很**匆忙**。快到自己家楼下的时候，才发现钥匙忘在办公室了，**真倒霉**！我给办公室打电话，**幸亏**一位同事在加班，办公室的门没关，我**赶紧**打车回公司拿钥匙。我要记住这个**教训**，以后做事一定要细心。

100.
这个小宝宝太可爱了！我一看就喜欢上他了。他张着小嘴，笑得很开心。是什么让他这么开心呢？看着他笑的样子，我的心情也好了很多。我也想有一个漂亮、可爱的小宝宝，这样的小宝宝会给家庭带来很多欢乐。

答案说明

1. A 根据"最好能换个时间，那天我要准备一个报告"这句话可以知道，男的认为这个时间不合适，应该选 A。

2. B 女的想买演唱会的票，可是已经卖完了，所以她说："咳，别提了。"根据这句话可以知道，女的感到很遗憾，应该选 B。

3. D "你认为会有人花一千块钱买这么一个摆设吗？"这是一个反问句，意思是没有人会买。根据这句话可以知道，男的认为这个产品的销售情况不会太好，答案应该是 D。

4. D 女的用两个星期调查、一个星期整理数据、一个星期撰写报告，一共是四个星期，所以答案是 D。

5. A 男的问："他们这儿有没有小米粥？"说明他想喝小米粥，答案为 A。

6. A 根据"天气再冷也得去买菜啊"这句话，可以知道女的要去买菜，买菜可能去超市，而去医院、电影院、健身房都不可能，所以选 A。

7. C 根据"那位教授讲得很精彩，我听到了很多独特的观点，对我写毕业论文也有帮助"这句话，可以知道男的觉得这个讲座很好，让他很有收获，所以选 C。

8. D 女的考上了名牌大学，但她觉得名牌大学竞争激烈，所以要利用暑假的时间学一些课程，提前为大学学习作些准备。可见 A、B、C 都不对，答案为 D。

9. A 根据"现在胃不疼了，可是肚子又疼了，一天去好几趟卫生间"这句话，可以知道答案是 A。

10. D "不见得"是"不一定"的意思,"谁输谁赢还真不好说",意思是比赛的结果很难确定,所以答案是D。

11. C "要不"的意思是"如果不是这样的话","要不"后面的内容是和事实相反的情况。"要不就赶不上火车了",说明他们赶上火车了。答案是C。

12. D 根据"下班以后""准备好明天开会要用的材料"这些内容可以知道,他们在谈工作的事情,所以最可能是同事。答案是D。

13. D 男的让女的别再挑了,已经逛了一个多小时了,他觉得累了,说明他觉得不耐烦了。答案是D。

14. C 男的提醒女的,要检查行李、到了以后打电话、注意安全,这是在嘱咐女的。答案是C。

15. C 根据"是你安装的程序太多了"这句话,可以知道答案是C。

16. B 根据"昨天坐公交车的时候叫人偷走了"这句话,可以知道答案是B。

17. C 根据"一点儿经济基础也没有,哪个女孩儿会跟我结婚啊"这句话可以知道,男的认为,结婚需要有经济基础。所以答案是C。

18. C 根据"衣服""交钱""收银台"这些信息,可以知道男的是在买衣服,他们最可能在商场。答案是C。

19. B 男的说"我整天和车打交道",四个选项中,只有汽车销售员是经常和车打交道的。所以答案是B。

20. D 男的和女的在饭馆里商量吃什么菜,他们是在点菜,所以答案是D。

21. D 男的和女的在讨论公司年终晚会的地点、要买的东西,还有节目单,所以答案是D。

22. C 女的告诉男的附近有一个地铁站,然后男的说这样自己就不用担心堵车了,现在就去,所以他是决定坐地铁去火车站。答案是C。

23. D 女的想做西红柿炒鸡蛋,男的开始的时候不太愿意,可是最后说"你做什么我就吃什么",可以知道今天晚上他们吃西红柿炒鸡蛋。答案是D。

24. B 男的想借女的的笔记抄一下,他借笔记的原因是"下周就期末考试了",是在为考试作准备,所以答案是B。

25. A 根据"我给你开一些止痛药"这句话,可以知道女的是一位医生,只有医生才能开药。所以答案是A。

26. C 男的要租房子,请女的帮忙,女的说可以带他去看别人的房子。女的在中间起着介绍人的作用,所以她最可能在房屋中介公司工作。答案是C。

27. A 根据女的说的"家里没有盐了,你去超市买两袋吧"这句话,可以知道答案是A。

28. C 女的说"夏天去青岛最舒服了",男的表示同意,所以答案是C。

29. B 大卫只是喜欢"看"比赛,所以踢足球不是他的爱好,答案是B。

30. A 男的开始就问"你在网上买过东西吗",然后女的说网上的东西怎么样,所以他们是在谈论网上购物的问题。答案是A。

31. C 根据"欢迎各位朋友来上海观光旅游"这句话,可以知道答案是C。

32. B 根据"请大家把身份证准备好，我们要办理入住手续"这句话，可以知道答案是 B。

33. D 说话人一开始说自己姓"方"，说大家可以叫他"方导"。从说话的内容来看，都是和旅游有关的，而说话人显然不是游客。所以他的工作应该是导游。答案是 D。

34. D 根据"可是他突然想起来，那张纸忘在家里了"这句话，可以知道答案是 D。

35. D 那个人回家去拿那张纸，等他再到城里的时候，商店已经关门了，所以没有买到鞋。根据这些内容，可以知道答案是 D。

36. C 录音中最后一句话说："我们从实践中得到的经验，才是更真实可靠的"，根据这句话，可以知道答案是 C。

37. B 根据"首先要把座位卡交给空中服务员"这句话，可以知道答案是 B。

38. A 录音中说座位前的袋子里有"航班时刻表、塑料袋和几本杂志"，没有提到雨伞，所以答案是 A。

39. D 录音中说，飞机起飞时，耳朵可能感觉不舒服，可以吃片口香糖；飞机上的广播是用汉语和英语两种语言；服务员会告诉乘客飞机到达的时间；喝酒一般需要自己付费。可见 A、B、C 都是错误的，答案是 D。

40. C 根据小偷说的"以后我每个月只偷一次鸡"这句话，可以知道答案是 C。

41. A 根据"小偷的话好像挺有道理的，……但是仔细想一想，事实并非如此"这几句话可以知道，作者不同意小偷的观点，认为小偷的话没有道理。然后举了戒烟和公司管理的例子，以证明自己的观点。所以答案是 A。

42. D 根据"日程就是一种计划，只有制订出合理的计划，并严格地执行计划，才能最终解决问题"这句话，可以知道答案是 D。

43. C 根据"但是最近美国的一项研究却发现，选择太多也可能会造成不好的结果"这句话，可以知道答案是 C。

44. D 听的时候要注意数字。这段话中提到，第一天"最后购买的有 31 人"。答案是 D。

45. A 根据"管理者在考虑公司未来的发展时，……在听取别人意见的同时，管理者应该有自己的判断和信念，勇敢地作出选择、采取行动"这句话，可以知道答案是 A。

46. A 后面的句子是"在不同的时间询问他们，对自己的寒假生活有什么遗憾"，这是在调查，所以选 A。

47. C "结束"是一个动词，前面应该是一个副词。四个选项里面，最合适的是 C。

48. B "获得快乐"是常用搭配，所以答案是 B。

49. B 分别把四个选项代入句子中，只有用"把"才能成句，即"把草放到屋顶上"。所以选 B。

50. C 通读全文可以知道，文章想说明这样一个道理：容易得到的东西，人们往往不懂得珍惜，不容易得到的东西，人们才会珍惜。同样，把味道不好的草放到地上，牛因为很容易得到，"肯定"不愿意吃。答案是 C。

51. A 前面是在讲"牛"，后面开始说"人们"。这里需要一个转换话题的句子，所以选 A。

52. B 根据后面"有吸引力""宝贵"等词，可以推断这里应该选 B。

53. C 这里的词应该跟前面的"寒冷"相对，所以选 C。

54. A 四个选项都是动词，但只有"安装"能和"电话"搭配，所以选 A。

55. D 根据"我不太理解"这句话，可以知道作者不明白父亲为什么让自己写信，这里用了一个反问句"为什么还要写信呢"。答案是 D。

56. B 听了母亲的话之后，作者才知道父亲的听力不好，可是作者没有注意到，没有理解父亲的心思，所以他应该感到"惭愧"。答案是 B。

57. B "争取"的意思是通过努力、奋斗、斗争等得到自己想要的东西。工人希望减少工作时间，所以"争取"放在这里最合适。答案是 B。

58. C 文章的意思是消费主义兴起后，人们的看法也发生了变化。"随着"的意思是一个变化出现后，接着引出了另外一个变化。所以答案是 C。

59. D "休闲不是幸福"，后面的一句应该告诉我们，什么才是幸福。而且前面提到"消费主义"，后面又提到"多赚钱、多消费"，所以这句话应该和"消费"有关系。可见答案 D 是最合适的。

60. A "贸易"是名词，不能与"跟"搭配。这里说的是"跟家人、朋友"怎么样，"谈判""商量"意思都不合适，最合适的是"交流"。所以答案是 A。

61. D 根据"超过 70% 的中国人对自己的生活不满意"这句话，可以知道大部分中国人对生活不满意，所以答案是 D。

62. A 根据这段话的内容，谈生意的时候，一定要"面对面坐"，这样便于观察，好讨价还价。所以答案 A 是正确的。

63. B 根据"有位老木匠准备退休，老板舍不得他最好的工人走"这句话可以知道，这位老木匠曾是老板最好的工人，所以答案 B 是正确的。

64. A 文中提到，一家公司调查发现，日本经济发展好的时候，多数女性留长发；经济发展不好的时候，多数女性留短发。所以日本女性的发式选择与经济情况有关，答案 A 是正确的。

65. D 根据"让很多人苦恼的是，他们被'两只表'弄得无所适从，不知道应该如何选择"这句话可以知道，在选择面前，很多人不知道该怎么办。"两只表"指代多种选择。答案 D 是正确的。

66. A 这段短文主要是讲周末休息的问题，一方面告诉我们周末应该休息，另一方面也告诉我们周末不应该熬夜。所以，短文的中心意思是"周末应该适当地休息"。答案是 A。

67. D 短文中的小故事告诉我们，坏情绪是怎么样从一个人传染给另一个人的。文中有一句话是主题句：可见，坏情绪是可以传染的。根据这句话，可以知道答案是 D。

68. A 文中提到了"挨家挨户地拜年""聚在一起相互祝贺""发送拜年短信"三种拜年方式，所以答案 A 是正确的。

69. D 文中提到，开始的时候速溶咖啡销量不好，公司改变宣传策略后，速溶咖啡的销量逐年增加，说明宣传策略影响了速溶咖啡的销量。答案是 D。

70. C 根据"北极熊的毛能吸收紫外线，并传送到北极熊的黑色皮肤上。在那里，紫外线的热能就会被吸收"这句话，可以知道北极熊的黑色皮肤可以吸收紫外线中的热能。答案C是正确的。

71. D 文中说，女人叫男人进厨房，男人出来时，手里拿着半个西红柿。从这里我们可以知道，女人让男人去厨房，是想让他吃一块西红柿。答案是D。

72. C 男人说："假如她知道我几年来一直不爱吃她切给我的西红柿，你想，她会不会很失望、很难过？"根据这句话可以知道，男人不告诉女人真相，是不想让女人失望、难过。答案是C。

73. A 男的虽然不爱吃西红柿，但是为了不让妻子失望、难过，每次妻子给他西红柿的时候，他还是表现出很高兴、很喜欢吃的样子，这说明他很爱他的妻子。答案是A。

74. B 这样通过叙事表达一个观点的文章，一般是在最后说明文章的主要观点。根据"一起生活久了，爱情的表达就变成一些细小的生活习惯"和"千万不要拒绝，因为你拒绝的，已经不是一个动作，而是爱情"这两句话可以知道，文章想告诉我们的是：不要拒绝爱情的表达。答案是B。

75. C 根据"单位今年效益很好，赚了很多钱""领导很想为大家花点儿钱，买点儿东西"这两句话可以知道，领导决定买笔记本电脑的原因是C。

76. A "领导想了很久，大家也想了很久"，最后"想到了一块儿"。不同的人分别想问题，最后的想法却是一样，所以"不约而同"的意思应该是A。

77. D 根据"作为办公工具，真正方便的，还是台式电脑。不少长期用电脑办公的人都有体会，如果一天八个小时用笔记本电脑办公，人会觉得很累"这段话，可以知道办公用台式电脑更方便，用笔记本电脑时间长了会感觉累。所以答案是D。

78. B 文章结尾的话是想告诉我们的道理："生活中，我们想要的东西很多，但当你真正拥有了之后，你会发现，那并不是你真正需要的，而且要为此付出很大的代价。"这段话的意思是，我们想要的东西不一定是我们真正需要的。答案是B。

79. B 根据"童达很聪明，经常提出一些好的建议"这句话，可以知道答案是B。

80. C 车开进泥坑里，他们推不出来。童达找来几个农民，让他们帮着把车推出来。童达想办法解决了问题，使总经理能顺利地去谈业务，所以总经理表扬他。答案是C。

81. D 根据"童达回去后，发动自己的下属，对公司的管理提出意见和建议，他再进行分析、筛选、综合，整理之后形成一份管理条例，交给了总经理"这段话，可以知道答案是D。

82. D 文中说，"童达不但自己有能力，而且会借用别人的力量和智慧，而这是一个领导必须具备的"。从这里我们可以知道，文章认为，好的领导应该会借用别人的力量和智慧。答案是D。

83. A 根据"《水经注》里提到的'旅人桥'，大约建成于公元282年，是有记载的最早的石拱桥"这句话可以知道，"旅人桥"是中国最早的石拱桥。答案是A。

84. C 根据"桥洞不是普通半圆形，而是像一张弓，因而大拱上面的道路比较平坦，便于车马上下"这句话，可以知道答案是C。

85. C 根据"全桥只有一个大拱,长达37.4米"这句话,可以知道答案是C。

86. B 关于两个小拱的作用,文中提到了节约石料、减轻桥身重量、减轻洪水对桥身的冲击、使桥身更加美观等,没有提到"坚固耐用"的问题。所以答案是B。

87. A 于先生算了一笔账,开车去北京要5个多小时,用油40-50公升,另加180元高速费;而坐动车,只要3个半小时,152元。可以知道,他选择坐动车去北京,是因为他觉得坐动车省钱、省时间。答案是A。

88. C 根据"到处都是人山人海,通往各景区的道路堵车不说,停车更是一'位'难求"这句话可以知道,北京人很多,去景区的道路会堵车,而且很难找到停车位。答案是C。

89. B 文中说,济南的窦小姐参加了某论坛组织的蒙阴一日游。"蒙阴"是地名,"一日"是一天的意思。由此可知,窦小姐去蒙阴游玩了一天。答案是B。

90. C 最后一段说,自驾游者认为,"车轮是我们的'脚',后备箱是我们的'背包'……坐火车有这么听话的'脚'、这么大的'背包'吗?"这句话的意思是,自己开车出去旅游,想去哪儿就去哪儿,而且可以带很多东西,比较自由、方便。答案是C。

91. "和……打交道"是固定搭配。"经常"是副词,放在介词"和"的前边。这个句子应该是:他经常和保险公司打交道。

92. "一种"是数量词,后面应该跟名词"趋势",前面可以加动词"是"。"代替"是动词,一般说"A 代替 B"。现在人们更多地用电脑打印,而不是手写。这个句子应该是:电脑打印代替手写是一种趋势。

93. "S+V+ 得 +Adj."是一个句型。"极其"是副词,应该放在形容词"巧妙"的前边。这个句子应该是:这台机器设计得极其巧妙。

94. "的"的后面应该是名词,前面需要定语,应该是"这份合同的部分细节"。这个句子应该是:这份合同的部分细节还没确定。

95. "为……发愁"是固定搭配。"很多大学生"是主语。"工作的问题"是"发愁"的原因。"正在"是副词,应该放在介词"为"的前边。这个句子应该是:很多大学生正在为工作的问题发愁。

96. 这道题考查介词"由"。一般说"主语+由+ S+V""由+ S+V+宾语","由"引出施事的主体。"的"的后边应该是名词"费用"。这个句子应该是:这次治疗的全部费用由公司承担。或者:由公司承担这次治疗的全部费用。

97. "对……感到好奇"是固定搭配。这个句子应该是:小孩子对什么事情都感到好奇。或者:对什么事情小孩子都感到好奇。

98. "的"后边应该接名词"原因"。给出的五个词语中,只有"是"可以在句子中充当谓语动词。这个句子应该是:恶劣天气是导致事故发生的主要原因。或者:导致事故发生的主要原因是恶劣天气。

模拟试卷 第3套

听力文本

第一部分

第1到20题，请选出正确答案。现在开始第1题：

1. 男：哎，你们单位那个小王长得不错，什么时候你给我俩介绍一下？
   女：别想美事了！人家已经名花有主了，再说，你个子这么矮，绝对没希望的。
   问：通过对话，我们可以知道什么？

2. 男：你说这孩子！今天简直要把我气死了，我说的他一句也不听。
   女：跟孩子生这么大的气，不至于吧。你也是，整天对他都那么不耐烦，他能听你的吗？再说，也不能什么事都让孩子听你的呀，你是不是也得听听他的想法？
   问：女的是什么意思？

3. 女：昨天你们去机场，还顺利吧？
   男：别提了，我们怕迟到，提前三个小时就出发了，可一路上净堵车，害得我们差一点儿没赶上12点的航班，换登机牌时已经很晚了。
   问：男的他们是什么时候出发的？

4. 男：咱们今天出去吃吧，我有点儿累了，不想做了。
   女：好啊。我们同事新给我推荐了一家烤鱼馆，据说是家百年老店，远近闻名，味道特别地道，去晚了都排不上队。
   问：根据对话，下面哪一项说法是正确的？

5. 女：我可是你们这儿的常客了。怎么样？包含酒水在内，给打个八折吧。
   男：没问题！我给您办理一张贵宾卡，以后每次来都打八折，怎么样？您要是吃得满意，也给我们宣传宣传吧。
   问：这段对话最有可能发生在什么地方？

6. 女：你们怎么老是有同学聚会呀？这次可不可以带家属啊？
   男：我也不清楚。怎么？你也想参加我们的活动？你觉得跟我的同学在一起会有意思吗？
   问：他们最有可能是什么关系？

7. 男：你非去那个公司不可吗？我怎么觉得这样做很不保险啊？
   女：哪里不保险了？你别瞎操心了！谁不想找个好工作呀？既轻松又能挣钱的公司，你会拒绝吗？
   问：根据对话，我们可以知道什么？

8. 男：孩子，你这么小就知道不自私，什么事都为别人考虑，你的父母肯定很为你感到自豪。
   女：您过奖了，这没什么，我应该做的。
   问：关于女的，下面哪一项正确？

9. 男：现代人的生活节奏太快，工作压力也越来越大了，真让人受不了。
   女：唉，谁说不是呢？我有同感。
   问：对于男的所说的观点，女的是什么态度？

10. 男：怎么样，报上名了吗？
    女：没有，我想换一家问问。这里太慢了，现在报上名，下个月才能递体检表，再下个月才考理论，等到上车练习，恐怕得到冬天了。
    问：女的打算做什么？

11. 男：你看这件红毛衣怎么样？那件绿的咱孩子穿也行。你觉得呢？哎，怎么不参与意见？
    女：别急，我这不正看呢嘛！我看黑的也凑合，不过，怎么看，这几种都比不上白的好看。
    问：女的认为哪件最好？

12. 女：李莉的新房别提多漂亮了！看得我都动了结婚的念头了。你们要不要也去参观参观？
    男：啊？不会吧？已经布置好了？
    问：男的原来是怎么认为的？

13. 男：你这件衣服真不错，是新买的吧？多少钱？
    女：我买的时候正赶上打五折，我买了三件，一共才花了300块。
    问：衣服原价是多少？

14. 男：你说，这件事如果主任不同意，可怎么办呢？
    女：现在生米煮成了熟饭，他一个人反对又有什么用！
    问：女的是什么意思？

15. 男：小李今天脾气不太顺啊，怎么，他发脾气是不是因为失恋了？
    女：嗯，八九不离十吧。
    问：从对话中我们可以知道什么？

- 200 -

16. 女：这活儿真麻烦，怎么干都干不完。
    男：我很快就可以把它弄完。谁像你，几天也拿不下来。
    问：男的是什么态度？

17. 女：小李最近怎么了？整天也看不见他的人影儿啊。
    男：你不知道吗？他正准备考博士呢，平时只要不上班，就去图书馆充电。
    问：关于小李，我们可以知道什么？

18. 男：小刘，来，看我这辆"宝来"怎么样。
    女：呵！老王，你这"宝来"够豪华的。只是这颜色嘛，你开是不是有点儿太艳了？
    问：他们谈论的最有可能是什么？

19. 女：师傅，我有急事，能再开快点儿吗？
    男：再开快点儿？你没见这儿车这么多，路又不宽，怎么快得起来啊？
    问：对话最有可能发生在什么地方？

20. 女：咱单位新来的小张不但年轻能干，而且还是从海外学成回来的高材生呢。
    男：哦，怪不得她那么受领导重视。
    问：关于小张，我们可以知道什么？

第二部分

第21到45题，请选出正确答案。现在开始第21题：

21. 男：您看，这孩子给您添了这么多麻烦，真是太过意不去了。
    女：你这样说就太见外了。在教育学生方面，我当然是有责任的。今天叫你来，主要是他最近的表现不太好，其实平时这种情况倒不是经常发生的。
    男：您费心了，回家后我好好地说说他。
    女：千万别急，耐心一些比较好。
    问：女的最有可能是做什么工作的？

22. 男：听说你去学车了。怎么样？车本什么时候能拿到？
    女：已经拿到了。
    男：是吗？挺快的，祝贺你！什么时候买车呀？
    女：这倒还没想呢。自己买车，本来是为了节省时间，可现在交通这么拥挤，整天堵车，反倒更浪费时间了。
    问：关于女的，可以知道什么？

23. 男：你说向你妈妈借钱，是不是说你还得还哪？
    女：那当然啦。
    男：我怎么觉得你妈特小气啊，她应该给你钱，而不是借给你钱啊。
    女：你怎么能这么想呢？我妈不给我钱，并不是因为她小气，这只是她让我独立的一部分。
    问：从对话中我们可以知道什么？

24. 男：今天感觉怎么样？有没有好一点儿？
    女：打了两天针以后，感觉头疼得不那么厉害了，可是还有些咳嗽和打喷嚏。
    男：你想继续打针还是吃点儿药？
    女：您看着办吧，我都行。
    男：那好，你别打针了，我给你开几副中药喝喝吧，调理一下。
    女：好的，谢谢！
    问：根据对话，下面哪种说法正确？

25. 女：你经常去中国各地游览，有什么经验可以介绍一下？
    男：经验谈不上，不过可以说说我的体会。
    女：那也好啊，说来听听。
    男：我觉得旅游中，开销最大的一项是交通费用，所以如果时间充足，坐火车硬卧最合适，既比飞机便宜很多，又节省住宿费用，还能增添旅途乐趣。
    问：关于男的，我们可以知道什么？

26. 女：听说明天学校要放一天假，为什么？
    男：看来你刚来中国，还不太了解。其实我也是听中国朋友说的，明天是端午节，是中国的一个传统节日。
    女：端午节？是个什么样的节日？有什么风俗习惯吗？
    男：好像是为了纪念一个叫屈原的历史人物，在这一天，人们要吃粽子、赛龙舟什么的，挺有意思的。
    问：根据对话，下面哪个说法正确？

27. 男：怎么了？谁惹你了？脸色这么不好。
    女：还不是李丽！她怎么这么讨厌啊，老是跟我对着干！
    男：跟你说过多少遍了，你怎么就是不听！你想让别人对你好，你得先对别人好。如果你想快乐地工作和生活，就应该先学会让他人快乐。
    女：这道理我也明白，可到时候就忍不住要发火儿。
    问：女的最有可能怎么了？

28. 男：我昨天第一次看到你的同屋，感觉她不太喜欢说话，是吧？
    女：你看得还挺准的！我同屋学习非常刻苦，除了学习，她什么都不喜欢：不喜欢穿漂亮的衣服，不喜欢逛街，不喜欢看电影。
    男：那不是和你正好相反吗？
    女：可不是！真惭愧，我要是像她那样就好了。
    问：女的的同屋怎么样？

29. 女：哎呀，这是你的小狗吗？真漂亮！
    男：是朋友的，他出差在外，托我帮他照顾几天。
    女：照顾它挺麻烦的吧？
    男：还行吧，它的饭不用现做，去超市买现成的狗粮就行，只是每天要带它出来遛遛。
    问：关于男的，下面哪种说法正确？

30. 男：乖，听话，明天还得早点儿起床去上学呢。
    女：不嘛，你说给我讲故事的，讲完我再睡。
    男：今天累了，爸爸明天给你讲，好吧？
    女：不行，大人不能说话不算数！
    男：好吧，好吧，真拿你没办法。
    问：男的一会儿最有可能要干什么？

第31到33题是根据下面一段话：
    现代社会中，压力虽然是看不到、摸不着的，但每个在职场工作的人都能感受到压力的存在。压力是工作本身、人际关系、环境因素给我们造成的一种紧张感。虽然说人没有压力可以感觉轻松自在，但是据科学研究发现，适当的压力对人来说还是有一定好处的，它可以让人们更加努力和上进，从而让人们感受到充实和愉快。
    31. 这段话主要谈论什么？
    32. 关于压力的来源，录音中没有提到哪一项？
    33. 下面哪一项是说压力的好处？

第34到36题是根据下面一段话：
    亲爱的顾客朋友，早上好！欢迎光临乐家超市。今天是5月4日，星期三。我们今天的营业刚刚开始。本店营业时间为早上8点至晚上9点30分。本超市一楼主要经营的商品有生鲜、散装食品、熟食、面点、调味品、文具、化妆品、家用小电器等；二楼主要经营洗涤日用品、音像制品、服装、皮具、箱包、床上用品等。欢迎广大顾客朋友前来选购，我们将以最亲切、最真挚的服务来满足您的需求。谢谢！
    34. 这段话最有可能出现在什么地方？

35. 这家超市一共有几层？
36. 下面哪种商品不属于一楼的经营范围？

第 37 到 39 题是根据下面一段话：

我现在还会常常幻想，如果年轻五岁，我会辞掉工作，去周游世界，我会尝试与现在完全不同的工作，也许我会换个城市或者国家生活一阵子。

可是，如果现在让我放弃这个很多人眼中的金饭碗，天知道有多难！而且，又有谁能保证，如果年轻五岁，我一定不会像现在一样，依然是希望通过金证书考试，然后在职场中无往不利，一帆风顺？

37. "我"现在的情况如何？
38. "我"常幻想如果年轻五岁会怎么样？
39. 根据这段话，可以知道下面哪一项是正确的？

第 40 到 42 题是根据下面一段话：

古代有一个画家，画画儿往往很随意，让人搞不清他画的究竟是什么。一天，他刚画完一个老虎的头，这时，有人来请他画一匹马，他就随手在虎头后画上了马的身子。来的人问他画的是马还是虎，他随便回答说："马马虎虎！"他的大儿子见了，问他画的是什么，他随口说是虎；小儿子问他，他却回答说是马。

不久，他的大儿子去打猎，把别人的马当成老虎射死了，画家不得不赔给马主人很多钱。他的小儿子出去，碰上了老虎，却以为是马，想去骑，结果被老虎吃了。

从那以后，这个画家对任何事都不敢再有丝毫的怠慢了。后来人们就用"马虎"这个词来形容做事不认真、粗心大意。

40. 根据录音可以知道这个画家怎么样？
41. 下面哪个说法是正确的？
42. 这个故事主要说明什么？

第 43 到 45 题是根据下面一段话：

大熊猫在地球上出现的时间几乎与人类相同。最早的时候，大熊猫主要生活在中国长江南北、长城以南等地区，活动范围相当广泛。后来，随着人类进化的速度加快，大熊猫生活所需要的大片大片的竹林都被人类破坏了，大熊猫活动的范围越来越小，最后退到四川、甘肃、陕西三省比较偏僻的高山上。和它的兴旺时期相比，其体形已大大缩小。

43. 兴旺时期的大熊猫怎么样？
44. 大熊猫在哪一点上与人类相同？
45. 目前哪个省可能没有大熊猫？

听力考试现在结束。

答 案

一、听力

第一部分

1. C	2. B	3. C	4. D
5. A	6. C	7. A	8. B
9. A	10. B	11. D	12. D
13. B	14. B	15. C	16. B
17. A	18. D	19. A	20. D

第二部分

21. D	22. C	23. D	24. B
25. C	26. C	27. D	28. D
29. B	30. A	31. A	32. D
33. B	34. C	35. B	36. C
37. D	38. C	39. A	40. C
41. A	42. D	43. B	44. C
45. A			

二、阅读

第一部分

46. C	47. B	48. D	49. B
50. C	51. C	52. A	53. A
54. D	55. B	56. D	57. B
58. A	59. C	60. C	

第二部分

61. C	62. B	63. A	64. C
65. A	66. B	67. D	68. D
69. C	70. D		

第三部分

71. D	72. C	73. B	74. B
75. A	76. B	77. C	78. A
79. C	80. B	81. C	82. D
83. A	84. C	85. C	86. D
87. D	88. C	89. D	90. C

三、书写

第一部分

91. 电影院营业到九点。

92. 这是一篇经典的神话故事。

93. 是否能把提纲快点儿交上？/ 是否能快点儿把提纲交上？

94. 教授表扬学生研究方法独特。

95. 他提的问题相当尖锐。

96. 你怎么不事先跟我说一声？/ 你怎么事先不跟我说一声？

97. 电视台迫切需要摄影人才。

98. 他发挥得非常出色。

第二部分

（参考答案）

99.

　　星期六，同学们约定每个人带一个自己做得最好的菜去公共厨房聚餐。同学们尝我的菜时，都不好意思说难吃，还是**尽量**吃了下去。我做的是白菜炒肉。菜快炒好的时候，我想起中国朋友告诉我说最后放点儿**醋**更好吃。可我太**粗心**了，把**酱油**当成了**醋**。希望他们不会因此**看不起**我。

100.

　　羽毛球是中国人最喜欢的体育运动之一。每天早饭前、晚饭后，在公园里可以看到很多人打羽毛球锻炼身体。我最好的中国朋友李军也特别喜欢打羽毛球，他是个羽毛球高手。最近我正在跟他学打羽毛球，希望我的水平会越来越高。

答案说明

1. C "名花有主"指女的有了男朋友或丈夫，所以答案 C 正确。

2. B 对话中说"跟孩子生这么大的气，不至于吧"，意思是没必要这么生气。答案为 B。

3. C 航班是 12 点的，他们提前 3 个小时出发，所以应该是 9 点。C 正确。

4. D "百年老店，远近闻名"说的是烤鱼馆历史很长，很有名。选 D。

5. A 从"酒水""吃得满意"等信息可以得知对话发生在饭店。选 A。

6. C "家属"指的是家里的亲人。女的问男的"可不可以带家属"，男的问"你也想参加我们的活动"，可以知道女的是男的的家属。答案中只有"夫妻"符合，选 C。

7. A 女的认为这个公司的工作"既轻松又能挣钱"，她很想去。选 A。

8. B 从男的夸女的"你这么小就知道不自私，什么事都为别人考虑"可以得知，女的不是自私的人。B 正确。

9. A 听了男的说的话，女的说"有同感"，说明她的态度是赞成。选 A。

10. B 从对话中女的说"报名""体检""考理论""上车练习"等信息可以知道她打算学车。所以选 B。

11. D 女的说"这几种都比不上白的好看"，可以知道她认为白的最好。答案是 D。

12. D 男的说"啊？不会吧？已经布置好了？"是吃惊的语气，表明他原来认为新房还没收拾好。所以选 D。

13. B 三件同样价钱的衣服五折以后一共 300 元，那么这种衣服原价应该是每件 200 元。答案是 B。

14. B "生米煮成了熟饭"是个熟语，意思是事情已经做完了，没法改变了。女的认为"他一个人反对"没用，所以答案 B 正确。

15. C "八九不离十"是个熟语，指猜的和事实差不多。所以对话中男的猜小李发脾气是因为失恋，猜对了。答案是 C。

16. B 男的说"谁像你，几天也拿不下来"，是对女的的否定。所以选 B。

17. A "深造"是指继续学习，提高水平。小李准备考博士，在充电，可以知道他"准备继续深造"。答案是 A。

18. D 从对话中"这辆宝来""豪华""开"等词语可知他们最有可能在谈论汽车。

19. A 从对话中"开快点儿""车多""路不宽"等信息可以得知，对话最有可能发生在公路上。

20. D 男的听女的介绍完小张后说"怪不得她那么受领导重视"，说明他不再奇怪，知道了小张受重视的原因。因此答案 D 正确。

21. D 对话中女的说自己在"教育学生方面""有责任"，并叫男的来，男的为此很感谢，这说明女的是老师。答案是 D。

22. C "车本"就是驾驶证。女的已经拿到车本了，说明她有驾驶证了，但还没想什么时候买车。答案是 C。

23. D　男的认为女的向妈妈借钱不用还，女的反问"你怎么能这么想呢"，表示反对，可见双方观点不同。答案选 D。

24. B　这段对话说的是在医院看病的场景。从对话内容可知男的是大夫，并且他说"我给你开几副中药喝喝"，可知他应该学过中医。所以 B 正确。

25. C　从对话内容可知，男的经常去各地旅游，他觉得坐火车最合适，因此答案 C 是对的。

26. C　从男的说的"我也是听中国朋友说的"这句话，可知男的不是中国学生。从他对端午节的了解来看，他对中国的文化比较感兴趣。答案为 C。

27. D　女的脸色不好，是因为她觉得李丽老是跟她对着干，男的在告诉她应该处理好和他人的关系。可知答案 D 是正确的。

28. D　对话中女的谈到同屋刻苦学习、不爱说话、不喜欢逛街等等，和她正相反。所以答案为 D。

29. B　男的说他朋友出差，他要帮朋友去遛狗。"遛狗"的意思是带狗出去散步。所以答案 B 是对的。

30. A　女的是男的的孩子，她非要爸爸讲故事才睡觉，男的说拿她没办法，因此男的一会儿最有可能要给女儿讲故事。答案是 A。

31. A　从"但是据科学研究发现"开始到最后，是这段话的中心，说的是"适当的压力对人来说还是有一定好处的"。

32. D　关于压力的来源，录音中提到了"工作本身、人际关系、环境因素"等，没有提到答案 D "人们自身"。

33. B　录音中谈到压力的好处是"可以让人们更加努力和上进"，因此答案 B 正确。

34. C　这段话是关于超市的一个介绍，应该是在超市的广播里播放的，所以答案是 C。

35. B　这段话中具体介绍了超市每层的商品种类，一共介绍了两层楼，说明这个超市一共有两层。

36. C　根据这段话，服装在二楼卖，不属于一楼的经营范围，所以选 C。

37. D　从录音中"如果现在让我放弃这个很多人眼中的金饭碗"一句可以知道，"我"的工作是"金饭碗"（"金饭碗"比喻既稳定，收入又高的工作），当然让很多人羡慕。选 D。

38. C　这段话开头说到如果年轻五岁，"我"会换个工作，可能换个地方生活，所以答案 C 是对的。

39. A　从录音中可知，"我"幻想的事情都不可能实现，因为幻想和现实差别很大，所以答案 A 正确。

40. C　短文第一句话就说，这个画家"画画儿往往很随意"，回答孩子问题的时候也很随意，因此可以知道答案 C 是正确的。

41. A　根据大儿子的经历可知，答案 A "大儿子把马当成了虎"正确。

42. D　这个故事讲的是，一个画家因为画画儿随意而导致两个孩子中一个孩子把马当成虎射死、另一个孩子被老虎吃掉的结果，这也是"马虎"一词的由来。选 D。

43. B　根据录音最后一句话"和它的兴旺时期相比，其体形已大大缩小"，可以知道答案 B 正确。

44. C 录音中第一句话就说"大熊猫几乎与人类同时出现于地球上",由此可知,大熊猫与人类相同的是"出现时期"。选 C。

45. A 录音中说,大熊猫已经"退到四川、甘肃、陕西三省比较偏僻的高山上",所以 A 山东省没有大熊猫。

46. C "接着"表示两个动作时间上的接续,选 C。

47. B "不耐烦"表示失去耐心,选 B。

48. D 狼听到要把自己杀死煮了吃,感到害怕,选 D。

49. B "难道……吗"为反问句。这个反问句的意思是他真的很傻,选 B。

50. C "果然"表示事实与先前的想法或说法一致,选 C。

51. C "拍肩膀"是固定搭配,选 C。

52. A 老人在揭示孩子的秘密,所以用"神秘",选 A。

53. A 给某人什么称呼,口语中用"叫",书面语用"称",选 A。

54. D "据说"表示"听大家说,听别人说",选 D。

55. B "之所以……,是因为……"是因果关系的一种固定搭配,选 B。

56. D 最后一个大句子的意思为"做了坏事的人都应被惩罚",选 D。

57. B 评价所吃的东西,可从"营养"和"美味"两方面评价,选 B。

58. A 人体不能消化玻璃和石头,它们不能被人体"吸收",选 A。

59. C 与后句中"解释"句意相关的为 C。

60. C "科学道理"呼应前句中的"解释",选 C。

61. C 根据"这个'福'字总是倒着贴的",选 C。

62. B 根据"比此前预计的数量多1.6亿",选 B。

63. A 根据"比如中国结、剪纸已经成了中国文化的代表",选 A。

64. C 根据"引发压力的根本原因是人的性格问题。性格抑郁的人在一定的外界作用下……",选 C。

65. A 根据"……将十分有利于信息技术的研究和发展",选 A。

66. B 根据"睡眠相当于我们人体的能源供应过程",选 B。

67. D 这段话的作者认为,企业不会错过一个人才,所以有能力的毕业生会得到高工资,选 D。

68. D 文中说,珍惜你爱的人,不要轻易伤害他/她,选 D。

69. C 科学家一听画家为他画像是为了挣钱,便改变主意决定帮助他,选 C。

70. D 这段话主要谈的是电子产品的好处和危害,选 D。

71. D 文中第一段说扁鹊对国王说"我发现您的皮肤有病",选 D。

72. C 第四段中说"现在国王的病已经到骨髓了,我也没有办法了",所以扁鹊转头就走。选 C。

73. B 蔡桓公一开始不相信扁鹊的诊断,最后派人找扁鹊为自己治病,表明他相信扁鹊了,选 B。

74. B 蔡桓公因为不能正视自己的疾病,最后失去了生命。这个故事告诉我们,应该正视自己的缺点,并及时改正。选 B。

75. A "有声有色"在第一段中的意思是青年将公司经营得很好,生意很红火。选 A。

76. B 外商当即签合同的原因是看到青年饭后打包,不浪费食物,懂得节约。选 B。

77. C 听到青年母亲的教育,"一旁的老板眼里渗出亮亮的液体","液体"指眼泪,可知老板被感动了。选 C。

78. A 第二段的主要意思是,受过贫穷的人会知道珍惜和努力,选 A。

79. C 根据"孩子第一次系鞋带的时候打了个死结",可知选 C。

80. B 专家的建议隐含的意思是,孩子什么也不会做,只能让母亲照顾,可以看出母亲的教育很失败。选 B。

81. C 根据第一段"一位母亲为她的孩子伤透了心",可知选 C。

82. D 根据最后一段,被父母过分保护的孩子"失去了长大成人的权利",可知选 D。

83. A 第一段中说,伊凡"出于兴趣,还在学习弹钢琴",可知他的爱好是弹钢琴,选 A。

84. C 根据第二段"当伊凡脱掉上衣之后,他的身上确实可以吸附一些金属物质",可知选 C。

85. C 根据第三段"病人会感到一股强烈的热流,随后病痛就减轻了",可知选 C。

86. D 本文主要介绍男孩伊凡可以吸引金属物质并治疗疼痛,很神奇,应选 D。

87. D 根据第一段"其实喝完酒之后比平常更愿意开车",可知选 D。

88. C 老鼠喝了酒要主动找猫,连猫都不怕了。说明喝了酒的人也不怕开快车,应选 C。

89. D 第三段说,"'酒文化'带来的这种想法是很可怕的",越是喝得多,就越是什么都不怕,所以说是不实际,可知选 D。

90. C 本文开始时说"我从很久前就开始思考这么一个问题:酒后开车为什么禁止不了",应选 C。

91. "到"可以做结果补语。"营业"是动词。句子应该是:电影院营业到九点。

92. 多重定语的顺序为:数量词 + 修饰形容词 + 中心语。本句的中心语为"神话故事",所以句子应该是:这是一篇经典的神话故事。

93. 本题考查"把"字句的语序:能愿动词 + 把 + 宾语 +V+ 补语。所以句子应该是:是否能把提纲快点儿交上? 或者:是否能快点儿把提纲交上?

94. 本题考查兼语句。"学生"为"表扬"的宾语,又是"研究方法独特"的主语,所以句子应该是:教授表扬学生研究方法独特。

95. 句子的主语部分是"他提的问题",主语中动词修饰名词。谓语由形容词"尖锐"充当。所以句子应该是:他提的问题相当尖锐。

96. 本题考查固定搭配"跟 + 宾语 +V"、反问句语序和数量补语("说一声")。句子应该是:你怎么不事先跟我说一声? 或者:你怎么事先不跟我说一声?

97. 本题句子结构比较简单,为"主语 +V+ 宾语",只要认识这些词,就可做对。句子是:电视台迫切需要摄影人才。

98. 本题考查状态补语的语序,为"主语 +V+ 得 + 补语"。句子应该是:他发挥得非常出色。

模拟试卷 第4套

听力文本

第一部分

第1到20题，请选出正确答案。现在开始第1题：

1. 女：服务员，请问卫生间在哪儿？
   男：出房间左转，一直走，过了柜台右转就是了。
   问：卫生间在哪儿？

2. 男：114吗？请帮忙查一下彩虹饭店光明路店的电话，不是建设路总店的。
   女：好的。请记录，88667521。
   问：男的在查哪里的电话？

3. 女：我们单位的人才竞争很激烈，大家的心理压力都很大。
   男：看开点儿吧，工作也不是生活的全部，过得开心快乐最重要。
   问：男的主要是什么观点？

4. 男：您好！请出示您的驾驶执照。
   女：对不起，我是新手，不小心闯了红灯。这是我的驾照。
   问：关于女的，可以知道什么？

5. 女：张经理在办公室吗？
   男：我刚找他签完字，应该在。哦，对了，他九点有个会，说不定现在去会议室了。
   问：张经理马上要干什么？

6. 男：您请留步吧。
   女：这是给您家人带的小点心，我亲手做的，请尝尝。慢走。
   问：女的在干什么？

7. 女：那边有个山洞，咱们过去看看。
   男：快走，我身上出的汗都像下雨一样了，洞里边一定很凉快。
   问：对话最可能发生在什么时候？

8. 男：尝尝我买的饼干，进口的。
   女：进口饼干有什么好的？运输时间那么长，肯定不新鲜了。你看，这饼干都碎了吧。
   问：关于男的买的饼干，可以知道什么？

9. 女：我听说王林一直追求李丽，成功了吗？
   男：你这消息也太落后了，他俩都谈了一年了，不过现在吹了，只是普通同事了。
   问：王林和李丽现在是什么关系？

10. 男：这次世界滑冰邀请赛女子单人滑谁得了冠军？
    女：是个美国运动员，叫关颖珊。一听这名字就知道是个华裔。
    问：关于关颖珊，可以知道什么？

11. 女：千万不要用你的生日当信用卡密码，这样很容易被别人猜到。
    男：那怎么办？别的号码我都记不住啊！
    问：关于男的的信用卡，可以知道什么？

12. 男：有请二号女嘉宾上场。
    女：大家好！我叫秦蓉蓉，北京人。很高兴来参加这个节目。
    问：男的可能是什么人？

13. 女：王大夫，这次多亏您帮我，把我从死亡线上拉了回来。
    男：救人是我们的天职，再说你的病也没有想象的那么严重。
    问：女的是什么语气？

14. 男：小王新买了一辆摩托车，看得我心里也痒痒的。
    女：打住！就你那点儿工资，给儿子交幼儿园学费都不够，还是别想好事了。
    问：从对话中可以知道什么？

15. 女：昨天请老王一家是你结的账，得花四五百吧？
    男：四五百可不止，那家饭店挺豪华的。
    问：男的请客花了多少钱？

16. 男：我觉得应该先调查一下市场情况，然后再讨论我们的生产计划。
    女：就是嘛，不了解市场需求，计划也是瞎计划。
    问：女的是什么意思？

17. 女：你和公司签劳动合同了吗？
    男：签了。其实签不签都无所谓，我也就准备临时在那儿干两天。
    问：男的是什么意思？

18. 男：小李头脑灵活，特会处理人际关系，领导都很喜欢他。
    女：他也太灵活了吧。前天我还看见他给王经理送礼呢。
    问：女的对小李是什么态度？

19. 女：我和别人闹矛盾，我爱人不但不帮我，反倒替别人说话，哪有他这样的！
    男：他不也是想大事化小，小事化了嘛。
    问：男的在干什么？

20. 男：我把儿子申请留学的事委托给老张了，他说自己有经验，一定能给我办成！
    女：未必，老张那个人我太了解了，做任何事都谈报酬、讲条件，你怎么能相信他呢？
    问：老张有什么特点？

第二部分

第21到45题，请选出正确答案。现在开始第21题：

21. 女：都几点了？你怎么还在睡觉？
    男：别吵了，让我再睡一会儿。
    女：你不是九点要去体育馆看决赛吗？还来得及吗？
    男：啊！你怎么不早说啊？
    问：现在大约几点？

22. 男：你喜欢什么动物？
    女：大象。它长长的鼻子，大大的耳朵，看起来笨笨的，很可爱。
    男：大象可不笨，它经常帮人类干活儿。
    女：我是说"看起来"嘛。
    问：女的为什么喜欢大象？

23. 女：你看明天的报名工作还需要准备什么？
    男：再准备一些文具吧，明天报名的人应该挺多的。对了，别忘了准备些胶水和剪刀。
    女：胶水和剪刀？为什么要准备这些？
    男：报名的人不是要贴照片吗？
    问：为什么要准备胶水？

24. 男：小姐，结账。
    女：您一共消费了180元。
    男：好的。请开张发票。
    女：这是您的发票。请慢走，欢迎您下次光临。
    问：对话最可能发生在什么地方？

25. 女：听说你前一阵子去云南旅游了？感觉怎么样？
    男：太棒了！我们不仅欣赏了美丽的风景，还体验了丰富的民族风俗文化。
    女：那也一定品尝了很多美食吧？
    男：那是当然了！
    问：对话中没有提到下面哪一项？

26. 男：你猜世界上最轻又最重的东西是什么？
    女：最轻又最重的东西？不知道。
    男：哈哈，是影子！最轻是因为影子没有重量，最重是因为谁也搬不起来。
    女：是这样啊。
    问：男的和女的在干什么？

27. 女：听说你准备离婚了？
    男：对，终于作出了这个决定。
    女：坦率地说，你这是在逃避责任。
    男：这个谈不上吧。是她先提出离婚的，我们只是不相爱了。
    问：关于男的，可以知道什么？

28. 男：论文的提纲写好了吗？明天就要讨论了。
    女：我正在修改，改好了就发给您。
    男：发到我新的电子邮箱吧，旧邮箱空间已经满了。
    女：好的。麻烦您写一下新邮箱的地址。
    问：女的怎么把论文提纲给男的？

29. 女：早上一个男的在公交车上老打喷嚏，传染上我了。
    男：你是不是穿得太少，着凉了？
    女：哪有？我今天穿的是最厚的那件羽绒服。
    男：那你快找点儿感冒药吃吧。
    问：女的怎么得的感冒？

30. 男：大家对这次的奖金分配计划有什么意见？
    女：我们在网上看到的只是分配原则，具体的分配方案能不能再公开透明一些？
    男：对分配原则有什么看法吗？
    女：这个倒是没有。
    问：关于奖金分配，女的想知道什么？

第31到33题是根据下面一段话：

　　一天，儿子从幼儿园回来，向父亲报告幼儿园中的新闻，并告诉父亲他有一个重要发现。"什么发现？"父亲问。"苹果里藏着一颗小星星。"儿子说。父亲睁大了眼睛说："怎么会呢？"儿子拿出一个苹果，拿起小水果刀，认真地向父亲展示他的发现。他切开了苹果，但不是从底部竖着切下来，而是横着把苹果切成两半。儿子把切开的苹果放在父亲面前，说："爸爸，看，多漂亮的星星！"

　　31. 儿子发现了什么？
　　32. 父亲的态度是什么？
　　33. 儿子切苹果的方法是什么？

第34到36题是根据下面一段话：

　　有件事就发生在上次我们全家一起去甘肃教英语期间。那个星期中间几天，我和丈夫都生病了，无法继续上课。我的两个大孩子就接手此事，计划好他们自己的课程，不仅上完了课，每天课后还组织独立的活动和游戏。这让我们非常吃惊，因为我们从来没有训练他们如何安排好英语课程或组织学生团体活动。然而，他们年复一年跟在我们身边，观察到了我们怎样做这些事，一旦机会来临，该他们站起来挑大梁承担教学任务，他们就主动地发挥积极性和创造性，克服自己的不安以及缺乏经验的问题，让我们既感到惊讶，又感到高兴。

　　34. "我"和丈夫为什么无法继续上课？
　　35. 孩子们在课后做了什么？
　　36. 孩子们为什么会教课？

第37到39题是根据下面一段话：

　　早在两千多年前，一种和现代羽毛球运动很像的游戏就在中国、印度等国出现。19世纪70年代，英国士兵将在印度学到的这种游戏带回国，作为饭后的娱乐活动。现代羽毛球运动产生于英国。1873年，在英国的一个叫"伯明顿"的地方，有一次上层社会聚会，聚会上有几个从印度回来的士兵向大家介绍了一种隔网用拍子来回打球的游戏，人们对此产生了很大的兴趣。因为这项活动很有趣味，很快就在上层社会流行开来。"伯明顿"也就成为这项运动的名字。到1893年，英国成立了14个羽毛球俱乐部。

　　37. 现代羽毛球运动产生于哪个国家？
　　38. 这个印度游戏是什么时候传入英国的？
　　39. 羽毛球的英文名代表了什么？

第40到42题是根据下面一段话：

当产量高又不容易生病的土豆传到法国时，法国农民并不感兴趣。为了提倡种这种新型土豆，法国政府花大力气宣传，然而效果却不好。于是有人想了一个办法：在各地种这种土豆的地里，安排士兵保护。周围的农民都觉得奇怪，趁着士兵不注意的时候不断去地里偷土豆，然后小心地把偷来的土豆拿回来研究，种在自己的土地里，看这种土豆和普通土豆到底有什么不同。一个季节下来，这种土豆的优点得到了农民的肯定，它也成为法国农民最欢迎的农产品之一。

40. 关于新品种土豆，可以知道什么？
41. 政府为什么安排士兵保护土豆？
42. 新品种土豆后来为什么受到了法国农民的欢迎？

第43到45题是根据下面一段话：

在紧张的学习生活中，制订适当的学习计划是大有好处的。首先，计划是实现目标的保证。通过计划合理安排时间和任务，就会使自己更容易地达到目标，也使自己明确每一个任务的目的。其次，制订计划有利于良好学习习惯的形成。按照计划学习，能使自己的学习生活步骤明确。该学习时能安心学习，该玩儿的时候能开心地玩儿。所有这些逐渐都会形成自觉行动，成为好的学习习惯。最后，制订计划可以提高学习效率，减少时间浪费。合理的计划安排能使你更有效地利用时间。你会知道多玩儿一个小时就会有哪项任务不能完成，这会给你带来多大的影响。有了计划，每一步行动都很明确，也不用总是花费心思考虑下面该学什么。

43. 计划和目标有什么关系？
44. 制订计划为什么可以提高学习效率？
45. 这段话主要讲的是什么？

听力考试现在结束。

答 案

一、听 力

第一部分

1. D	2. C	3. B	4. B
5. A	6. B	7. C	8. D
9. A	10. C	11. D	12. D
13. B	14. A	15. C	16. A
17. B	18. B	19. C	20. D

第二部分

21. D	22. C	23. B	24. A
25. B	26. C	27. D	28. C
29. D	30. D	31. D	32. A
33. B	34. A	35. B	36. C
37. C	38. D	39. B	40. C
41. B	42. C	43. D	44. B
45. C			

二、阅 读

第一部分

46. A	47. B	48. B	49. B
50. C	51. D	52. D	53. D
54. C	55. A	56. C	57. C
58. D	59. A	60. B	

第二部分

61. D	62. A	63. B	64. B
65. C	66. C	67. B	68. D
69. D	70. A		

第三部分

71. D	72. C	73. C	74. D
75. C	76. D	77. A	78. D
79. D	80. A	81. D	82. A
83. A	84. B	85. D	86. C
87. B	88. B	89. A	90. D

三、书 写

第一部分

91. 不要为你的迟到找借口。

92. 他们有过密切的合作。

93. 哪怕会失败也要试试。

94. 麻烦您帮我一个忙。

95. 千万别把感冒传染给孩子。

96. 她忍不住大笑起来。

97. 校门前发生了一起严重的车祸。

98. 我才吃不了那么多。

第二部分

（参考答案）

99.
　　我的同屋小华得了严重的胃病。她很伤心，我和同学们经常**安慰**她：只要好好治疗，**病情**一定会得到**控制**的。老师和小华的父母也都**鼓励**她，要勇敢、坚强。现在经过医生和小华的共同努力，小华的身体已经完全**恢复**了。

100.
　　图片中有一对老年夫妇正在用电脑上网。现代社会人们对电脑和网络的使用已经越来越普遍，不仅仅是年轻人，也不仅仅是在工作的时候。电脑和网络已经渐渐成为各种人群生活中不能缺少的一部分。它们不仅可以帮助大家更有效率地工作和学习，还可以让我们及时全面地了解来自世界各地的信息，加强我们和他人的联系，让我们的生活变得更加丰富、快乐。

答案说明

1. D　男的说"过了柜台右转就是了"，所以选 D。

2. C　男的说请查"彩虹饭店光明路店的电话"，所以选 C。

3. B　根据男的说的"过得开心快乐最重要"，选 B。

4. B　根据女的说的"不小心闯了红灯"，选 B。

5. A　根据"他九点有个会，说不定现在去会议室了"，选 A。

6. B　根据"您请留步吧""慢走"，选 B。

7. C　根据"我身上出的汗都像下雨一样了，洞里边一定很凉快"可知选 C。

8. D　男的说"尝尝我买的饼干，进口的"，所以选 D。

9. A 男的说王林和李丽"现在吹了，只是普通同事了"，所以选 A。

10. C 根据"一听这名字就知道是个华裔"，选 C。

11. D 女的说不应该用生日当密码，男的说他别的号码记不住，只能用生日当密码。所以选 D。

12. D 男的说"有请二号女嘉宾上场"，然后女的作自我介绍，可知男的可能是主持人，选 D。

13. B 根据"多亏您帮我"，选 B。

14. A 女的对男的说，"就你那点儿工资，给儿子交幼儿园学费都不够"，所以选 A。

15. C 根据"四五百可不止"，选 C。

16. A 男的认为应先了解市场需求再作计划，女的说"就是嘛"，表明同意男的的观点。答案为 A。

17. B "其实签不签都无所谓"一句是说签合同不重要，不签也行，所以选 B。

18. B 女的说"他也太灵活了吧"，可知女的觉得小李过于灵活，有些油滑，所以女的对小李这个人是否定的。选 B。

19. C 男的认为，女人的爱人那样做也是有道理的，他是在安慰女的，答案为 C。

20. D 女的评价老张"做任何事都谈报酬、讲条件"，可知选 D。

21. D 女的说男的九点要去体育馆，但男的现在还在睡觉，可知现在还没到九点。女的催促男的起床，说明快九点了。答案为 D。

22. C 女的说大象"看起来笨笨的，很可爱"，所以选 C。

23. B 根据"报名的人不是要贴照片吗"，选 B。

24. A 根据"结账""请开张发票""欢迎您下次光临"等语句，可知对话发生在饭店，所以选 A。

25. B 录音中提到了"欣赏了美丽的风景""体验了丰富的民族风俗文化""品尝了很多美食"，没提到"美酒"，所以选 B。

26. C 男的让女的猜一样东西，女的猜不出来，男的说这个东西是影子，所以他们是在猜谜语。选 C。

27. D 根据男的说的"是她先提出离婚的"，选 D。

28. C 根据"发到我新的电子邮箱吧"，选 C。

29. D 女的说"早上一个男的在公交车上老打喷嚏，传染上我了"，可知选 D。

30. D 女的说"具体的分配方案能不能再公开透明一些"，可知选 D。

31. D 根据"儿子把切开的苹果放在父亲面前，说：'爸爸，看，多漂亮的星星'"，选 D。

32. A "父亲睁大了眼睛说：'怎么会呢？'"，可知选 A。

33. B 录音中说，"他切开了苹果，……而是横着把苹果切成两半"，可知选 B。

34. A 根据"我和丈夫都生病了，无法继续上课"，选 A。

35. B 录音中说，孩子"每天课后还组织独立的活动和游戏"，可知选 B。

36. C 根据"他们年复一年跟在我们身边，观察到了我们怎样做这些事"，选 C。

37. C 录音中说,"现代羽毛球运动产生于英国",可知选 C。

38. D 录音中说,"19 世纪 70 年代,英国士兵将在印度学到的这种游戏带回国",可知选 D。

39. B 录音中说,"在英国的一个叫"伯明顿"的地方""伯明顿,也就成为这项运动的名字",可知选 B。

40. C 根据"为了提倡种这种新型土豆,法国政府花大力气宣传",选 C。

41. B 从事情最后的结果可以看出,政府这一举动是为了让农民好奇,去偷土豆、种土豆,最后达到推广种土豆的效果。选 B。

42. C 录音最后说,"这种土豆的优点得到了农民的肯定",可知选 C。

43. D 录音开始说制订计划的好处,第一条就说"计划是实现目标的保证",可知选 D。

44. B 根据"最后,制订计划可以提高学习效率,减少时间浪费",可知选 B。

45. C 录音中第一句是主题句:"制订适当的学习计划是大有好处的",可知选 C。

46. A 文中提到制作出相册和照片是为了"结婚时给亲友们观看",可知后者是前者的结果。选项"从而"表示结果或者进一步的行动。"从此"意思是从那个时候起。"不仅"同"不但""不止",常与"而且""还"连用。"否则"意为"如果不是这样,就……",所以选 A。

47. B 文中提到,和婚前的相册照片相比,"结婚当天的留影却不太受重视",可知"亲友们拍摄比较随意"符合文意,应该选 B。

48. B 根据短文可知,亲友在婚礼现场随意拍摄的结果,有可能是脸没有照全。合适的动词应该是"挡",表示遮蔽。选项"盖"意思是从上边往下压、遮。"拍"表示用手掌或用物品打。"避"意为躲开。所以选 B。

49. B "雪"的量词是"场"。"段"可以修饰时间、物品的长度。"顿"意为"次",修饰"饭、批评"等。"节"用于分段的事物,修饰"课、电池"等。所以选 B。

50. C 文中说,雪都堆在松树叶子上边,而树枝断了的原因是上边的雪重量太大,可知最合适的动词应该是"压",所以选 C。

51. D 文中提到,雪从天上落到地上需要经过树枝。"穿"的意思是通过空间,最合适。选项"躲"意思是避开、隐藏。"放"表示解除约束、获得自由。"逃"也有躲避的意思。所以选 D。

52. D 文中提到,"外表美丽"可能会带来不好的结果。"平平常常"这里的意思与"外表美丽"相反,结果"却能活得自由自在",这也与"麻烦或灾难"相反,因此这两个句子存在对比关系,连词应为"相反"。选 D。

53. D 文中提到老奶奶责备的内容是"把孩子的小肚子都露出来了",因此可以判断这是在责备家长,所以选 D。

54. C 文中提到"天挺冷的","孩子的小肚子露出来了"所以容易"着凉",选 C。选项"着冻"搭配错误。

55. A 文中提到孩子的爸爸认为老奶奶"教训得没错",即承认自己做错了或者没尽到责任,所以选 A。

56.	C	选项"哪"表示否定。"却"表示转折，相当于"但是"。"才"表示强调确定的语气。"竟"相当于"居然"，表示出乎意料。说一个人有小肚子，意思是指这个人太胖。文中提到女儿对老奶奶说她有小肚子"十分不满"，即不认为自己胖，所以应选 C。
57.	C	文中"寿命"与数字有关系，所以选 C。选项"综合"意为把不同种类、不同性质的事物组合在一起。
58.	D	各选项中可与文中动词"还（huán）"相搭配的只有"贷款"，所以选 D。
59.	A	文中询问"建筑短命"的原因，因为某些原因而产生不好的结果，合适的动词应为"造成"，所以选 A。
60.	B	选项"装修"意思是对内部房间进行美化、装饰，与文意不符。"保护"意为照顾，使人或事物的权益不受损害。"整理"意为使物品有秩序、整齐。根据文意，只有意为保养、修理的"维修"最合适，所以选 B。
61.	D	根据短文，饮食搭配应该随着气温的变化适当地调整，所以选 D。
62.	A	文中说"三天的小长假如果全加班的话，可拿到相当于平时日工资七倍的加班费"，可知假期三天加班费为平时日工资的七倍，所以选 A。
63.	B	文中第一句说"中老年舞蹈是一种针对 40 岁以上群体的舞蹈类型"，可知答案选 B。
64.	B	文中第一句提到酒后代驾公司进行推广宣传，第二句开始便详细介绍了推广宣传的手段之一——代驾说明牌，因此选 B。
65.	C	根据文意，可知宜家家具设计不求时尚，主要是考虑周到。文中最后部分提到，"通常情况下，设计精美的家具是为少数能够买得起的人准备的"，意思是设计精美的家具一般比较贵。接着后文出现了转折："而……宜家就选择了一条不同的道路，决定与大多数人站在一起"，意思是宜家家具价格不贵，大多数人买得起，所以选 C。
66.	C	根据文中"五一假期首日，即 4 月 30 日是市民集中出游的高峰"可知，五一假期的第一天出游人数最多，所以选 C。
67.	B	根据文意可知，蔬菜从农民手里到市民手里有一个运输过程，而运输费用也就包含在蔬菜的市场价格里边，所以选 B。
68.	D	文中最后一句提到"最好的解决办法是加强与亲人的沟通"，所以选 D。
69.	D	根据文意，特别是最后一句"他们更希望能在城市有一份自己的工作和生活"，可知应选 D。
70.	A	根据文中"营养的缺乏已引发了中国人一系列的健康问题"可知，营养不良会使人的健康出现问题，文章还举出了慢性疲劳综合征的例子，所以选 A。
71.	D	根据文中第一个故事最后部分说的话"高山滑雪是一项很危险的运动"，可知选 D。
72.	C	文中第二个故事提到史蒂凡在高中毕业后自己决定去做一名花匠，后边又提到"史蒂凡最终实现了愿望"，因此选 C。
73.	C	文中第三个故事提到，"维亚计划在自己去世后把这栋房子捐赠给一家老年俱乐部"，因此选 C。
74.	D	文中第三个故事提到，维亚的小女儿表示，对于捐赠房子"不心疼是不可能的"，因

此选 D。

75. C 根据文章结尾的第四段，可知选 C。

76. D 根据文章第一段的第一句，乔丹"做出了一个完美的扣篮动作，全场都很吃惊"，可知选 D。

77. A 根据文章第二段的第一句"美国人曾经做过一个 20 天的实验"，可知选 A。

78. D 文章的第三段概括了本文的中心思想，可知选 D。

79. D 文章第一段提到意大利探险家穿过塔克拉玛干沙漠后说，"我不认为我征服了沙漠，我要感谢塔克拉玛干允许我通过"，结合后文，可知选 D。

80. A 根据文章的第二段，可知这里说的人类"力量"主要体现在破坏自然的方面，所以选 A。

81. D 文章第三段对中国古代哲学家老子的话进行了解释："靠智慧战胜自己才是真正的强者"，因此选 D。

82. A 文章第四段举了三个例子来说明什么是人类控制自己、不去破坏自然和改造自然的"力量"，结合前文，特别是文章第三段，可知选 A。

83. A 根据文意，可知 A 和 B 选项都有可能，但由于"神童"的量词是"位"，因此选 A。

84. B 根据文章第二段可知，父亲认为孩子不可能那么快完成拼图，认为孩子说谎，实际上孩子并没有说谎，因此孩子感觉委屈，所以答案选 B。

85. D 文章通过孩子拼图这个故事，生发出最后一句的感想，就是最后一段，可知选 D。

86. C 文章的第一段中提到醋的保健功能是降血压、提神、消毒等，可见 D、B、A 都对，所以选 C。

87. B 文章第二段第一句提到女人"吃醋"是因为"将对方看得太重，她爱他就想拥有他的一切，而且不许别人分享"，与"嫉妒"意义类似，可知选 B。

88. B 根据文章第二段开始一段话，可知选 B。

89. A 根据文章第一段"醋的好处不仅仅在于身体的保健上，它对婚姻也起着保鲜作用"以及第二段"女人有点儿醋意是一种美，一般来说男人会喜欢"等内容，可知选 A。

90. D 文章最后一段解释了"矫枉过正"的意思，提出"'吃醋'要讲究合适的程度、合适的时机以及合适的方法"，因此选 D。

91. 本题考查祈使句的否定形式的用法。"为"表示替、给，后边的主谓短语做宾语，中间要用"的"。这个句子应该是：不要为你的迟到找借口。

92. 本题考查"动词 + 过"句式的用法。这个句式表示行为或动作曾经发生，但并未持续到现在。这个句子应该是：他们有过密切的合作。

93. 本题考查"哪怕……也……"句式的用法。这个句子应该是：哪怕会失败也要试试。

94. 本题考查祈使句的用法。"帮忙"是离合词，中间可插入其他成分。这个句子应该是：麻烦您帮我一个忙。

95. "千万"引导祈使句。本句还考查"把"字句的用法：（主语+）把+宾语+动词+其他成分。这个句子应该是：千万别把感冒传染给孩子。

96. 本题考查"忍不住+动词"的用法,"动词+起来"表示突然开始做某事。这个句子应该是:她忍不住大笑起来。

97. 本题考查存现句:处所 + 方位 + 动词 + 人 / 物。这个句子应该是:校门前发生了一起严重的车祸。

98. 本题考查可能补语的否定形式:动词 + 不 + 补语("了"liǎo),表示不能完成。"才"表示强调。这个句子应该是:我才吃不了那么多。

模拟试卷 第5套

听力文本

第一部分

第1到20题，请选出正确答案。现在开始第1题：

1. 女：朋友给我两张明晚篮球比赛的票。可我得加班，送给你吧。
   男：你真是太好了！我一直盼望着能看到中国队的比赛呢。
   问：男的是什么语气？

2. 男：咱们婚礼的照片我都取回来了，你拿去给朋友和同事们看看吧。
   女：真不错！我先给爸爸看看。
   问：男的是女的什么人？

3. 女：请您相信我们公司的手机产品，时尚大方，在同类产品中价格也是最合理的。
   男：样子再好看，价格再便宜，质量不好也没用啊。
   问：男的认为产品的什么最重要？

4. 男：昨天开会的时候怎么没见到你？生病了？
   女：没有，孩子考试考得不好，昨天我被叫到学校开家长会去了。
   问：女的昨天为什么没上班？

5. 女：真没想到导演和演员也来看了，早知道应该带照相机来了，可以跟明星合个影。
   男：这是第一场嘛！他们也很重视。
   问：说话人在干什么？

6. 男：真是抱歉，那么贵的书让我给弄丢了，我这两天抽空儿再给你买一本新的。
   女：没关系，反正我也已经看完了，丢了就丢了吧。
   问：男的为什么抱歉？

7. 女：昨晚张教授的讲座你听了吧？你给我讲讲吧。
   男：我个人觉得收获不大，很多观点我以前都在他的书上看到过，没有什么特别新的观点。
   问：根据对话可以知道什么？

8. 男：小心，小心！哎呀，真不知道你的驾照是怎么考到手的。
   女：别说话好不好！你越说，我越紧张，手和脚就都不听话了。出了事情你负责啊！
   问：关于女的，可以知道什么？

9. 女：今天上午怎么没给我打电话？不是说好一有消息就告诉我的吗？你是不是忘了？
   男：你还好意思问我呢。你手机一直占线，怎么打也打不通。
   问：女的为什么没接到电话？

10. 男：天气预报又没说下雨，你打伞干什么啊？想给我们看看你的新伞啊？
    女：夏天中午太阳太晒了，我怕晒伤了。
    问：女的为什么带伞？

11. 女：你看看女儿，今天穿得像个什么样子！我说她，她还抗议。
    男：女儿大了，有自己的想法了，你也别总是让她按照你的标准穿衣服。
    问：根据对话，可以知道什么？

12. 男：看你头发乱得，怎么搞的？没梳头啊？
    女：谁说的。你早上去坐地铁试试，头发再整齐也给弄乱了。我还看到有个人，鞋子都挤掉了呢。
    问：根据对话，可以知道什么？

13. 女：还在做实验呢。今天晚上有演唱会，一起去看吧。
    男：我倒是想去啊，可是我的研究报告谁给我写啊？等下次有演出我再去看吧。
    问：男的晚上干什么？

14. 男：这是送给你的花儿。路上顺利吧？
    女：谢谢！真好看。挺顺利的，一开始飞机晚点了半个小时，但我还是赶上这趟火车了。
    问：他们最可能在哪儿？

15. 女：春天到了，你看花儿都开了，草也变绿了，真美！
    男：咱们一起去那边的河上划船吧。
    问：他们最可能在哪儿？

16. 男：咱们就在这家饭馆吃吧，怎么样？
    女：今年我们结婚纪念日也是在这儿吃的，很多都是油炸食品，不太健康。换家口味清淡一点儿的吧。
    问：关于女的，我们可以知道什么？

17. 女：选择拍这部电影是因为我一直希望有机会跟张导合作。我在里面的角色是一位古代的公主。
    男：非常期待早日看到您的新片。
    问：女的是什么身份？

18. 男：女士，您好！请您配合我们的工作，出示您的驾照。
    女：警官，我向您保证，我是真的一点儿也没喝。
    问：根据对话，我们可以知道什么？

19. 女：明天上班我得迟到一会儿，儿子高考，我得先送他去学校。
    男：没问题，我完全理解。去年我女儿高考的时候，我也是紧张得不得了。
    问：根据对话，可以知道什么？

20. 男：关于儿童早期教育的那个专题报道，你准备得怎么样了？
    女：已经联系好采访一位教育学家和一位心理专家，我们一会儿就出发。
    问：对话可能发生在哪儿？

第二部分

第21到45题，请选出正确答案。现在开始第21题。

21. 女：听说你不在原来的饭店工作了，自己开饭馆做老板了。祝贺你啊！
    男：别提了。本来以为辞职以后能轻松一些，没想到比打工的时候更累。
    女：哦？怎么了？
    男：租房子、装修、请厨师，什么都要自己操心，快要累死了。现在终于忙得差不多了，只要招聘到服务员就可以开始营业了。
    问：男的接下来要做的事是什么？

22. 男：天气预报说明天有大雨，路上肯定堵车，你最好早点儿起床，别迟到了。
    女：什么？大雨！这下可麻烦了。
    男：别担心，我开车去送孩子上学。
    女：我们明天在郊区有一个室外摄影展，下雨的话就只能取消了。
    问：女的担心下雨会怎么样？

23. 女：你的眼圈儿怎么黑得跟熊猫一样？昨天又熬夜准备材料了吧？
    男：那倒不是，只是想到咱们今天的竞争者都很强，就失眠了。
    女：放心吧，我觉得咱们拿出的设计方案绝对是最棒的。

男：真希望投资方也这么认为。
问：男的眼圈儿为什么黑了？

24. 男：明天是周末了，我打算上午去爬山，下午带儿子去游泳。
    女：你的周末生活什么时候变得这么丰富了？我记得以前周末你不是在办公室加班就是出差。
    男：去年我的身体一直不好，医生说我是因为压力太大，缺乏锻炼。现在我也学会珍惜健康了。
    女：是啊，人不能到生病住院的时候才知道休息和健康的重要。
    问：男的周末打算做什么？

25. 女：你画的这些画儿真漂亮！一点儿也不像业余爱好者画的。
    男：我小时候的梦想就是开一个自己的画展。
    女：你干脆别做记者了，来我们出版社做美术编辑吧。
    男：我担心我的水平还是不够专业。
    问：男的有什么愿望？

26. 男：我觉得新来的公司经理不喜欢我，总是处处针对我，找我的麻烦。
    女：你为什么这么觉得呢？
    男：比如每次分配任务的时候，他总是把最困难的部分留给我。
    女：我觉得你应该多跟经理沟通一下。说不定他并不是针对你，而是更信任你，认为你的工作能力强、效率高，能更好地完成呢。
    问：女的认为男的应该怎么样？

27. 女：我下个月要结婚了。
    男：是吗？祝贺你！你男朋友一定很爱你吧？
    女：那当然。他一直说我不但长得漂亮，身材好，还特别聪明。
    男：那我觉得你还是不要和他结婚了，看起来他很习惯说谎。
    问：男的认为女的怎么样？

28. 男：小丽啊，听爸爸的话，赶紧找个男朋友吧，你都30多了，你看你妈妈整天急得！
    女：我都不着急，你们急什么啊？我在等我心中的白马王子呢。
    男：什么王子不王子的，你以为自己是公主吗？为什么要求那么高呢？
    女：反正我不能把自己随随便便嫁掉。
    问：女的为什么不谈恋爱？

29. 女：老公，今天下班以后你可别忘了去旅行社报名啊。
    男：亲爱的，有个坏消息，刚才老板通知我后天去参加一个商业活动。
    女：啊？好吧，还是工作重要。不过这次旅行我和孩子期待了好久了。唉。
    男：等我从上海回来，一定补上，好不好？
    问：女的现在心情怎么样？

30. 男：你怎么这么不高兴？为什么事发愁呢？
    女：别提了，我的电脑出问题了。里面还有很多重要的会议资料呢，丢了可麻烦了。
    男：我看一下。哦，你的电脑应该安装一个杀毒软件，这是有病毒了。
    女：怪不得呢。那你帮我装一个可以吗？
    问：关于女的的电脑，可以知道什么？

第31到32题是根据下面一段话：

下个星期我要和丈夫去海边旅行，机票、酒店什么的都已经订好了，就是我的花儿和金鱼没人照顾，真让人发愁。我的邻居王先生人很热心，愿意帮我，但是我知道他工作很忙，而我的花儿一星期得浇两次水，鱼每两天要换一次水。我怕他忙起来忘了。后来，我终于想到了同事小李，她很喜欢小动物，也有足够的时间，所以我打算周五上班的时候把花儿和鱼带给她，请她帮忙照顾。

31. 说话人的花儿需要几天浇一次水？
32. 说话人和小李是什么关系？

第33到34题是根据下面一段话：

尊敬的法官，尽管对方坚持认为我的委托人李先生的公司在商业谈判中存在欺骗行为，但是根据我们所掌握的资料，我们有足够证据证明，李先生所在公司的一切行为都是合法的，没有不诚实的行为。根据我多年的律师从业经验，我有信心打赢这场官司。

33. 说话人的身份最可能是什么？
34. 这段话最可能是在哪儿说的？

第35到36题是根据下面一段话：

杰克一个人下夜班回家。路上安静极了，除了他，一个人也没有。这时候，一个年轻人突然出现在他面前。他很礼貌地问杰克："您好，请问这附近有警察吗？"杰克说："没有啊，我没有看到。"那个人接着问："那您知道在哪儿可以找到一个警察吗？"杰克想了想，回答："我也不知道呢。你需要帮助吗？"年轻人说："那么请把您的手表和钱都给我。"

35. 故事最可能发生在什么时候？
36. 年轻人为什么要找警察？

第 37 到 38 题是根据下面一段话：

各位观众，大家晚上好！欢迎大家收看今晚的《非诚勿扰》节目。大家已经看到，舞台上有我们漂亮的 24 位女嘉宾。她们来自全国不同的省份，从事着不同的工作，有教师、护士，也有演员和建筑师。那么今天有谁能幸运地遇到她的白马王子，并且成功地牵手呢？让我们一起拭目以待！下面，请出我们今天第一位神秘男嘉宾，来自北京的软件工程师——王先生！王先生，欢迎您来到我们今天的《非诚勿扰》节目。祝您今天遇到您的公主。

37. 王先生的职业是什么？
38. 根据这段话可以知道这是一个什么节目？

第 39 到 42 题是根据下面一段话：

现代社会以瘦为美，所以对很多女孩子来说，减肥已经成了生活的一部分。但是很多人对减肥还有一些错误的看法。比如，有人认为不吃主食可以减肥。这种做法其实对健康的危害非常大。如果不吃主食，人的大脑就会缺少能量，注意力不能集中，记忆力下降，严重的甚至会晕倒。所以，越是年轻学生，越是工作压力大的人，越不能不吃主食。

还有人认为多吃水果可以减肥。这就要注意，不是所有的水果都对减肥有帮助，有些水果的热量、糖分是很高的。比如吃一个中等西瓜所获得的热量，大概相当于吃一大碗米饭。另外，如果想要减肥，最好饭前吃水果，因为饭后吃水果等于吃进去了更多的糖。

39. 根据这段话，现代社会美的标准是什么？
40. 下面哪一项是不吃主食的后果？
41. 想要减肥，最好什么时候吃水果？
42. 这段话主要想说明什么？

第 43 到 45 题是根据下面一段话：

吉米是一位有名的网球运动员，他在很多比赛中得过奖，受到很多人的喜爱。有一次，吉米又获得了一场重要比赛的冠军，还得到了一大笔奖金。比赛结束时，有个女人走过来祝贺他。然后对他说自己的孩子得了很重的病，需要马上做手术，但是她实在没有那么多钱，所以请求吉米能够帮帮她。吉米很感动，他马上把自己的奖金给了这个女人，让她抓紧时间给孩子看病，还祝女人的孩子早日康复。

一个星期以后，吉米的朋友跑来，生气地对他说："告诉你一个坏消息。你被骗了！上次那个女人不但没有生病的孩子，她甚至都还没有结婚呢！"可是吉米听了以后，一点儿也没生气，反而高兴地说："你的意思是说，根本就没有一个生病的孩子需要做手术？太好了！这是我听到的最好的消息。"

43. 吉米在这次比赛中得了第几名？
44. 这个女人为什么来找吉米？
45. 从故事中可以知道吉米是一个什么样的人？

听力考试现在结束。

答 案

一、听 力

第一部分

1. D	2. B	3. C	4. D
5. D	6. B	7. B	8. A
9. B	10. A	11. A	12. B
13. C	14. B	15. A	16. B
17. B	18. C	19. B	20. A

第二部分

21. D	22. B	23. A	24. C
25. D	26. B	27. D	28. A
29. D	30. B	31. D	32. C
33. B	34. C	35. A	36. D
37. D	38. A	39. B	40. C
41. C	42. C	43. A	44. C
45. D			

二、阅 读

第一部分

46. B	47. D	48. A	49. A
50. C	51. A	52. C	53. B
54. A	55. C	56. D	57. C
58. A	59. A	60. C	

第二部分

61. D	62. D	63. A	64. D
65. A	66. B	67. A	68. A
69. C	70. D		

第三部分

71. D	72. C	73. D	74. D
75. C	76. B	77. A	78. B
79. C	80. D	81. A	82. D
83. D	84. A	85. B	86. D
87. D	88. C	89. C	90. A

三、书 写

第一部分

91. 他拒绝了大家的帮助。/ 大家拒绝了他的帮助。

92. 精神压力大会造成失眠。

93. 这场演出很精彩。

94. 不听话的学生受到了批评。

95. 请把窗户打开。

96. 医院里禁止抽烟。

97. 妻子气得哭起来。

98. 美丽的风景被人类破坏了。

第二部分

（参考答案）

99.

  早上醒来，已经9点了。不过我一点儿也不担心，因为今天是**周末**。努力学习了一个星期，真得**放松**一下了。安妮告诉我商场正在**打折**，太好了！我去买了五条裙子，虽然有点儿**浪费**，但我还是觉得很**满足**。

100.

  这是路易的书房。房间里有一张桌子和一把椅子。桌子上放着一台电脑。墙上挂着两幅画，还有一个小书架。他很喜欢上网，每天晚上都上网和朋友聊天儿。他还有一个爱好是听音乐，所以他的电脑上连着两个小音箱。路易不太喜欢看书，他的书房里书不太多。路易很爱干净，很会布置房间，你看他的书房，又整洁又漂亮。

答案说明

1. D 男的说"太好了",可以知道他很兴奋,应该选 D。

2. B 男的说"咱们婚礼",可以知道他是女的的丈夫,应该选 B。

3. C 男的说"样子再好看,价格再便宜,质量不好也没有用啊",可见他认为质量是最重要的,别的都不如质量重要。应该选 C。

4. D 女的说自己没有生病,是因为"被叫到学校开家长会去了",所以选 D。

5. D 根据对话中提到"导演""演员""明星",而且是"第一场",可以知道他们是在看电影,所以选 D。

6. B 根据男的说"那么贵的书让我给弄丢了",可以知道他弄丢了女的的书,答案选 B。

7. B 女的让男的给她讲讲昨晚讲座的内容,可知她没有去听讲座,所以选 B。

8. A 根据女的说"你越说,我越紧张",可知她的技术还不好,所以很紧张,选 A。

9. B 男的说女的"手机一直占线,怎么打也打不通",可以知道手机没打通是因为占线,答案是 B。

10. A 女的说她打伞是"怕晒伤了",所以选 A。

11. A 男的说女儿有自己的想法,让女的不要总是按自己的标准要求她,可见他支持女儿。答案选 A。

12. B 女的让男的去坐地铁,试试有多挤,并说有的人鞋子都挤掉了,可见地铁很挤,答案选 B。

13. C 女的请男的一起去听演唱会,男的说有研究报告要写,这次不能去,可见他要写报告,答案是 C。

14. B 根据对话内容,男的来接女的,女的说赶上了"这趟火车",可以知道他们是在火车站,答案选 B。

15. A 对话中提到了花、草、河,四个选项中只有公园最有可能,所以选 A。

16. B 根据女的建议"换家口味清淡一点儿的",可以知道她的口味比较清淡,答案选 B。

17. B 对话中女的提到了自己想和张导演合作,又说到自己演的角色,可以知道她是一名演员。答案选 B。

18. C 对话中男的向女的要驾照,并说这是他的工作,可以知道他的身份是交通警察,选 C。

19. B 女的说自己明天会迟到的原因是"儿子高考",所以选择 B。

20. A 根据女的说联系好了采访,并说一会儿就出发,可以知道是记者准备离开单位去采访。四个选项中只有"电视台"最有可能,选 A。

21. D 男的说忙得差不多了,"只要招聘到服务员就可以开始营业",可见他的下一步工作应该是招聘服务员,所以选 D。

22. B 女的说"明天在郊区有一个室外摄影展,下雨的话就只能取消了",可以知道她担心的是活动取消,应该选 B。

23. A 根据男的说自己不是熬夜,而是失眠,可以知道正确答案是 A。

— 229 —

24. C 根据男的说自己周末要"上午去爬山,下午带儿子去游泳",可以知道他要锻炼身体,答案选 C。

25. D 根据男的说自己"小时候的梦想就是开一个自己的画展",可以知道正确答案是 D。

26. B 女的建议男的"应该多跟经理沟通一下",所以选择 B。

27. D 女的说男朋友夸自己漂亮、身材好、聪明,男的据此判断她男朋友习惯说谎,因为他觉得女的实际上并非如此,正确答案是 D。

28. A 根据女的说自己在等"白马王子",即理想的对象,而且男的也说女的"要求那么高",可知正确答案是 A。

29. D 女的说自己期待好久了,并且叹气说"唉",可以知道她现在的心情很失望,选择 D。

30. B 男的看了女的电脑后,说她的电脑应该装一个杀毒软件,可以知道女的的电脑里没装杀毒软件,应该选 B。

31. D 说话人说花儿一星期得浇两次水,可以知道应该是三四天浇一次水,应该选 D。

32. C 说话人说"同事小李",还说"上班的时候带给她",可以知道小李是说话人的同事。

33. B 根据说话人说"根据我多年的律师从业经验",还提到了自己的委托人,可以知道他是律师,选 B。

34. C 说话人谈的是官司的事情,在向法院进行陈述,最可能是在法庭上说这段话,选 C。

35. A 录音中说杰克是下夜班回家的,还说到路上安静极了,所以可能是在半夜,选 A。

36. D 年轻人问完以后,确定周围没有警察,就抢劫了杰克,可以知道他提问是为了确保安全,答案选 D。

37. D 说话人介绍男的时说他是来自北京的软件工程师,所以选 D。

38. A 说话人提到参加栏目的女嘉宾是想找到白马王子,可以知道这是一个交友征婚的节目,答案选 A。

39. B 录音开头说到现代社会"以瘦为美",可以知道选 B。

40. C 说话人说"如果不吃主食,人的大脑就会缺少能量,人的注意力不能集中,记忆力下降,严重的甚至会晕倒",其中包括答案 C。

41. C 录音最后说,"如果想要减肥,最好饭前吃水果",可以知道答案是 C。

42. C 这段话讲了减肥的几个误区以及要注意的事情,答案选 C。

43. A 这段话提到那次比赛吉米得了冠军,所以选 A。

44. C 女人要求吉米帮助她,借钱给得病的孩子做手术,可后来吉米的朋友告诉他,这个女人没有孩子,甚至还没结婚,可知女人是个骗子,所以选 C。

45. D 吉米知道自己被骗了,却感到很高兴,因为他觉得没有孩子生病是好事,可以知道吉米是个非常善良的人,所以选 D。

46. B 农民经常放牛,知道牛的喜好,这是"有经验",所以选 B。

47. D 有的牛只吃好草,所以花很多时间到不同的地方去找好草,也就是"到处找",答案是 D。

48. A "积累经验"是固定搭配,所以选 A。

49. A　丈夫回来后看到的情形和以往很不一样,所以他很"吃惊",答案是 A。

50. C　仍在桌子上放着的,只能是"吃剩"的东西,"吃完""吃饱""吃光"的话都看不到,所以选 C。

51. A　与前一句连着看:妻子生病是糟糕的事情,也许还有其他更糟糕的事情,所以选 A。

52. C　根据上文,可以知道妻子对丈夫总是询问她干了什么感到不满,她要通过这种方式让丈夫认识到她工作的重要性,所以选 C。

53. B　"选择"前面需要一个动词,而且这里说的是保持选择不变,只有"坚持"符合文意,所以选 B。

54. A　结合上下文,答题者都坚信父母对子女的爱,是"毫不犹豫",选 A。

55. C　做完这个选择题,大家心里都被父母的爱所感动,所以选 C。

56. D　因为大家被这个故事感动了,也更懂得了父母对自己的爱,所以打电话感谢父母的爱,正确答案是 D。

57. C　强大的自然灾害让人类觉得"可怕",答案是 C。

58. A　这里是说卫生间比别的地方要安全一点儿,所以是"相对安全",选 A。

59. A　"保存体力"是固定搭配,选 A。

60. C　被困的人想让外面的人知道自己在这儿,要和他们联系,所以选 C。

61. D　短文中说,威廉把牌子上的字记下来,是因为他以为这是店名,他想下次再来,答案是 D。

62. D　这段话是说我们抱怨天气预报不准,其实有时候是我们的感觉受到环境影响而出现错觉,所以选 D。

63. A　钱钟书先生把自己比喻成母鸡,把自己的作品比喻成鸡蛋,认为看他的作品就可以了,不需要了解他,可见他不想让记者当面采访,答案是 A。

64. D　这段话主要介绍了科学家的一项新发明,答案是 D。

65. A　这段话主要是说心理上的不自信会导致失败。一个总在心理上暗示"自己不行"的人是很难成功的,正确答案是 A。

66. B　短文中说,六个关系最近的朋友的平均收入相当于自己的收入,可以知道说话人认为选择朋友是非常重要的,答案是 B。

67. A　哈里·贝瑞很美丽,但美丽并没有让她更幸福,可以知道美丽并不一定带来幸福,应该选 A。

68. A　短文中说,哈佛大学不重视考试成绩,更重视一个人的综合能力,所以选 A。

69. C　这段话用几个细节做例子说明了松下公司节约的风气,答案是 C。

70. D　"我"因为技术不好,车走不了了,交警却开玩笑说"我"在等喜欢的灯的颜色,可以知道这个警察很幽默,答案选 D。

71. D　第一段中说自行车在荷兰"贵的价格可以卖到 3000 美元",答案是 D。

72. C　第二段中说"如果员工购买了自行车,那么会得到'自行车补助'",可以知道荷兰公司鼓励员工骑自行车。答案是 C。

73. D 最后一句是"按照交通法律规定,汽车必须让自行车先走",所以答案是D。

74. D 第三段说她要出国比赛前,丈夫病倒了,她为了照顾丈夫而放弃了机会。答案是D。

75. C 她为了比赛,作了很多准备,非常辛苦、努力,也就是花费了"心血"。答案是C。

76. B 最后一段说她丈夫去世30年后她100岁,可以知道她丈夫是在她70岁左右去世的。答案是B。

77. A 文章最后一段说她取得了"扔铅球"比赛的冠军,答案是A。

78. B 第一段说来学习的人都是经理、老板,所以"我"也应该是其中之一。答案是B。

79. C 第二段教授说要来做一个总结。答案是C。

80. D 第三段中说大家把白卷交给老师的时候觉得很不好意思,也就是很羞愧。答案是D。

81. A 最后一段教授说,他的目的是为了教大家不要在一些没有答案的事情上浪费时间,要学会适时放弃。答案是A。

82. D 根据文意,最后一个交试卷的人是最不懂得适时放弃的,所以应该得分最低。答案是D。

83. D 第一句就说小时候"我"家里很穷。答案是D。

84. A 第二段说自己最想吃的是饺子。答案是A。

85. B 根据文意可知,虽然"我"小时候很贫穷,但是有一个很爱"我"的妈妈。答案是B。

86. D 妈妈在贫穷的生活里"制造"出很多选择,可以知道她是一个很乐观的人。答案是D。

87. D 第一段的内容说倒霉的时候总是很巧合,所以地图破了的地方,很可能就是要找的地方。答案是D。

88. C 第二段说,根据墨菲法则,人们总是习惯于记住不好的、倒霉的事情。答案是C。

89. C 根据文意,虽然人们总是觉得自己排得最慢,但事实并非如此,只是不好的结果容易被人记住。答案是C。

90. A 根据文意,任何事物都会出错,所以为了防止丢失,应该对资料进行备份。答案是A。

91. "他"或"大家"是主语,"拒绝"是谓语动词,"帮助"在这里做宾语,"大家的"或"他的"修饰说明"帮助"。这个句子应该是:他拒绝了大家的帮助。或者:大家拒绝了他的帮助。

92. "精神压力大"这个小句做全句的主语,这种情况引起的后果是"失眠",也就是"会造成失眠"。这个句子应该是:精神压力大会造成失眠。

93. "这"是指示代词,用在量词"场"的前面,一起修饰"演出",即"指示代词+量词+名词"。"很精彩"是副词修饰形容词,做谓语。这个句子应该是:这场演出很精彩。

94. "不听话"修饰"学生","的"是定语的标记。"受到批评"是固定搭配,"了"作为完成标记紧跟在动词"受到"后面。这个句子应该是:不听话的学生受到了批评。

95. 汉语中,祈使句的"请"放在全句开头。"请"字后面是一个"把"字句,"把"字句的结构是"把+名词+动词+补语"。这个句子应该是:请把窗户打开。

96. "禁止"的后面应该是一个动词,在这里只能是"抽烟"。"医院里"是方位短语做主语。这个句子应该是:医院里禁止抽烟。

97. "哭起来"的意思是"开始哭",在这里做"气"的补语,表示"气"的程度。动补结构是"动词 + 得 + 补语"。这个句子应该是:妻子气得哭起来。

98. "美丽"修饰"风景",这个短语做全句主语。后面是被动结构"被 + 名词 + 动词 + 了"。这个句子应该是:美丽的风景被人类破坏了。

模拟试卷 第6套

听力文本

第一部分

第1到20题，请选出正确答案。现在开始第1题：

1. 女：总台吗？我房间里的抽水马桶好像出了点儿毛病。
   男：我们马上派人去修。
   问：根据对话，可以知道什么？

2. 女：你能帮我选件明天上班穿的衣服吗？明天可是我去新部门上班的第一天，我想给大家留个好印象。
   男：这你可找对人了。我觉得你穿一身正式的套装比较合适，显得有职业感。
   问：根据对话，下面哪一项正确？

3. 女：您可不可以把你们公司的宣传册给我一份？
   男：当然可以。这是我们公司的宣传册，上边有产品的详细介绍及联系方式，另外还有顾客的反馈情况。
   问：根据对话，可以知道什么？

4. 男：暑假作业已经做完了，我想找个兼职，积累点儿工作经验，还可以减轻父母的负担。
   女：学校广告栏里有很多这样的广告，也可以请老师推荐一下。
   问：男的最可能是什么人？

5. 女：天气预报说这几天又要降温了，你要多穿点儿，免得感冒。
   男：谢谢。刚买的羽绒服正好用上了。
   问：根据对话，下面哪一项正确？

6. 男：别伤心了，俗话说，时间是良药，再说，世界上优秀的男孩儿多的是。
   女：谢谢你的安慰。我想放下手头的工作，暂时出去放松一下。
   问：根据对话，可以知道什么？

7. 男：小姐，我觉得头晕、恶心、还想吐，能不能给我换个靠走廊的座位？
   女：你是不是晕车？我们这儿提供晕车药，您要不要吃一片？

问：对话最可能发生在哪儿？

8. 女：您好！我住在您的隔壁。您家音乐的声音太大了，我们家老人有心脏病，声音太吵受不了，您能不能把声音调小一些？

   男：真不好意思，我马上调小一点儿。

   问：他们是什么关系？

9. 女：俗话说，不能把鸡蛋放在一个篮子里。你一般怎么投资？

   男：现在还真难决定。钱存在银行吧，利息太低；买股票吧，风险太大，我就买了点儿保险。

   问：根据对话，可以知道什么？

10. 男：你能简单介绍一下我们公司的产品在北京的销售情况吗？

    女：由于现在人们平均收入不断提高，贵公司中高价位商品更受欢迎。

    问：根据对话，可以知道什么？

11. 女：你在大学期间开网店赚了不少钱，很有做生意的天赋，毕业以后打算自己创业吗？

    男：我是有这个打算。资金上肯定会有困难，不过可以通过银行贷款解决。

    问：根据对话，可以知道什么？

12. 男：请说一下你应聘这份工作最重要的因素是什么。

    女：最重要的是贵公司能为员工提供良好的个人发展空间，至于工资待遇倒是其次。

    问：他们最可能在做什么？

13. 女：我们是贵公司在本市最大的经销商，您看价格上是不是再考虑一下？

    男：我们也是充分考虑到这一点，才同意作为特殊照顾给予你们10%的折扣，现在电子产品本来利润就很低，我们公司实在没有降价的空间了。

    问：男的是什么意思？

14. 男：妈妈，这次说好了，您可不能掉眼泪啊！我马上要进安检了，您回去吧，注意多保重。

    女：你到国外好好照顾自己，不要不舍得花钱，有事给家里打电话。

    问：他们最可能在哪儿？

15. 女：几天不见，你最近下棋进步很快。

    男：我们老师说了，下棋不仅需要勤奋，还需要一个好的对手，我现在找到了。

    问：男的下棋为什么进步很快？

16. 男：最近汽油又涨价了，汽车真的开不起了。
    女：不让你买车你非买，现在后悔了吧。
    问：女的是什么语气？

17. 男：我主要负责这个项目的方案设计。东部海滩环境比较特殊，所以，我们考虑尽量利用周围的环境来进行规划。
    女：设计方案问题不大，我认为资金这一部分考虑得不够成熟。
    问：女的是什么意思？

18. 男：大夫，我昨天晚上吃了海鲜以后，全身痒得厉害，一晚上没睡着。
    女：我检查一下。应该是对海鲜过敏。先打一针，另外再给你开点儿药。
    问：关于男的，可以知道什么？

19. 男：您爱人真厉害，听说一个人抓住了两个罪犯。
    女：当时就是因为欣赏他穿警服的英俊劲儿我才嫁给他的。
    问：女的的爱人最可能是什么人？

20. 男：妈妈，这是给您和爸爸的礼物，祝你们结婚纪念日快乐！
    女：看我都忙糊涂了，居然把这么个重要的日子给忘了。
    问：根据这段对话，可以知道什么？

第二部分

第21到45题，请选出正确答案。现在开始第21题：

21. 男：您好！欢迎光临！
    女：您好！我想咨询一下，做什么运动可以保持体形？
    男：我们这儿有健身顾问，首先会为顾客作一份健康和体能评估，然后根据需求制订出相应的健身计划。
    女：听起来还不错。怎么收费呢？
    男：这要看情况，我们有一个月、半年和一年的会员卡。
    问：根据对话，下面哪一项正确？

22. 女：我今天看的房子很不错，交通便利，周围环境也很好。
    男：现在很多小区的停车场都建在地下，院子里又安全又安静。
    女：没错，就是车库的停车位挺贵的，一个大概需要十五万。
    男：买房子必须买停车位，要不车往哪儿停？装修简单一些，钱就省出来了。

问：根据对话，下面哪一项正确？

23. 女：这份工作确实是个不错的机会，你应该好好把握。
    男：我一直在为出国留学作准备，在这上面花费了大量的时间和精力，我也不希望看到这一切努力都白费了。
    女：我明白你的意思了，真的很难做取舍啊。
    男：是啊，我需要再好好考虑一下。
    问：根据这段对话，可以知道什么？

24. 男：对不起，我又迟到了。
    女：你怎么回事？连续两天都这样。
    男：刚从国外回来，这些天还没倒过时差来呢，这不，今天睡过头了。
    女：那你真该好好调整一下你的生物钟了。再这样的话，你这个月的奖金肯定就没戏了。
    问：男的怎么了？

25. 男：我们都很佩服你，工作上取得这么多成就。请问，您是怎样平衡工作和家庭的？
    女：我丈夫很支持我，帮我分担了很多家务，这样我就可以把更多的时间放在工作上。
    男：听说您的孩子也很优秀，您平时会照顾她吗？
    女：有时候我的孩子也会抱怨我陪她的时间太少了，所以每天我不管有多忙，都会抽出时间和她待一会儿。
    问：关于女的，可以知道什么？

26. 男：整天吃青菜，多少天没吃肉了？我都快馋死了。
    女：你不是正在减肥吗？才两天就忍不住了？
    男：减肥主要以锻炼为主，书上说节食对健康没什么好处。
    女：说得没错，可没见你锻炼啊，得二者结合，减肥才有效果。
    问：根据对话，可以知道什么？

27. 男：你喜欢在网上购物吗？
    女：喜欢。简直太方便了，不用出门就能买到东西，还节省时间。
    男：我总是担心网上支付的安全问题。在网上，账号和密码容易被盗，而且网购的东西往往质量没有保证。
    女：用自己的电脑在信誉好的网站买东西，谨慎选择，就不会有问题了。
    问：男的是什么意思？

28. 女：你病了吗？怎么看起来没精神？

男：不知道怎么了，最近老失眠，昨天吃了两片安眠药才睡着的。
女：老吃药对身体可不好，听说做足疗挺管用的。
男：是吗？改天我也去做做。
问：男的怎么了？

29. 女：电脑怎么老死机？你是不是下载游戏的时候中病毒了？
男：不可能吧，咱家这台电脑可是安装了病毒防火墙的。
女：这可说不准，还是赶快找人修修吧。
男：好吧，我这就打电话。
问：根据对话，可以知道什么？

30. 女：最近天气有点儿不正常，忽冷忽热的，人很容易感冒。这是不是和上个月的地震有关系？
男：没有太大的关系吧。本来春天的天气就变化无常，应该随着气温的变化随时增减衣服。
女：地震还真是恐怖。
男：是啊，地震是一种自然灾害，不过做好保护措施，可以避免一些损失。
问：根据对话，可以知道什么？

第31到32题是根据下面一段话：

最近一段时间，我感觉工作压力很大，一直失眠，还头疼。我觉得再这样下去，我会疯掉的。经过再三思考，我今天终于给老板写了封辞职信，打算辞掉销售部经理的工作。没想到我们老板不同意，还说给我放半个月的假，好好调整放松一下再回来上班。

31. 说话人是什么意思？
32. 根据这段话，可以知道什么？

第33到34题是根据下面一段话：

今天我和男朋友去看了一场球赛，真没想到一个小小的乒乓球竟然吸引了几千名观众，体育场全都坐满了，场面非常热烈。参加比赛的运动员都是世界一流的，技术过硬，真是让我们大饱了眼福。听说培养一名优秀的运动员很不容易，要从小就开始练习。我男朋友小时候也练过，现在还能打几下呢。

33. 她男朋友小时候练过什么？
34. 根据这段话，可以知道什么？

第35到36题是根据下面一段话：

研究显示，父亲陪在孩子身边的时间长短可以影响他们在数学方面的能力。还有研究者发现，由父亲精心照顾的孩子，性格更加宽容，更富有责任感。而长期缺少父亲陪伴的孩子在同情心、推理和大脑发育方面都不如那些父亲经常陪在身边的孩子。缺少父爱的孩子更易有攻击性，在学校里不受欢迎，更不愿意为自己的不良行为承担责任。

35. 根据这段话，缺少父爱的孩子可能会怎么样？
36. 根据这段话，可以知道什么？

第37到38题是根据下面一段话：

4月1日，从北京飞往杭州的MU5132航班原计划10点40分起飞。10点22分，旅客开始登机，在旅客快上齐时，女乘客苏露快步走到客舱座位前，突然对男朋友说："亲爱的，你身上有炸药包吗？"女孩一边问一边给男友使眼色，男孩随后会意地说："哦，是啊，我身上有炸药包。"站在附近的航班乘务长听到谈话后，立刻警惕地走到他们的座位旁确认："打扰一下，先生，请问您刚才说什么？""哦，我身上带炸药包了。"该男子回答。乘务长立即向机长反映了情况，机长随后第一时间报了警。10点28分，机场公安警察、医务人员、安检人员全部到达现场。即使警察上飞机后，这对小情侣仍若无其事地谈着话，丝毫没感觉到他们一句话所带来的严重后果，机场公安随后将这对情侣带走。

据东航工作人员介绍，这对情侣在接受调查时表示，他们说飞机上"有炸药"，只是愚人节的一个玩笑。但按照治安规定，旅客不得在航空器上散布恐怖信息。由于这对情侣不存在主观恶意行为，警方对其进行了批评教育，并对每人罚款500元。

为了保障旅客人身安全，工作人员对MU5132航班进行了清舱，在彻底排除安全隐患的情况下，直到11点54分，该航班才从北京起飞。

37. 飞机要飞往哪个城市？
38. 根据这段话，可以知道什么？

第39到42题是根据下面一段话：

18岁那年，从小就喜爱音乐和舞蹈的她，进入了大学艺术系学习。她的家境并不宽裕，学习期间，她总是尽可能多地做兼职，以减轻家庭负担。

20岁那年，她在一家旅行社兼职当导游，虽然底薪很少，她却做得很认真，并因此找到了改变自己命运的动力。

大学毕业前夕，一家电视台公开招聘气象节目主持人，同学们都鼓励她去试试。

谁知，当她赶到电视台时，面试已经结束，考官正在收拾东西，准备离开。

难道就这样让机会与自己擦肩而过？不能！不知从哪里来的勇气，她把主考官堵在电梯门口，说："请给我一个面试的机会，也许，我就是你们最合适的人选！"

考官们被她的勇气所打动，决定破例给她一次机会。结果，凭着自身优秀的素质和出色的表现，她最终被电视台录用了。

39. 她为什么在大学期间做兼职？
40. 20岁那年，她做什么工作？
41. 考官为什么决定给她一个机会？

42. 她现在做什么工作?

第43到45题是根据下面一段话:

  一项针对1600名上班族所作的调查发现,有高达47%的人在现职中增加了体重。调查发现,越努力工作越容易发胖,主要原因是忙工作,就没有时间运动,而且73%的工作场所没有附设健身设施。在工作场所依赖电子邮件及网络和同事沟通,而懒得走到其他同事的办公室讨论公事,也是发胖的原因。另外,时常去餐馆吃午饭,更是发胖的主要原因。专家认为,职场女性应该利用中午休息时间,到健身房运动,或是简单吃个自备健康午餐,然后外出散步,这些都对身体有益,并能够控制体重。调查也发现,当员工面对压力时,也时常以零食来解决,但零食却是减肥的最大杀手。其实放一瓶水在桌上,随时取来喝,取代吃零食的坏习惯,是控制体重的好方法。

  43. 这项调查一共调查了多少名上班族?
  44. 上班族为什么会发胖?
  45. 面对压力时,保持体重的正确做法是哪一项?

听力考试现在结束。

答 案

一、听 力

第一部分

1. C	2. A	3. C	4. B
5. B	6. A	7. B	8. C
9. C	10. A	11. A	12. B
13. C	14. C	15. D	16. B
17. A	18. B	19. B	20. C

第二部分

21. B	22. C	23. D	24. C
25. B	26. C	27. A	28. C
29. C	30. B	31. C	32. D
33. C	34. C	35. B	36. C
37. D	38. B	39. D	40. B
41. A	42. C	43. D	44. C
45. A			

二、阅 读

第一部分

46. B	47. D	48. C	49. C
50. A	51. B	52. D	53. A
54. D	55. C	56. A	57. A
58. C	59. B	60. D	

第二部分

61. C	62. A	63. C	64. D
65. B	66. D	67. B	68. D
69. C	70. D		

第三部分

71. D	72. B	73. C	74. D
75. C	76. D	77. B	78. D
79. C	80. B	81. D	82. B
83. C	84. D	85. A	86. C
87. C	88. B	89. D	90. D

三、书 写

第一部分

91. 树被风刮断了。
92. 我们合作得非常愉快。
93. 大雾天气导致飞机推迟起飞。
94. 他们吵得很激烈。
95. 他们假装互相不认识。
96. 观众提出的问题很尖锐。
97. 决赛安排在晚上举行。
98. 他把气氛搞坏了。

第二部分
（参考答案）

99.
　　我是一个超级足球迷。昨天晚上我去看了一场精彩的比赛，我支持的球队**胜利**了，真是太开心了！我和很多球迷一起大喊**庆祝**。突然，两方的**球迷**打起架来了！**警察**很快赶来，经过**谈判**，最后打架的**球迷**互相向对方道了歉。我回家的时候已经两点了。

100.
　　很多人喜欢抽烟，可是我要告诉你们：抽烟对身体有很多坏处，经常抽烟的人很容易生病，比如肺癌。抽烟还会污染环境，也会给身边的人带来危害。为了你和别人的健康，还是快戒烟吧！

答案说明

1. C　女的先问对方是不是"总台"，又说自己房间的"抽水马桶"出了问题，男的说马上派人去修，可见男的是宾馆服务员，女的是房客。选C。

2. A　女的说"明天可是我去新部门上班的第一天"，可见她刚换了部门。选A。

3. C　男的说宣传册上"有产品的详细介绍及联系方式"。选C。

4. B　男的说自己暑假作业做完了，要找兼职，可见他是学生，要打工。所以选B。

5. B　女的看了天气预报后，让男的"要多穿点儿，免得感冒"，可见她很关心男的。选B。

6. A　男的让女的不要伤心，还说"世界上优秀的男孩儿多的是"，可见女的失恋了，男的正在安慰她。所以选A。

7. B　男的想要换座位，女的问他是否晕车了，还要给他晕车药，从四个选项看，对话最可能发生在汽车上。可知选B。

8. C　女的说她住在男的的隔壁，可见他们是邻居。选C。

9. C　男的说钱存银行和买股票都不合适，所以"就买了点儿保险"。"不能把鸡蛋放在一个篮子里"这句俗语意思是不要把资金都投在一个项目上，这样风险太大。答案为C。

10. A　女的说"现在人们平均收入不断提高"，可见A正确。

11. A　男的谈到自己资金上会遇到困难时，说"可以通过银行贷款解决"，可见他希望通过银行借钱。所以选A。

12. B　男的说女的"应聘"这份工作，女的又谈到了"个人发展空间"和"工资待遇"的问题，所以最可能是在面试。选B。

13. C　男的说"同意作为特殊照顾给予你们10%的折扣"，可见他同意打九折。选C。

14. C　男的说要"进安检"，女的又让男的在国外好好照顾自己，可见他们最可能是在机场

告别。所以选 C。

15. D　男的说下棋需要一个好的对手，并说自己找到了，可见跟他下棋的人水平很高。所以选 D。

16. B　女的说"不让你买车你非买，现在后悔了吧"，可见女的是在抱怨男的。选 B。

17. A　女的说"资金这一部分考虑得不够成熟"，可见她认为男的没考虑费用的问题。选 A。

18. B　女的说男的从症状上看"应该是对海鲜过敏"。答案选 B。

19. B　男的说女的的爱人"抓住了两个罪犯"，女的又说自己的爱人"穿警服"很英俊，可见女的的爱人最可能是警察。所以选 B。

20. C　男的说给爸爸妈妈礼物，并且祝他们"结婚纪念日快乐"，可见男的在祝贺父母结婚纪念日。选 C。

21. B　女的咨询男的"做什么运动可以保持体形"，可见她健身的目的是保持体形。选 B。

22. C　女的说"我今天看的房子很不错"，又说了房子的优点，可见她看中了一套房子。选 C。

23. D　女的说这是个好的工作机会，让男的好好把握，可见男的得到了一个工作机会。选 D。

24. C　男的说"对不起，我又迟到了"，又说自己因为倒时差睡过了头，可见他来晚了。选 C。

25. B　男的说很佩服女的"工作上取得这么多成就"，可见女的事业很成功。可知选 B。

26. C　女的说男的"你不是正在减肥吗"，可见男的正在减肥。所以选 C。

27. A　男的说自己"总是担心网上支付的安全问题。在网上，账号和密码容易被盗，而且网购的东西往往质量没有保证"，可见他很担心被骗。答案选 A。

28. C　男的说自己"最近老失眠，昨天吃了两片安眠药才睡着的"，可见他昨晚没睡好。选 C。

29. C　女的说电脑"老死机"，怀疑中了病毒，还说"赶快找人修修"，可见电脑出毛病了。所以选 C。

30. B　男的说"本来春天的天气就变化无常"，可见现在是春天。选 B。

31. C　说话人说他"写了封辞职信，打算辞掉销售部经理的工作"，可见他是要离开公司。答案选 C。

32. D　说话人说老板不同意他辞职，还给他放假，希望他休假后再来上班，可见老板希望他留下。选 D。

33. C　在谈论乒乓球比赛时，女的说"我男朋友小时候也练过"，可见她的男朋友小时候练过乒乓球。所以选 C。

34. C　女的说"真是让我们大饱了眼福"，可见已经看完比赛了。选 C。

35. B　文中说长期缺少父爱的孩子"在同情心、推理和大脑发育方面都不如那些父亲经常陪在身边的孩子"，可见缺少父爱可能会缺乏同情心。可知选 B。

36. C　这段话主要谈的是父亲对孩子性格的影响。答案选 C。

37. D　录音开始时就说这次航班是"北京飞往杭州"的。选 D。

38. B　录音中说，"按照治安规定"，这对小情侣被批评和罚款，可见他们违反了治安规定。选 B。

39. D　她做兼职是为了"减轻家庭负担"，说明她家里没有太多钱。所以选 D。

40. B 录音中说,"20岁那年,她在一家旅行社兼职当导游"。答案选B。

41. A 录音最后说"考官们被她的勇气所打动,决定破例给她一次机会",可见是因为欣赏她的勇气。选A。

42. C 因为"一家电视台公开招聘气象节目主持人",她去应聘成功,所以她现在是气象节目主持人。可知选C。

43. D 第一句话是"一项针对1600名上班族所作的调查发现",可见调查了1600人。选D。

44. C "当员工面对压力时,也时常以零食来解决,但零食却是减肥的最大杀手",可见吃零食太多是发胖的原因。选C。

45. A 最后一句说:"放一瓶水在桌上,随时取来喝,取代吃零食的坏习惯,是控制体重的好方法",可见多喝水是保持体重的好办法。选A。

46. B "受到某人的喜爱"是固定搭配。所以选B。

47. D "召开会议"是固定动宾搭配。选D。

48. C 根据下文可知,经理的办法是让牙膏开口加大,即增加宽度,不变的是"长度"。选C。

49. C 在这里,"发现"是"看见"的意思,"有脏的东西掉进锅里"只有"发现"可以搭配。可见选C。

50. A 根据上下文可知,孔子是这个学生的老师,当他以为这个学生在偷吃时,很不满意,所以"教训"学生。所以选A。

51. B 四个选项中,只有"经过"可以与"解释"搭配,表示在某个过程之后。选B。

52. D 根据上文,孔子想要表达的意思是:亲眼看到的事情也不能确定,就更不用说听别人说的了。只有D符合。

53. A 根据上文,这三人经过了"层层选拔和考试",可见大部分人在前面的考试中已被淘汰,只"剩"下了这三个人。答案选A。

54. D 根据下文中的"两米""半米",可见问的是与悬崖的"距离",也就是距离悬崖多远。可见选D。

55. C "有把握"是成功的、有信心的意思。所以选C。

56. A 第三个人说他要"尽量远离悬崖",也就是"越远越好"。选A。

57. A "看台上的一些规矩"属于"知识",只有"了解"与之搭配最合适。选A。

58. C 不能带进球场的行李,可以交给专人或指定的地点进行"管理"。D选项"照顾"的对象一般是人。可见选C。

59. B 电视和收音机等不能带入球场,是因为它们产生的杂音会对球员的发挥造成不好的影响。选B。

60. D 根据上下文可知,不能带婴儿进入球场的原因是怕他们影响球员的发挥。婴儿的声音,大人是不能控制的。选D。

61. C 手机依赖症是一种"心理疾病",所以A不正确。该症特别易发于"白领人群",B不正确。多见于"缺乏自信"的人,D不正确。最后一句说"在来电数量突然减少或手机丢失的情况下,他们通常会出现相关症状",所以C正确。

- 243 -

62. A 短文中说,"每年有2.4万人因为煤电站污染死亡,主要死于肺癌等疾病",可见A正确。文中说,很多人因为"采煤"死亡,B不正确。文中说,煤炭和石油等燃料"更加致命",而非安全,C不正确。文中没有提及这些燃料对人类的重要性,D不正确。

63. C 文中说最好在面试"前半个小时"喝咖啡,A不正确。文中说的是咖啡对集中注意力的作用,C正确;没有提对身体的作用,B不正确。文中说,咖啡对记忆力的影响"并不能持续太久,至多一个小时",D不正确。

64. D 文中建议白领假期的时候关掉手机和电脑,以减轻压力,可见假期开着手机会增加压力,D正确。文中没有提到白领不喜欢休假或有心理疾病,A、B不正确。文中说,白领当假期快结束时"很害怕",C不正确。

65. B 文中没有提到熊猫的生长速度,A不正确。文中说保育员的薪水"甚至比一般工薪阶层还要低",C不正确。"熊猫妈妈一般无法同时抚养两只熊猫宝宝",D不正确。保育员们为了照顾熊猫,"渐渐失掉了自己的圈子",B正确。

66. D 文中说,干果含"维生素B",而非叶酸,A不正确。文中说情绪低落要吃的食物中没有提到肉类,B不正确。营养专家是给心情忧郁的人提建议,并非自身忧郁,C不正确。文中说吃加了铁质的麦片,可以提升情绪,D正确。

67. B 文中最后一句是,"大学生显然已经成为网上购物的主要力量",B正确。文中说,越来越多的人网上购物,A不正确。85%是文中说的网购人数中大专及以上学历用户的比例,C不正确。"2009年中国网购人数突破1.3亿",D不正确。

68. D 文中说洗手要洗20秒,而非20分钟,A不正确。短文谈的是预防感冒,没有提到感冒之后的做法,B不正确。没有提到流感病毒通过空气传播,C不正确。专家说,勤洗手比服用药物更有效,D正确。

69. C 文中说,运动"不一定要在健身房或固定的场所进行",A不正确。短文谈的是日常运动的方式,没有提到别人帮忙运动,B不正确。文中说"每天"多活动30分钟,而不是每周,D不正确。文中说,打扫家居等家务,可以跟参加正规运动课程一样有效,C正确。

70. D 文中的"监控器"是比喻的说法,A不正确。文中说我们以为自己被别人关注的担心"都是多余的",B不正确。文中说,很多人担心的是别人关注自己,而非自己犯错,C不正确。最后说,如果不过于担心别人的看法,会"增加许多从容与快乐",D正确。

71. D 第一段最后说,"妻子在外面赚钱,也未必会威胁到家庭幸福",所以D正确。

72. B 第二段里说"有22%的家庭是由妻子来承担经济支柱的角色的",B正确。

73. C 第三段里说夫妻二人要有一人在家照顾孩子,而"妻子所在的保险公司给全家人提供了医疗保险",因此丈夫辞掉工作。C正确。

74. D 第二段说"经济角色的转换对于婚姻的稳固性造成了惊人的影响","妻子在外面赚的钱多,对于降低离婚率会起到积极的作用",所以D正确。

75. C 第一段说,"小黄刚来厦门的时候,在一个工厂当工人",C正确。

76. D 第四段写她课余"做一些辅助的教务工作……总算把学费和生活费给解决了",D正确。

77. B 根据全文和倒数第二段,可知"她比别人多的是勤奋、努力",B正确。

78. D 第一段写他在南方铁路公司找到工作后,"以为终于找到了属于自己的位置",D 正确。

79. C 成语"出人头地"的意思是超过一般人,C 正确。

80. B 第一段最后一句说,他在得知太太怀孕的当天,"接到了被解雇的通知",也就是失业了,B 正确。

81. D 第三段说"要不是有一天邮递员送来了属于他的第一份社会保险支票,他还不会意识到自己老了",D 正确。

82. B 全文通过肯德基一生坚持努力不怕失败并最终成功的例子,说明了坚持不放弃的意义,B 正确。

83. C 第二段中说"毕业最初的两年,她在国企",C 正确。

84. D 倒数第二段写她在天涯网上发表"长篇小说《浮沉》",D 正确。

85. A 倒数第二段写《浮沉》这部小说"以灰姑娘乔莉在外企的成长经历为主线,通过讲述职场人的潮起潮落,展现了商战风云",A 正确。

86. C 根据第一段,"京城洛神"上大学的时候曾经被电视台看中,在电视台,她主持一档娱乐节目,做过主持人。C 正确。

87. C 根据第二段,"人们很难相信他们挣的钱也许和自己差不多",也就是大部分人认为名人一定挣得比自己多,C 正确。

88. B 倒数第二段提到,名利双收的职业有"名演员、商界大亨、篮球明星"等,只有 B 提到了。

89. D 根据倒数第二段,在名利场中"最重要的是,他们都是先脚踏实地做成了一些实实在在并得到承认的事情的",可见只有先踏实做事才会有名和利,D 正确。

90. D 短文一开始就提起话题:名望、金钱、权力这三者之间的关系,所以 D 正确。

91. 此题主要考查"被"字句的用法:主语 + 被 + 宾语 + 动词 + 其他成分。这个句子应该是:树被风刮断了。

92. 此题主要考查程度补语的用法:动词 + 得 + 形容词。这个句子应该是:我们合作得非常愉快。

93. 此题主要考查连动句:主语 1(大雾天气)+ 动词 1(导致)+ 主语 2(飞机)+ 动词 2(推迟)+ 动词 3(起飞)。这个句子应该为:大雾天气导致飞机推迟起飞。

94. 此题主要考查程度补语的用法:动词 + 得 + 形容词。这个句子应该是:他们吵得很激烈。

95. 此题主要考查"假装"的用法:"假装"后可以带动词做宾语。这个句子应该为:他们假装互相不认识。

96. 此题主要考查"动词 + 的 + 名词"做主语。这个句子应该是:观众提出的问题很尖锐。

97. 此题主要考查介词"在"的用法:动词 + 在 + 时间 + 动词。这个句子应该是:决赛安排在晚上举行。

98. 此题主要考查"把"字句的用法:主语 + 把 + 宾语 + 动词 + 其他成分。这个句子应该是:他把气氛搞坏了。

模拟试卷 第7套

听力文本

第一部分

第1到20题，请选出正确答案。现在开始第1题：

1. 女：你们的报价太高了，我方实在难以接受。
   男：如果您考虑一下我们的产品质量，就不会觉得我们定的价格高了。
   问：男的主要是什么意思？

2. 男：对不起，打搅您了，我可以收拾房间吗？
   女：可以。我们快要外出了，所以才挂上"请勿打扰"的牌子。你能多拿些毛巾和衣架给我们吗？
   问：这段对话最可能发生在哪儿？

3. 女：昨天的电影怎么样？
   男：别提了，看得我差一点儿睡着了，幸亏你没去看。
   问：根据对话，可以知道什么？

4. 男：你的那篇论文什么时候能发表？
   女：编辑本来告诉我是今年最后一期，现在改成明年第一期了。
   问：论文什么时候能发表？

5. 女：今天发生了交通事故，我的车被撞坏了。
   男：幸亏人没事。如果是对方的责任，对方的保险公司会负责赔偿。
   问：根据对话，下面哪一项正确？

6. 女：老板，这项任务太重了，我们办公室需要增加人手。
   男：刚从国外回来的小张比较合适，明天就让他去你们办公室吧。
   问：根据对话，可以知道什么？

7. 女：我咳嗽了两天了，该吃什么药？
   男：你还是去医院看看吧，自己乱吃药别吃出毛病来。
   问：根据对话，可以知道什么？

8. 女：您看，这套房子是去年刚装修的，设施齐全，您随时可以入住。
   男：房租能不能再商量一下？
   问：男的是什么意思？

9. 女：刚才我孙子下台阶时摔了一下，受伤了，需要住院吗？
   男：得先检查一下，看看严重不严重。
   问：这段对话最可能发生在什么地方？

10. 男：产品销量的数据分析由谁负责？
    女：由我和管业务的小王负责。
    问：数据分析由谁负责？

11. 男：几天没坐你的车，你开车技术熟练了不少。
    女：这是我下班后天天练的结果。
    问：关于女的，可以知道什么？

12. 女：这几天气温不断升高，雪都融化了。
    男：本来想去滑雪，看来是去不成了。
    问：男的本来的愿望是什么？

13. 女：让你爸少抽点儿烟。
    男：妈，您又不是不知道，说服我爸比登天还难。
    问：他们可能是什么关系？

14. 女：哪有那么完美的人！找个条件差不多的就行了。
    男：您别着急，我年底一定给您带个女朋友回来。
    问：男的是什么语气？

15. 女：这场演出，观众来得真不少，座位都满了。
    男：一个月前，报纸上就开始宣传，看来效果不错。
    问：他们马上要做什么？

16. 女：除了工资和奖金以外，公司还会提供哪些待遇？
    男：公司会给你提供养老、医疗和失业保险。这是详细条款。如果你对所有条款都没什么意见的话，请在合同上签个字。
    问：他们在做什么？

17. 女：能否告诉我们有关商品的价格？
    男：这是商品的价格表。因为和贵公司合作多年，所以价格方面可以再商量。
    问：男的是什么意思？

18. 男：已经两天没吃肉了，肚子都"抗议"了。
    女：你不是正在减肥吗？才几天就受不了了？
    问：关于男的，可以知道什么？

19. 女：你妻子这个职业真不容易，需要经常出差吧？
    男：没错，采访完了还得马上把稿件写出来。
    问：男的的妻子最可能是做什么的？

20. 男：因为有雾，飞机推迟起飞。
    女：今天早上没听到闹钟响，我还担心赶不上飞机呢。
    问：根据对话，可以知道什么？

第二部分

第21到45题，请选出正确答案。现在开始第21题：

21. 女：早上好！中国南方航空公司。请问有什么可以帮您？
    男：我想订一张下周一飞往北京的机票。
    女：请稍等，让我查一下。有一班是在上午9点半起飞的，可以吗？
    男：可以。
    女：请告诉我您的姓名和联系方式。
    问：根据对话，下面哪一项正确？

22. 女：这款手机是我们今年卖得最火的，待机时间长，功能齐全，还可以上网。
    男：你们现在有什么优惠活动吗？
    女：现在买，送您一块电池。
    男：那保修期是多长时间？
    女：保修期一年，三年之内免费升级。
    问：关于这款手机，下面哪一项正确？

23. 女：空气真新鲜啊！
    男：看来政府治理环境污染的措施效果不错。
    女：没错。不过环境保护需要每个人努力。比如说吧，我现在去市场买菜也自觉地不用塑料袋了。

男：汽车也不开，那就更好了。
问：关于女的，可以知道什么？

24. 女：我觉得职业健康和安全太重要了，所以准备了一些宣传材料挂在办公室墙上，提醒大家每小时休息一下。
男：这个主意很好。最近我经常因为看电脑时间太长而头疼。
女：如果每小时站起来休息一会儿，工作效率也会更高。
男：是的，有好的身体才能更好地工作。
问：男的最近怎么了？

25. 女：快退休了，您有什么打算？
男：过去工作忙，一直没时间去旅游，我打算退休后开车带着老伴到处去转转。
女：开车旅游比跟旅行社旅游自由多了，就是太辛苦了。
男：又不赶时间，累了可以随时休息。
问：男的有什么愿望？

26. 女：不是在复习功课吗？怎么又上网了？
男：专家说，学习累了，上网娱乐能够提高学习效率。
女：短时间的休息可以让大脑得到放松，时间长了肯定会耽误学习。
男：姐，放心吧，我浏览一下网页就下来。
问：两人是什么关系？

27. 女：您从事服装销售这一行遇到的最大问题是什么？
男：主要是市场定位的问题。如果市场定位不准确的话，就很难收回资金。
女：失败多还是成功多？
男：由于我们事先都作了充分的调查研究，当然成功的次数要多一些。
问：关于男的，下面哪一项正确？

28. 女：您做志愿者做了多长时间了？
男：退休以后差不多天天来，帮着打扫打扫卫生，陪老人聊聊天儿什么的。老人面临的最大问题就是寂寞。
女：听说老人之间闹矛盾了，也喜欢找您解决。
男：对，我也要感谢他们，因为他们，我的退休生活才过得这么充实。
问：关于男的，下面哪一项正确？

29. 男：去沙漠旅游玩儿得怎么样？

女：挺有意思的，就是白天、晚上温差特别大，有点儿适应不了。
男：夏天去的话容易晒伤皮肤。
女：可不是嘛，我的脸到现在还疼呢。
问：女的去哪里玩儿了？

30. 女：你帮我看看，怎么打印不了了？
    男：是吗？昨天刚修好的，是不是打印机没连上电脑？
    女：没有。
    男：嗐，怪不得呢，打印机里没纸了。
    问：根据对话，可以知道什么？

第31到32题是根据下面一段话：

　　明天公司有一个重要的会议，今天晚上全公司的人都得加班。我不但要给老板准备会议材料，还得找会计小王，跟他一起核对公司本月的统计数据。虽然秘书小张已经给我们订好了麦当劳送过来，但我们忙得连吃晚饭的时间都没有。

31. 公司今天晚上要做什么？
32. 根据这段话，可以知道什么？

第33到34题是根据下面一段话：

　　去年刚进公司时，我被分配到了秘书办公室，当时我觉得有点儿失望，因为我大学学的专业是市场营销，而且我的性格也比较活泼，愿意跟人打交道，所以我觉得自己更适合做市场推广工作。一年以后，上级把我调到了市场部。说实话，现在我还真的挺怀念自己在秘书办公室的日子，因为在那儿，我学到了很多东西。

33. 关于说话人的工作，可以知道什么？
34. 关于说话人，可以知道什么？

第35到36题是根据下面一段话：

　　一天，一位很有名的作家坐在江边钓鱼，一个陌生人走到他的面前问："怎么，您在钓鱼？""是啊，"作家回答，"今天运气真糟糕，都这时候了，还不见一条呢。可是昨天也是在这里，我钓了15条呢！""是这样吗？"那人说，"可是您知道我是谁吗？我是专门负责这段江面的，这儿禁止钓鱼！"说着，他拿出发票本，要记名罚款。作家连忙反问："您知道我是谁吗？我是专门负责编故事的。编故事是作家的职业，刚才说的都是我的'创作'，所以，您不能罚我的款！"

35. 陌生人想做什么？
36. 关于作家，下面哪一项是不正确的？

第 37 到 38 题是根据下面一段话：

中国首批"90 后"大学生即将毕业进入职场。数据显示，2012 年，中国普通高校毕业生规模达到 680 万人，比上一年增加了 20 万。与此同时，在经济社会发展到一定阶段的中国，大学毕业生起薪与农民工工资差距在逐渐缩小。

出生于上个世纪最后一个十年的这批年轻人，从小就在相对优越的物质环境中生活。面对日益严峻的就业压力，他们与"70 后""80 后"相比，表现出更加多元化的择业观。

一家公司的老板介绍说，"90 后"大学毕业生表现出强烈的推销意识。"70 后""80 后"毕业生前来应聘被拒绝后，往往比较服从。但不少"90 后"年轻人被拒绝后并不急于离开，而是坚持介绍自己，有强烈的主动争取意识，言语更自信、大胆。

37. 2011 年中国有多少高校毕业生？
38. "90 后"大学生求职被拒绝后，往往会怎么做？

第 39 到 42 题是根据下面一段话：

刚结婚时，刘明在他和妻子单位之间一个环境非常不错的小区租了一小套公寓房，宽大的阳台对着中心草坪，夫妻两人都是走路上班，特别方便、舒心；刚生孩子那会儿，他又在妻子单位附近租了一套带院子的两室一厅，那个小院可以方便老人进进出出，洗洗晒晒；几年后他又把房子租到了孩子学校附近，孩子可以走着去上学，他也省了接送孩子的麻烦。刘明不是没有能力承担购买一套房子的费用，但是他喜欢按照自己的方式生活。他算了一下，完全按照自己的想法租房和买套房子相比，花的钱简直太少了，房子的作用却完全发挥出来了，他们自己也获得了高质量的生活。

39. 刚结婚时，刘明租的房子在什么位置？
40. 刚结婚时，刘明夫妻俩怎么上班？
41. 刚生孩子时，刘明为什么租了一套带院子的房子？
42. 刘明为什么喜欢租房子？

第 43 到 45 题是根据下面一段话：

在批评和抱怨没有效果的时候，可以试试换成赞美这种方式。心理学家通过实验得出结论，无论是对人还是对动物，只要发出肯定鼓励的信号，行为一定会得到改善。一位父亲说："我把'积极的鼓励法'应用到日常生活中，很快就收到了效果。我的孩子不爱做家务，以前我经常大声地批评他，这不仅一点儿用也没有，家庭的气氛也很紧张。后来，我改变了教育方式，注意观察他让人喜欢的行为，例如，看到他帮助大人洗盘子的时候，就用赞美的口气鼓励他。果然，他开始热爱劳动了，家庭的气氛也好多了。"

43. 心理学家认为，哪种方式对改善人的行为有效？
44. 那位父亲批评孩子是因为什么？
45. 孩子为什么改变了？

听力考试现在结束。

答 案

一、听 力

第一部分

1. B 2. B 3. D 4. A
5. B 6. B 7. A 8. A
9. B 10. D 11. C 12. A
13. D 14. C 15. C 16. C
17. B 18. B 19. A 20. B

第二部分

21. D 22. C 23. C 24. A
25. A 26. B 27. D 28. A
29. C 30. C 31. D 32. B
33. A 34. B 35. C 36. C
37. B 38. D 39. D 40. B
41. A 42. C 43. A 44. B
45. C

二、阅 读

第一部分

46. A 47. B 48. D 49. B
50. C 51. D 52. C 53. A
54. B 55. B 56. D 57. A
58. C 59. D 60. B

第二部分

61. C 62. C 63. D 64. D
65. C 66. B 67. C 68. C
69. C 70. A

第三部分

71. C 72. B 73. A 74. D
75. B 76. A 77. C 78. D
79. B 80. D 81. D 82. A
83. C 84. A 85. C 86. A
87. A 88. B 89. D 90. A

三、书 写

第一部分

91. 不要为了钱的事吵架。
92. 打喷嚏能传播感冒病毒。
93. 他的表演给我留下了深刻的印象。
94. 这个电影取材于一个真实发生的故事。
95. 饮料被喝光了。
96. 经理的话让我很受鼓舞。
97. 我一回国就和您联系。
98. 他开车朝那个方向去了。

第二部分

（参考答案）

99.
　　很多年轻的**父母**没有**经验**，他们不知道怎么**教育**自己的孩子。一些他们认为对孩子好的做法，却会受到孩子的**抗议**。所以年轻的父母应该多跟孩子交流、沟通，试着了解孩子的快乐和**烦恼**。

100.
　　乔治太太刚做了一场大手术，幸运的是，手术非常成功。给她做手术的是罗林医生。罗林医生虽然还很年轻，但是很有经验。今天他来病房看乔治太太，关心地问她的情况。乔治太太非常感激他给了自己第二次生命。

答案说明

1. B 男的说，如果考虑一下他们的产品质量，就不会觉得价格高了，意思是他们的产品质量很好。选 B。

2. B 男的问能否打扫房间，女的说他们挂了"请勿打扰"的牌子，还让男的拿毛巾和衣架，这些都说明男的是服务员，女的是房客，对话最可能发生在宾馆。选 B。

3. D 男的说自己差点儿睡着了，还说女的幸亏没去看，可见他去看了电影，感觉电影很无聊。答案选 D。

4. A 女的说"现在改成明年第一期了"，可见论文要在明年第一期发表。选 A。

5. B 女的说她的车被撞坏了，所以选 B。

6. B 女的说"办公室需要增加人手"，可见办公室的人力不够。选 B。

7. A 女的说自己"咳嗽了两天了"，可见是病了。所以选 A。

8. A 男的问"房租能不能再商量一下"，意思是希望能便宜一点儿。答案选 A。

9. B 女的问要不要"住院"，男的说先检查一下严重不严重，所以对话最可能发生在医院。所以选 B。

10. D 女的回答说"由我和管业务的小王负责"，所以是女的和小王负责。选 D。

11. C 男的夸女的开车技术熟练时，女的说这是她下班后天天练的结果，可见她最近每天练车。选 C。

12. A 男的说自己本来想去滑雪，可见他本来的愿望是去滑雪。答案选 A。

13. D 男的叫女的"妈"，可见他们是母子关系。选 D。

14. C 男的让女的别着急，说自己年底一定能带女朋友回来，语气很肯定。选 C。

15. C 女的提到"这次演出""观众"，可见他们马上要看演出。选 C。

16. C 他们提到了工资、奖金和其他待遇，可见他们正在谈工资待遇。所以选 C。

17. B 男的说"价格方面可以再商量"，也就是说价格还可以再优惠。可知选 B。

18. B 女的说男的"你不是正在减肥吗"，可见男的正在减肥。可知选 B。

19. A 男的说妻子要"采访""写稿子"，可见他妻子是记者。选 A。

20. B 女的说早上没有听到闹钟响，又说担心赶不上飞机，可见她起晚了。所以 B 正确。

21. D 男的说"我想订一张下周一飞往北京的机票"，可见他想订机票。选 D。

22. C 男的问有无优惠活动时，女的说现在买可以送一块电池，可见现在有优惠。所以选 C。

23. C 女的说自己"现在去市场买菜也自觉地不用塑料袋了"，所以选 C。

24. A 男的说自己最近"经常因为看电脑时间太长而头疼"，所以选 A。

25. A 男的说自己以前没时间旅游，退休后要"开车带着老伴到处去转转"，可见他的愿望是开车旅游。选 A。

26. B 男的叫女的"姐"，可见他们是姐弟。可知选 B。

27. D 男的说"当然成功的次数要多一些"，所以答案为 D。

28. A 男的说自己退休以后天天来，可见他已经退休了。所以选 A。

29. C 男的问女的"去沙漠旅游玩儿得怎么样",可见女的去沙漠了。选 C。

30. C 男的发现打印不了的原因是"打印机里没纸了",所以选 C。

31. D 根据"今天晚上全公司的人都得加班",可知晚上要加班。所以选 D。

32. B 根据"会计小王",可知小王是会计,B 正确。

33. A 根据"上级把我调到了市场部",又说她怀念在秘书办公室的日子,可见她现在在市场部工作。所以选 A。

34. B 根据"我的性格也比较活泼,愿意跟人打交道",可见她善于交际。所以选 B。

35. C 陌生人问完以后,说自己是负责这段江面的,还拿出发票本,要记名罚款,可见他是为了罚作家的款。选 C。

36. C 作家说他"是专门负责编故事的。编故事是作家的职业",可见他很会编故事。今天运气不好,钓了半天还不见一条,昨天钓了 15 条,可见昨天运气不错。C 是那个陌生人的工作,所以选 C。

37. B 录音中说,2012 年有 680 万毕业生,比上一年增加 20 万,可以知道 2011 年有 660 万毕业生。所以 B 正确。

38. D 录音最后说,"'90 后'年轻人被拒绝后并不急于离开,而是坚持介绍自己",可见 D 正确。

39. D 这段话第一句说"刚结婚时,刘明在他和妻子单位之间一个环境非常不错的小区租了一小套公寓房",可见房子在夫妻单位之间。选 D。

40. B 录音中说那时"夫妻两人都是走路上班",所以选 B。

41. A 录音中说,租带院子的房子是因为"那个小院可以方便老人进进出出,洗洗晒晒",所以选 A。

42. C 录音最后说,刘明租房子的原因是租房可以过高质量的生活。所以选 C。

43. A 录音中说,心理学家认为,赞美的方式、鼓励的信号能使行为得到改善。所以选 A。

44. B 那位父亲说"我的孩子不爱做家务,以前我经常大声地批评他",可见他批评孩子的原因是孩子不做家务。选 B。

45. C 孩子的父亲说孩子变得热爱劳动的原因是父亲"用赞美的口气鼓励他",所以选 C。

46. A 饭后再吃甜食,会使体重"增加"。可知选 A。

47. B 为了避免体重增加,想吃东西时最好用水果"代替"别的东西。可知选 B。

48. D 饭后胃已经满了,只是因为"无聊"、无事可做才想吃东西。所以选 D。

49. B "必然结果"是固定搭配,意思是一定会出现的结果。所以 B 正确。

50. C 以某种态度"对待"某事是固定用法。所以选 C。

51. D "保持年轻"是固定搭配。选 D。

52. C 请某人"一定"要做某事。选 C。

53. A "搬家"("搬到……住")是固定用法。所以 A 正确。

54. B 吃饭的时候,饭菜"摆"在桌子上。选 B。

55. B "铃声"在这里是表示危险来临。所以选 B。

56. D　根据上文，农村的老鼠觉得在农村生活更好，虽然生活比城市穷，但是更快乐。可知选 D。

57. A　"比赛规则"是固定用法。答案选 A。

58. C　观众要坐在自己的"位置"上，即自己的座位上。所以选 C。

59. D　"无线通信设备"指手机等。选 D。

60. B　"只有……才……"是关联词语。可知选 B。

61. C　张文"最后获得了冠军"，也就是说张文的比赛成绩最好，所以 C 正确。

62. C　减少空气污染"解决的办法之一就是少开私家车"，可见少开汽车能缓解环境污染，C 正确。

63. D　"晚上 8 点以后超市……开始打折促销"，可见这时候买东西较便宜。选 D。

64. D　用手机上网时"一些病毒也会趁机进入手机系统中"，可见用手机上网要小心病毒，D 正确。

65. C　为了让小动物顺利过冬，志愿者们更忙碌了，可见小动物在冬天更需要照顾。选 C。

66. B　"北方消费者对甜品的消费会少很多"，即南方人比北方人更喜欢甜品，B 正确。

67. C　短文中说，"换房旅游"这种方式是近几年出现的，所以历史很短，C 正确。

68. C　短文最后说，练习太极拳"对身体和精神健康都有好处"，C 正确。

69. C　短文最后说，给孩子讲故事"能提高他们的语言表达能力"，C 正确。

70. A　下班时路上车太多，妻子不敢开车，可见她开车技术不好，A 正确。

71. C　文中说第一类丈夫"会理解妻子的辛苦"，C 正确。

72. B　文中说第二类丈夫"在喝茶看报的时候，还不忘赞美妻子"，B 正确。

73. A　文中说第三类丈夫这么做是因为他成长的环境中，"父亲就是这样对待自己的母亲的"，所以是在模仿自己的父亲，A 正确。

74. D　第一段说他"终于在一家饭店找到了做服务员的工作"，可见他的第一份工作是饭店服务员，D 正确。

75. B　第三段说超市老板买他的电池是因为自己已经拒绝他三次了，他还来，所以被他的诚恳打动了。B 正确。

76. A　倒数第二段说电池行业"利润不大"，即赚钱太少，所以他换了工作。选 A。

77. C　短文最后一句说"习惯被拒绝，你早晚会在事业上获得成功"，C 正确。

78. D　第二段中说，这位空姐突然想到自己由于太忙，忘了给那位顾客倒水，D 正确。

79. B　根据第一段第一句话，客人要水是为了吃药。B 正确。

80. D　第四段中，客人要留言本，空姐以为他是要批评自己，所以很委屈，很担心。D 正确。

81. D　根据最后一段客人的留言，可以知道他要留言本是因为对空姐的服务很满意。D 正确。

82. A　根据最后一段，可以知道客人给空姐写了一封表扬信。A 正确。

83. C　"不动声色"在这里是没有说话的意思，教授想让学生们自己来体会其中的道理。C 正确。

84. A　根据下文可以知道，教授拿出不同的杯子让学生们喝水，是想让他们从中领会人生的

道理。A 正确。

85. C 倒数第二段，教授说学生们"什么都想一手抓的心态，正是造成压力的主要原因"，也就是因为想要的太多，所以心生抱怨。C 正确。

86. A 根据短文可知，教授想让学生们不要看重外在的东西，也就是学会舍弃名誉和地位，这样才能享受生活。A 正确。

87. A 第三段中说，"美国有钱人平均每周大约有 44 到 45 小时花在挣钱上"，所以选 A。

88. B 根据第四段，生气时购物会买回一堆"也许永远都用不上的东西"即不实用的东西。选 B。

89. D 最后一段是说要改变一些不好的习惯，举抽烟的例子就是为了说明坏习惯会浪费很多钱。D 正确。

90. A 文中第二段开始谈"怎么做才是更合理的消费"。所以选 A。

91. "不要"放在句子开头表示命令或建议。"为了……吵架"是说明吵架的原因。所以这个句子应该是：不要为了钱的事吵架。

92. "传播病毒"是合适的搭配。"感冒"做"病毒"的定语，说明病毒种类。所以这个句子应该是：打喷嚏能传播感冒病毒。

93. 本题考查"……（什么）给……（人）留下了深刻的印象"句式。所以这个句子应该是：他的表演给我留下了深刻的印象。

94. "取材于"用来说明电影题材的来源，即"一个真实发生的故事"。所以这个句子应该是：这个电影取材于一个真实发生的故事。

95. 本题考查"名词 + 被 + 动词 + 补语"的句式。所以这个句子应该是：饮料被喝光了。

96. "……让某人受鼓舞"是固定搭配。"经理的话"可以做主语。所以这个句子应该是：经理的话让我很受鼓舞。

97. 本题考查"一……就……"固定搭配。所以这个句子应该是：我一回国就和您联系。

98. "朝 + 方向"可以放在动词前做状语。所以这个句子应该是：他开车朝那个方向去了。

模拟试卷 第8套

听力文本

第一部分

第1到20题,请选出正确答案。现在开始第1题:

1. 女:你说他们这是什么服务态度?简直太恶劣了!
   男:消消气,跟他们生这么大的气,没必要。你放心,我一定会好好批评他们,并赔偿您的所有损失。
   问:根据对话,可以知道男的是什么态度?

2. 女:放心吧,你儿子在学校的各方面表现都不错。
   男:这些和您采取的教育措施是分不开的,我真心向您表示感谢。
   问:说话人最有可能是什么关系?

3. 男:人力资源部的老张都40多了,怎么现在才成家啊?
   女:唉,他一直没有遇到合适的,大家也都替他发愁。不过,好在现在总算找到了自己的另一半。
   问:关于老张,我们可以知道什么?

4. 女:你怎么回事?没看见红灯吗?把驾照拿出来!
   男:实在抱歉,我光顾和孩子说话了,没注意到红灯。能不能不罚款了?下次一定注意。
   问:女的最有可能是什么人?

5. 男:王姐,您协调人际关系的本领真大,从您做事的每个细节都能看出您的大智慧!
   女:哎呀,你说得太夸张了吧,我都不好意思了。
   问:女的是什么语气?

6. 男:我真拿小明没办法了,再跟他在一块儿,我肯定得少活十年!
   女:别生气了,谁不知道他调皮啊?
   问:从对话中我们可以知道什么?

7. 女:为什么中国的简历上都要填写年龄啊?西方人干什么工作都是论能力,不怎么关心你的年龄。

男：中国自古以来有很重的"长幼有序"的观念，因此很看重年龄。
问：这段对话告诉我们什么？

8. 男：真不理解，你怎么就喜欢上王明了？他是要钱没钱，要长相没长相！
   女：不见得吧，我没觉得他有这么多缺点，他的幽默让我很动心。
   问：关于王明，我们可以知道什么？

9. 女：先生，有必要提醒您一下，投资这个产品是要承担一定的风险的，您作好心理准备了吗？
   男：谢谢，我这人就喜欢做冒险的事，那会让我觉得很刺激。
   问：关于男的，我们可以知道什么？

10. 男：这套豪华套房二百多万，就他，也买得起？
    女：你可别小看了小李，他的年薪可不止50万呢！
    问：根据对话，下面哪个说法是正确的？

11. 男：你猜怎么着？昨天我去那家贸易公司应聘，结果被录取了。
    女：你看，怎么样？我说你不用太悲观吧。
    问：从对话中我们可以知道什么？

12. 男：咱们去看看美华吧，她刚刚动完手术，一个人躺在病床上一定很孤单。
    女：谁说不是呢？她在医院的一些手续还没完全办好呢。我们马上去吧，也好帮帮忙。
    问：他们可能马上要去哪儿？

13. 女：现在差10分钟6点，咱们看几点的电影？
    男：咱们来得晚了点儿，上一场已经开演半个小时，要看的话，只能等下一场了，还得等20分钟。
    问：他们大概看什么时候的电影？

14. 男：刚从上海回来？这次接的团怎么样？
    女：挺好的，这次团的成员都是些高级知识分子，有教养，守规则，让人带起来很省心。
    问：下面哪一项工作和女的的职业相关？

15. 男：人家再三请你帮刘新找个女友，你就帮帮忙呗。
    女：我怎么不帮了？我前两天给他介绍的那个女孩儿已经很不错了。他的要求未免也太高了吧。

问：根据对话，下面哪一项是正确的？

16. 男：人都到齐了，可以点了。请问大家有什么忌口的吗？
    女：别点海鲜了吧，张明吃了会过敏的。
    问：对话最有可能发生在什么地方？

17. 女：去饭店吃完饭以后，我想先去商场买几件衣服再回家。
    男：行，没问题，就按你说的办。
    问：他们最先干什么？

18. 男：你说现在的孩子怎么有那么多肥胖的？
    女：现在的孩子整天吃快餐、油炸食品，喝饮料，又不爱运动，不长胖才怪呢！
    问：关于肥胖的原因，对话中没有提到哪一项？

19. 男：妈，我还没去过海南呢，咱们暑假去，怎么样？
    女：你那么怕热，大夏天的，去那里的沙滩，肯定会被晒晕的。还不如去云南和哈尔滨呢，或者干脆在家待着算了。
    问：男的暑假想在哪儿过？

20. 女：喂，现在有空儿吗？能帮我看一下我的论文吗？老师提出了一些具体意见，让我针对里面的问题进行修改，可我心里一点儿把握也没有。
    男：行啊，不过我得先忙完手里的活儿。我们领导已经催我了，不得不重视啊。这样，你先把电话挂了吧，我弄完马上过去。
    问：女的让男的做什么？

第二部分

第21到45题，请选出正确答案。现在开始第21题：

21. 女：这些数码照片真是你拍的吗？太棒了！不但背景漂亮，拍摄的角度选取得也很好，传给我当电脑桌面吧。
    男：过奖了，我只是业余爱好。我一个朋友的水平才叫专业呢！
    女：是吗？他在哪里工作？能请他给我拍婚纱照吗？
    男：没问题啊，包在我身上。我让他针对你的形象，帮你设计一些独特的造型，保证你满意。
    问：关于男的，下面哪一项正确？

22. 女：你怎么才上来？我都在超市里等了你半天了。
    男：我不是去停车了嘛。
    女：你停个车也磨磨蹭蹭的？
    男：哪是我磨蹭啊？停车场的秩序太乱了，我开车转了三圈，才找着个停车的地儿。
    问：从对话中，我们可以知道什么？

23. 女：听说你去国外留学好几年了，刚回来？
    男：对，在美国读完博士回来的。
    女：那你对国外教育领域的发展有何高见啊？
    男：谈不上高见，只是觉得西方教育提倡学生的个性发展，让他们敢于质疑老师，这一点值得我们学习。
    问：下面哪一项是男的的观点？

24. 女：唉！我本来想这个月发了奖金就去买那套衣服的。
    男：买就买呗，还犹豫什么？
    女：唉！我们单位待遇本来就不太好，加上我又迟到了几次，奖金都被扣光了，哪还有钱买啊？真后悔，早知道这样，我宁可少睡会儿觉了！
    男：那就没办法了，看来你只能等下个月了。
    女：是啊，也只好这样了。
    问：关于女的，我们可以知道什么？

25. 男：你说你！都那样了，也不和我联系，我好陪你去啊！
    女：没什么要紧的，不至于麻烦你。
    男：那你自己是怎么办的？
    女：我打车去的，打完针又拿了些药，傍晚的时候就回来了。现在已经没事了。我身体结实着呢，不用担心。
    男：你真是的。你得向我保证，下次万一再碰到这种情况，一定要在第一时间联系我。
    问：男的想陪女的干什么？

26. 女：真烦死我了，这个破工作，干脆辞职算了！
    男：你又怎么了？又碰到什么不顺的事了？
    女：不顺的事倒没有，只是这个工作单调死了，每天都在反复地做着同样的事，我干够了！
    男：你先别急，静下心来好好想一想。我觉得与其换工作，你还不如换换自己的工作态度，努力发挥自己的特长和优势，学会去享受工作中的乐趣。
    问：从对话中我们可以知道什么？

- 260 -

27. 女：我同事的老公经常出差，总给她买衣服回来，可漂亮了。
    男：是吗？你羡慕了？怪不得今天一天都不想理我，是这个原因？
    女：当然啦。你也给我买些衣服，好不好？
    男：我尽量试试吧，你最好别抱太大希望。你也知道，我只会买一些土特产什么的，对买衣服实在不在行。
    女：没事儿，我不会嫌你买的不好的。哎呀，好期待啊！
    问：对话的两个人最有可能是什么关系？

28. 女：来，喝杯温开水吧。
    男：大早上的，还没吃饭呢，先喝什么水啊？
    女：这你就不懂了吧。早上起床后，先喝一杯水，对身体不太好的人来说，有助于调理身体的水平衡。
    男：你现在快成营养专家了。好吧，听你的。
    问：关于女的，下面哪种说法正确？

29. 男：马上就放假了，你有什么安排？
    女：我准备留在中国，亲身感受一下中国人是怎么过春节的。
    男：好啊，你对中国文化这么感兴趣，正好可以体验一下。
    女：你也一起留下吧。要知道，春节可是中国最重要的节日，错过了这次机会，你以后肯定会遗憾的。
    男：我本来想回国的，不过听你这么一说，我也觉得确实应该留下。
    问：根据对话，下面哪一种说法是对的？

30. 女：怎么没听你说过你们公司招聘的事啊？是不是不需要人？
    男：我们公司迫切需要引进一批能干的人才，以促进发展，可无奈找不到合适的人。
    女：那是怎么回事？
    男：来应聘的人不是专业不合适，就是没有工作经验。我们只好继续再等，或者去别的城市看看。
    问：男的的公司怎么样？

第31到33题是根据下面一段话：

一位老太太走到一个年轻人面前，客气地说："先生，请帮我在明信片上写上地址，好吗？""当然可以，能为您效劳很荣幸。"年轻人按老人的要求做了，然后问老人："还有什么要帮忙的吗？"老太太看了看明信片说："麻烦你帮我在最下面再加一句：地址写得有点儿潦草，敬请原谅。"

31. 根据这段话，下列说法中正确的是哪一项？
32. 老人觉得年轻人做事怎么样？
33. 这个故事最有可能发生在什么地方？

第 34 到 36 题是根据下面一段话：

如今，手机已经成为人与人之间保持紧密联系的必要工具，人们大多认为用手机联系可以大幅度降低和人沟通的成本，并且可以扩大人际交往圈；孩子用手机和父母联系的话，可以减少父母的担心，能保证父母随时随地了解孩子的有关信息。但很多父母同时担心，如果孩子花太多时间用短信聊天儿，会妨碍孩子休息，也会耽误他们的学习，而且，如果孩子拿手机进行攀比，那对孩子的影响更不好，不仅如此，那样还会增加家长额外的经济负担。

34. 录音中提到了用手机的坏处，其中不包括哪一项？
35. 这段话主要告诉我们什么？
36. 从录音中可以知道，作者认为手机的作用主要是什么？

第 37 到 39 题是根据下面一段话：

目前绝大部分人已经意识到空气污染危害的严重性，但是，能注意到室内污染的人却不太多。相关调查研究表明，现代人平均有 90% 的时间生活和工作在室内，其中有 65% 的时间是在家里。然而，现代城市中，室内空气污染的程度要比室外空气污染严重 2 倍至 5 倍，在特殊情况下可达到 100 倍。

37. 根据调查，现代人平均有多少时间在室内？
38. 在特殊情况下，室内空气污染比室外空气污染严重多少倍？
39. 这段话的主要内容是什么？

第 40 到 42 题是根据下面一段话：

各位游客，大家好！我们刚才抵达的是北京首都国际机场，简称首都机场。目前首都机场已拥有国际航线 100 多条，海外地区航线 40 多条，国内航线 800 多条，可通往世界上 100 多个国家和地区，以及国内各大中城市。首都机场是中国最大、最现代化的民用航空港，有 1、2、3 号三个航站楼。大家刚刚下飞机的航站楼就是 1 号航站楼，主营南方航空公司及北京、新疆、厦门、四川等航空公司的国内航班。3 号航站楼是为迎接 2008 年奥运会而进行的第三次大扩建。

40. 首都机场大概有多少条国际航线？
41. 哪个航站楼是 2008 年扩建的？
42. 说话人最有可能是做什么的？

第 43 到 45 题是根据下面一段话：

有个年轻人去一家知名的外资公司应聘，公司经理有些奇怪，因为他们公司根本没有登过招聘广告。年轻人用不太熟练的英语解释说，自己是碰巧路过这里就进来了，想试试。经理感觉很新鲜，就破例让他试试，结果面试时，年轻人表现得很糟糕。他对经理的解释是因为事先没有准备，经理以为他不过是在找借口，就随口回答说："等你准备好了再来试吧。"

一周后，年轻人再次走进这家公司的大门，这次他依然没有成功。但比起第一次，他的表现要好得多。而经理给他的回答仍然同上次一样："等你准备好了再来试。"就这样，这个青年先后五次走进这家公司的大门，最终被公司录用，成为公司的重点培养对象。

43. 经理为什么同意让年轻人面试？
44. 根据这段话，我们可以知道年轻人怎么样？
45. 这个故事告诉我们一个什么道理？

听力考试现在结束。

答案

一、听力

第一部分

1. D	2. C	3. C	4. B
5. A	6. C	7. A	8. B
9. D	10. C	11. C	12. B
13. B	14. D	15. B	16. C
17. A	18. D	19. A	20. B

第二部分

21. C	22. C	23. C	24. A
25. B	26. D	27. B	28. A
29. B	30. C	31. D	32. B
33. A	34. D	35. C	36. B
37. C	38. D	39. A	40. B
41. C	42. D	43. C	44. A
45. B			

二、阅读

第一部分

46. A	47. B	48. C	49. B

50. C	51. A	52. C	53. C
54. A	55. B	56. B	57. D
58. B	59. A	60. D	

第二部分

61. C	62. C	63. D	64. C
65. A	66. A	67. D	68. B
69. C	70. B		

第三部分

71. D	72. B	73. C	74. C
75. B	76. D	77. B	78. A
79. D	80. D	81. B	82. C
83. B	84. D	85. D	86. D
87. D	88. D	89. C	90. D

三、书写

第一部分

91. 要是价格再便宜一点儿就好了。
92. 她的话缓解了紧张的气氛。
93. 每个假期他都去国外旅游。
94. 他良好的愿望未能完全实现。/ 他良好的

愿望完全未能实现。
95. 他很荣幸地被录取了。
96. 他离婚的决定让我吃惊。/我离婚的决定让他吃惊。
97. 粮食生产面临巨大的压力。
98. 再把所有的网页浏览一遍。/把所有的网页再浏览一遍。

第二部分
（参考答案）

99.
　　明天是我的生日，朋友们打算给我**庆祝**一下，我不希望收到什么**礼物**，只希望朋友们利用这个机会一起聚一下。让我**生气**的是，男朋友因为出差不能参加我的生日晚会了。不过仔细考虑一下，工作最重要，这样一想，**情绪**也就**平静**下来了。

100.
　　照片上的两位老人一位是我爷爷，一位是我奶奶，他们已经结婚60年了，感情一直很深。三年前，奶奶腿不能走路后，爷爷就负责起了照顾奶奶的责任。天气好的时候，他就会推着奶奶出去看看风景。他说以前是奶奶照顾一家人，很辛苦，现在他应该照顾奶奶。

答案说明

1. D　对话中男的说"你放心，我一定会好好批评他们，并赔偿您的所有损失"，可以知道男的态度非常诚恳。选 D。

2. C　对话双方谈的是男的的孩子的教育问题，女的告知男的儿子"在学校的各方面表现都不错"，男的对女的"采取的教育措施"表示感谢，由此可知他们是老师和家长的关系。C 正确。

3. C　"成家"的意思是结婚。老张"都40多了才成家"，是说他结婚比较晚。所以选 C。

4. B　女的问男的"没看见红灯吗？"可知对话发生在路上。女的还让男的"把驾照拿出来"。由此可知女的最可能是交通警察（交警）。B 正确。

5. A　对话中男的在夸女的，女的说"你说得太夸张了吧，我都不好意思了"，可以听出她是害羞的语气。A 正确。

6. C　男的说自己"拿小明没办法"，意思没法管教小明了，女的劝他"别生气了"，可以知道答案 C 是正确的。

7. A　"长幼有序"是指年长者和年幼者之间要讲究先后顺序，中国人重视这个方面，所以答案 A 是对的。

8. B　对话中男的认为王明"没钱""没长相"（即长得不好），可是女的说"他的幽默让我很动心"，可知王明性格很幽默。"要A没A，要B没B"意思是既没有A，也没有B。B 正确。

9. D　女的提醒男的"投资这个产品是要承担一定的风险的"，男的回答说他"喜欢做冒险的事"，可见他已经作好了准备，确定投资。D 正确。

10. C　对话中男的谈到房子很豪华，价值二百多万，女的又说小李年薪不止50万，买得起，从这些信息可知小李的住房很贵。C 正确。

11. C　男的去应聘，并被录取了，说明男的找到工作了。答案为C。

12. B　从对话中可以得知，他们要去看的病人刚动完手术，躺在病床上，肯定是在病房，所以答案B是正确的。

13. B　女的说现在"差10分钟6点"，男的说他们还要"等20分钟"，因此他们会看6点10分的电影。答案为B。

14. D　由对话中谈到的女"接团""带团"，可以知道她的工作是导游，所以答案D"推荐景点"与她的职业相关。

15. B　女的已经给刘新介绍过她认为不错的女友，可刘新不喜欢，可以知道刘新的要求比较高。B正确。

16. C　从对话中的"点""忌口""点海鲜""过敏"等词语可以知道，对话最可能发生在饭店。C正确。

17. A　女的说去饭店吃完饭以后，她想先去商场买几件衣服再回家，可知他们先吃饭。A正确。

18. D　对话中提到了"吃快餐、油炸食品，喝饮料，又不爱运动"等导致肥胖的原因，没有提"学习辛苦"这一项，所以选D。

19. A　对话中的男孩说没去过海南，建议妈妈暑假去，所以他暑假想去的地方是海南。选A。

20. B　录音中女的说请男的帮她看一下论文，并帮忙修改，所以B正确。

21. C　男的说拍照片"只是业余爱好"，可知答案C是正确的。

22. C　女的在超市等了很长时间，男的去停车场"开车转了三圈，才找着个停车的地儿"，可以知道他很难找到停车的车位。C正确。

23. C　男的说他觉得"西方教育提倡学生的个性发展，让他们敢于质疑老师，这一点值得我们学习"，可知他同意这样的观点。C正确。

24. A　女的本来打算发了奖金去买衣服，可因为几次迟到，没有拿到奖金，所以无法买衣服了。答案选A。

25. B　从女的说的"打针""拿药"等事情，可以知道她生病了，男的想陪女的看病。B正确。

26. D　对话中女的心情不好，很烦，男的告诉女的别急，让她"静下心来好好想一想"，可见他是在劝女的。D正确。

27. B　女的同事的老公经常在出差时给老婆买衣服，女的很羡慕，让男的也那样做，可见他们最有可能是夫妻。B正确。

28. A　对话中男的还没起床，女的就已经准备好了温开水让他喝，可以知道女的很体贴男的。选A。

29. B　女的准备留在中国过春节，建议男的也这样，男的认为"确实应该留下"，因此答案B正确。

30. C　男的的公司迫切需要招聘能干的人才，但是"来应聘的人不是专业不合适，就是没有工作经验"，都不合适。正确答案为C。

31. D　老太太让年轻人帮她写地址，"年轻人按老人的要求做了"，因此答案D正确。

32. B　"潦草"一般指的是字写得不认真。老人让年轻人加上一句"地址写得有点儿潦草，敬请原谅"，是因为她觉得年轻人做事不太认真。选B。

33. A 录音中老太太请年轻人帮忙在明信片上写地址，因此可以知道故事最有可能发生在邮局。A 正确。

34. D 录音中提到了用手机的坏处，包括"花太多时间用短信聊天儿"，孩子可能会"拿手机进行攀比"，"增加家长的经济负担"，没有提到答案 D 的内容。

35. C 这段话说到了用手机的好处，后面也指出了用手机的弊端，所以答案 C 是对全部内容的概括。

36. B 录音中第一句话就说"手机已经成为人与人之间保持紧密联系的必要工具"，因此答案 B 是正确的。

37. C 录音中说，"现代人平均有 90% 的时间生活和工作在室内"，所以选 C。

38. D 最后一句说，"在特殊情况下可达到 100 倍"，所以选 D。

39. A 综合以上两个问题，这段话主要是说室内空气污染更严重。选 A。

40. B 录音中介绍了首都机场"已拥有国际航线 100 多条"，所以答案 B 正确。

41. C 最后一句话说"3 号航站楼是为迎接 2008 年奥运会而进行的第三次大扩建"，可知 3 号航站楼是 2008 年扩建的。选 C。

42. D 说话人这么具体详细地介绍北京机场，一开始他称呼大家为"各位游客"，所以他最有可能是景点讲解员。选 D。

43. C 录音中说"年轻人碰巧路过"去面试，"经理感觉很新鲜，就破例让他试试"，从这些信息可以知道，答案 C 对。

44. A 最后一句说，年轻人被录取了，并"成为公司的重点培养对象"，从这些内容可以知道他最终被重用了。选 A。

45. B 故事里的年轻人先后五次去应聘工作，最终被重用，说明了坚持不懈就会成功的道理。B 正确。

46. A 根据"一节车厢一节车厢找过去"，可知需要耐心，因此选 A。

47. B "作好准备"是常见搭配，选 B。

48. C "空位"就是剩下的座位，可知选 C。

49. B "运气好"人人都羡慕，所以选 B。

50. C 最后一句是通过这个故事明白的道理，选 C。

51. A 领导分配工作，肯定是"要求"属下做。选 A。

52. C "这么多年我都没听他讲过故事"，可知老公讲故事是"新鲜事"，所以选 C。

53. C 儿子提出新要求，"老公沉默了"，可见他不知道怎么往下讲，所以选 C。

54. A "我只好作'陌生拜访'"，是因为家人不同意"我"做推销员，所以选 A。

55. B 因为是陌生拜访，别人就有可能会拒绝他，所以选 B。

56. B "车撞人"是常见搭配。选 B。

57. D "使出各种办法"搭配最合适，选 D。

58. B 以前以"8 小时睡眠"为标准，用它来"判断"人们的睡眠是否充足。选 B。

59. A 年纪大了，活动少了，就是不很"活跃"了。选 A。

60. D　"如果条件允许的话"是常见搭配，意思是如果有这个条件。选D。

61. C　这个人说"我对感情没什么自信"，谈不了，采访别的都可以。选C。

62. C　短文中说，一次性筷子"不仅……，而且对人体的健康也有极大危害"，"而且"后面的内容是着重强调的。选C。

63. D　文中说，煮鸡蛋的营养吸收和消化率为100%"，可知选D。

64. C　短文中说网上购物"最主要的是网上付款的安全问题"，可知选C。

65. A　第一个条件是"身体健康，请确定参加志愿活动时没有生病"，可知选A。

66. A　文中说，一些"商家正是利用人们这种认识上的误区，……标成特价出售"，可知选A。

67. D　根据"近八成用户最关注手机上网功能"，"八成"是80%，可以代表人们的意见。选D。

68. B　文中列举了河南省的悠久的历史文化，"河南省的旅游因此而丰富多彩"，可知选B。

69. C　文中说有色笔或有色纸"能帮助记忆"，可知选C。

70. B　文中说，商人"按照电话本上登记的地址，给每个家庭免费送上4块口香糖"，所以选B。

71. D　"老死不相往来"意思是到老到死，人与人之间都不互相来往，可知选D。

72. B　文中说，"我""挨家挨户上门看水表、收水费"，可知选B。

73. C　第三段说"为了联系方便"，"我"在手机里存了楼里所有住户的电话，选C。

74. C　倒数第二段说，电路突然烧了，"我"在外地，"拨通了四楼邻居的电话"，领居帮忙修好了，可知选C。

75. B　"有的谎言是出于善意，对此我们大可不必理会"，由此可知选B。

76. D　"有的谎言是出于善意"，善意的谎言没有危害，所以选D。

77. B　说谎者"会本能地把自己从他们所说的谎言中排除出去"，即不说自己。第二段为韦斯曼的理论，下文的理论（如不停地眨眼）可能不是他的。可知选B。

78. A　第二、三、四段说的都是怎么识别谎言。所以选A。

79. D　年轻人问智者，"没有人看重我，我该怎么办呢？"可知选D。

80. D　通过整个故事得知，智者想让年轻人在卖戒指的过程中自己明白答案。可知选D。

81. B　文中说，"集市上的人都说年轻人要价太高了"，所以选B。

82. C　根据整个故事和智者最后的话——"你怎能期望生活中随便一个人就能发现你真正的价值呢"，可知选C。

83. B　文中说，"那次老师出的作文题是《我长大了干什么？》"，所以选B。

84. D　"女朋友的父母要求他也去高考，他无论如何也不愿意去，女朋友因此跟他分了手"，可知选D。

85. C　根据"就是爱乱想……越想越远。等到该交卷了，我还没答完呢"，他想得太远，没法集中精神听课，选C。

86. D　最后一段说，"他的童话书销售量已经超过7000万册"，可知选D。

87. D　因为"他不知道它到底是一道语文题还是一道数学题"，所以慌了，选D。

88. D　"老师认为，他没答一个字，至少说明他是诚实的"，老师觉得诚实就应该给一半以上

的分数，所以选 D。

89. C 他把财富看做是最主要的东西，认为拥有财富就拥有了一切，老师不认同他的这种价值观。选 C。

90. D 回信中比尔·盖茨说"在你最感兴趣的事物上，隐藏着你人生的秘密"，可见他认为"兴趣"最重要，所以带的是"兴趣"的钥匙，可知选 D。

91. 本题考查"要是……就好了"句式，这个句式用来表示愿望。"一点儿"放在形容词"便宜"后边，表示比较。这个句子应该是：要是价格再便宜一点儿就好了。

92. 本题考查"动词+了"。"缓解"是动词，所以放在"了"前面。"紧张的"做名词"气氛"的定语。这个句子应该是：她的话缓解了紧张的气氛。

93. 本题考查"每……都……"固定搭配。这个句子应该是：每个假期他都去国外旅游。

94. 本题考查主谓谓语句。"他"做大主语，"良好的愿望"做主谓谓语句的小主语，"未能""完全"做动词"实现"的状语。这个句子应该是：他良好的愿望未能完全实现。或者：他良好的愿望完全未能实现。

95. 本题考查"被"字句：主语+状语（+地）+被+动词+其他成分。这个句子应该是：他很荣幸地被录取了。

96. 本题考查兼语句的用法。"我"做"让"的宾语，同时也做"吃惊"的主语。这个句子应该是：他离婚的决定让我吃惊。或者：我离婚的决定让他吃惊。

97. 本题考查固定搭配"面临……压力"的用法。"巨大的"做"压力"的定语。这个句子应该是：粮食生产面临巨大的压力。

98. 本题考查"把"字句：副词+把+宾语+动词+其他成分。这个句子应该是：再把所有的网页浏览一遍。或者：把所有的网页再浏览一遍。

模拟试卷 第9套

听力文本

第一部分

第1到20题，请选出正确答案。现在开始第1题：

1. 女：去机场，8点出发来得及吧？
   男：这个点正是上下班高峰，堵在路上就麻烦了。提前半小时比较保险。
   问：男的主要是什么意思？

2. 男：这个电影最近特别火，你看了没？
   女：我现在哪有工夫看电影啊？听别人提起过，说故事特别感人。
   问：这部电影怎么样？

3. 女：关于我们这次合作，对方是什么态度？
   男：关键是交货时间，如果我们不能按时交货，他们恐怕就会放弃和我们合作。
   问：关于这次合作，下面哪一项正确？

4. 男：你什么时候去留学？
   女：这周正在办签证呢，估计月底就能办好，计划下个月出发。
   问：女的什么时候出发？

5. 女：北方的天气就是不如南方的湿润，我的皮肤干得都受不了了。
   男：谁说不是呢？
   问：男的是什么意思？

6. 男：不舒服就给领导打个电话，别去上班了。
   女：那怎么行呢？今天可要去谈一个重要的合同。
   问：女的今天要做什么？

7. 女：图书馆的摄影展览你看了吗？
   男：这么有名的展览哪能不去呢？我觉得很多照片拍摄的角度都很独特，我自己学到了不少东西。
   问：男的主要是什么意思？

8. 男：祝贺你这次乒乓球比赛得了冠军！
   女：谢谢。但毕竟是在本校比赛，到全国比赛就不一定了，我还需要继续努力。
   问：关于女的，可以知道什么？

9. 女：我开车还是很紧张。
   男：刚拿到驾照就上路，这也难怪。等我有空儿陪你好好练练。
   问：关于女的，可以知道什么？

10. 男：这个项目是由你负责吗？
    女：经理安排我和小王共同负责，我俩打算好好研究研究。
    问：项目由谁来负责？

11. 女：真后悔这个时间出来购物。你看人挤人的，这还怎么挑啊？
    男：别忘了，这可是你坚持要来的啊。
    问：根据对话，可以知道什么？

12. 女：你也得尽尽当父亲的责任，好好教育教育孩子。
    男：我不是没空儿嘛，你这当妈的就多操操心吧。
    问：他们可能是什么关系？

13. 女：挂号了吗？你哪儿不舒服？
    男：头疼、咳嗽、打喷嚏，好像还有点儿发烧。
    问：他们最可能在哪儿？

14. 男：过期的牛奶可不能喝，会闹肚子的。
    女：才过了两天，应该没问题的。
    问：男的是什么语气？

15. 女：我真佩服你，天气这么冷还出来跑步。
    男：人到中年，不锻炼不行了。
    问：关于男的，可以知道什么？

16. 女：您房子装修好了吗？
    男：装好了，现在只差买家具和电器了。
    女：现在装修材料都是环保的，很快就能搬家了吧？
    男：是，两个月后就搬进去。

问：关于男的，可以知道什么？

17. 女：小刘，上午的合同谈成了吗？
    男：还没呢，对方说再考虑考虑细节方面的问题。
    问：男的是什么意思？

18. 男：这份工作不适合我，我打算辞职。
    女：现在找工作这么难，你可要考虑清楚了。
    问：关于男的，可以知道什么？

19. 女：这段路没有路灯，你开车小心点儿。
    男：放心吧，我可是老司机了，不会有事的。
    问：现在最可能是什么时候？

20. 女：昨天晚上看电视上足球比赛的转播了吗？谁赢了？
    男：好容易赶上个主场，待在家看多没劲啊。买了张票和朋友直接到现场去看的。当然是万达队赢了。
    问：男的是怎么知道比赛结果的？

第二部分

第21到45题，请选出正确答案。现在开始第21题：

21. 女：您好！欢迎光临！请问，您提前预订了吗？
    男：预订了，我上周从网上预订的，我叫张伟。
    女：好的，我查一下。查到了，您预订了一间双人房，对吗？
    男：对，请问双人房一天的费用是多少？
    女：360元。麻烦您先办一下住宿登记。
    问：根据对话，下面哪一项正确？

22. 男：这几天天气热得真让人受不了，今天不去逛商店了吧。
    女：车里不是有空调吗？再说逛一会儿就回家。
    男：我还不了解你？肯定一逛起来就没完。
    女：对女人来说，逛街也是一种放松。
    男：对男人来说，陪女人逛街可是一种受罪。
    问：根据对话，可以知道什么？

23. 男：您好，张太太！我姓王，我是来看房子的。
    女：请进，请随便参观。这套房子是刚装修的，有一个客厅、一个饭厅、三个卧室，建筑面积是158平米。
    男：这房子基本情况很好，不用重新装修。不过，我要先和太太商量商量。我给您打电话再约吧。
    女：好的，我们再联系吧。
    问：根据对话，可以知道什么？

24. 男：唉，最近一段时间一直失眠。
    女：操心的事太多了吧？你也应该适当放松一下，出去休休假、旅游一下。
    男：说得倒容易，我出去了，公司的事谁负责？
    女：现在手机上网这么方便，可以随时保持联系。
    男：等忙过这一阵子再说吧。
    问：关于男的，可以知道什么？

25. 男：朱莉，你好！去泰国旅行得怎么样？
    女：棒极了！我都不想回来了。
    男：听说泰国风景很漂亮。
    女：是的。那儿的人很友好，食物也很美味，更不用说价钱了。
    男：什么时候有空儿，我也希望能去泰国看看。
    问：男的有什么愿望？

26. 女：这份工作需要有合作精神的人。
    男：我认为我的最大特点就是有极强的适应能力和合作精神。
    女：你的条件基本符合我们的要求，面试表现也不错，如果没问题，下周一来报到吧。
    男：我一定好好努力。
    问：女的需要什么样的人？

27. 女：今晚晚些时候见。我得先去上音乐课。
    男：音乐课？你玩儿什么乐器？
    女：我弹钢琴。小时候不喜欢，没想到现在倒成了我的业余爱好了。你的爱好是什么？
    男：哦，我也喜欢音乐，但是不会弹钢琴，我喜欢听古典音乐。
    问：关于男的，下面哪一项正确？

28. 男：这个周末去海边玩儿吧。

女：我可不想去。那里的太阳那么厉害,我怕晒黑了。
男：可以戴帽子嘛。
女：戴帽子根本就不管用。上次去海边玩儿,回来就晒黑了。
男：不过看起来倒是又健康又时尚。
问：关于女的,可以知道什么?

29. 女：你回家的时候顺便去一趟超市吧。
男：又买什么东西?
女：家里没有醋了,你去买一瓶,再买包盐回来。
男：还要买什么东西?
女：暂时不用了,其他的我都买了。
问：女的让男的做什么?

30. 男：你帮我看看,好吗?怎么电脑里的文件打不开了?
女：是吗?我看看,是不是染上病毒了?
男：不会吧?昨天刚装的杀毒软件啊。
女：有的病毒,杀毒软件也删除不了呢。
问：根据对话,可以知道什么?

第31到32题是根据下面一段话:

对不起,小赵昨天晚上把您传真过来的文件放在我办公桌上了,我今天早上看的时候才发现,传真上的字颜色太黑了,我什么也看不出来。有一份还少了三页。我猜是我的传真机出问题了,想请您把文件重新发到其他传真机上。

31. 小赵和说话人最有可能是什么关系?
32. 根据这段话,可以知道什么?

第33到34题是根据下面一段话:

王先生,您要在这里待几天的话,我们很高兴您能到我们工厂来看看。我们会给您介绍一下产品的详细情况,相信参观后您会对我们的产品更了解。除了周六、周日的下午,您随时可以过来。

33. 说话人最可能在哪里工作?
34. 根据对话,可以知道什么?

第35到37题是根据下面一段话:

老张买好火车票,准备高高兴兴回老家过年,打车时却不小心把钱包忘在了车上,银行卡、现金、身份证和火车票都丢了。月底前,回乡的火车票买不到了,丢失身份证后,飞机

也坐不了。

如今，他只希望拾到钱包的好心人能尽快把证件和火车票还给他。

昨天上午，老张来到火车站，把情况向列车值班主任说明后，候车厅值班人员也只能无奈地摇摇头说，丢失的票不能补办。

"改乘长途客车吧。"记者建议，可是老张又觉得两天的坐车时间太长了。我们希望老张能够找到办法，早一天到家。

35. 老张是在哪儿丢的钱包？
36. 老张希望捡到钱包的人把什么还给他？
37. 老张为什么不愿意坐长途客车？

第38到39题是根据下面一段话：

旅客朋友，大家好！欢迎朋友们乘坐本次列车。本次列车从上海开往西安，时间为8小时50分钟。伴随着优美的乐曲，您的旅行生活就要开始了。您上车找到座位以后，请把重的行李放在座位下面，把轻的行李放到行李架上。旅客朋友，抽烟既威胁安全，也危害健康，特别在列车这个特殊的环境中，还会给其他旅客带来不便，希望各位朋友都能遵守列车不抽烟的规定。祝大家旅途愉快！

38. 这趟列车要去哪个城市？
39. 根据这段话，可以知道什么？

第40到42题是根据下面一段话：

爱迪生一生共发明了电灯、留声机、电影机等两千多种东西。他把全部的精力都放在了研究发明上，而对其他生活细节却丝毫也不关心。他成名以前是个穷工人，有一天，他的老朋友在街上遇见他，关心地说："看你身上这件大衣，破得不像样了，你应该换一件新的。""用得着吗？这儿没有人认识我。"爱迪生回答。几年过去了，爱迪生成了大发明家。有一天，爱迪生又在街上碰到了那个朋友。"哎呀，"那位朋友吃惊地叫起来："你怎么还穿这件破大衣呀？这回，你无论如何要换一件新的了！""用得着吗？这儿已经是人人都认识我了。"爱迪生回答。

40. 关于爱迪生的发明，录音中没提到什么？
41. 爱迪生成名后，他的老朋友在街上遇见他，为什么吃惊？
42. 爱迪生是个什么样的人？

第43到45题是根据下面一段话：

在一家出版社下属的一些书店里，每年都有大量的图书丢失，这让书店的工作人员非常苦恼。通常，每年年底，这些丢失图书的名称和数量都要被登记在一个表格上，这个表格将被挂在书店内，以起到对员工一个提醒的作用。

一天，出版社的一位负责人在书店里偶然看到这张表格后，竟然有了个主意。他回到出版社后，开始有计划地出版那些被偷次数最多的图书。

当地每年都要举行一次世界性的书展，在书展上，每个参展的出版社都要使出各种办法来宣传自己的图书。而这家出版社的宣传却非常独特，他们展示了一份"被偷次数最多的十大书目"的名单。结果，这份名单一下子吸引了大量书商前来订货，这使得这家出版社成为书展上的最大赢家。

43. 书店的工作人员为什么苦恼？
44. 出版社的负责人看到表格后，有了个什么主意？
45. 这家出版社在书展上为什么获得了成功？

听力考试现在结束。

答 案

一、听 力

第一部分

1. C	2. A	3. D	4. C
5. A	6. C	7. A	8. B
9. A	10. D	11. D	12. C
13. A	14. A	15. A	16. B
17. C	18. B	19. A	20. D

第二部分

21. C	22. D	23. D	24. A
25. A	26. B	27. A	28. C
29. C	30. A	31. B	32. A
33. B	34. D	35. C	36. B
37. C	38. B	39. A	40. A
41. D	42. B	43. B	44. A
45. D			

二、阅 读

第一部分

46. C	47. A	48. B	49. A
50. B	51. D	52. D	53. C
54. D	55. B	56. A	57. A
58. B	59. C	60. D	

第二部分

61. D	62. C	63. D	64. A
65. A	66. B	67. B	68. D
69. C	70. A		

第三部分

71. B	72. C	73. A	74. D
75. B	76. C	77. D	78. B
79. B	80. A	81. D	82. C
83. A	84. C	85. D	86. A
87. A	88. A	89. B	90. D

三、书 写

第一部分

91. 天气暖和起来了。

92. 运动可以缓解压力。

93. 利润增加了一倍。

94. 门上挂着"禁止入内"的牌子。

95. 病毒被删除了。

96. 他嚷得全楼的人都能听见。

97. 我们应该从工作中寻找快乐。
98. 上午要把文件整理一下。

第二部分
（参考答案）

99.
　　今年暑假我和几个朋友一起去云南**旅游**了。那儿的**风景**特别美丽，那儿还有很多少数民族。我们**发现**，少数民族的**风俗**和汉族很多地方不一样。我们还认识了几个当地的苗族小朋友，他们都穿着传统的服装，又可爱又漂亮。几天的**旅游**就要结束了，我们不得不和他们**告别**，希望以后能有机会再去。

100.
　　我们办公室一共有六个人，大家生活上互相帮助，工作上既相互竞争又互相合作。这个周末公司要举行篮球比赛，我们希望能在比赛中获得胜利。比赛以前，我们办公室年龄最大的李明建议：大家一起伸出手来为我们队加油！

答案说明

1. C　根据男的的话"上下班高峰""提前半小时比较保险"，可知选C。
2. A　男的说这个电影特别"火"，"火"的意思是很受欢迎，所以选A。
3. D　根据"关键是交货时间"，可知选D。
4. C　女的说"计划下个月出发"，所以选C。
5. A　"谁说不是呢"的意思是"对""是"，所以选A。
6. C　根据"今天可要去谈一个重要的合同"，可知选C。
7. A　男的说"我自己学到了不少东西"，所以选A。
8. B　根据"冠军""本校比赛"，可知选B。
9. A　男的说女的"刚拿到驾照就上路"，可知女的刚学会开车，选A。
10. D　女的说"经理安排我和小王共同负责"，所以选D。
11. D　女的说"真后悔这个时间出来购物"，所以选D。
12. C　女的让男的"尽当父亲的责任"，男的称女的"你这当妈的"，可见他们可能是夫妻，选C。
13. A　根据"挂号、头疼、咳嗽、打喷嚏、发烧"，可知选A。
14. A　男的担心"过期的牛奶"喝了"会闹肚子"，可知选A。
15. D　男的说自己"人到中年"，所以选D。
16. B　男的说"现在只差买家具和电器了"，可知还没买家用电器，选B。
17. C　"再考虑考虑"意思是还没决定。所以选C。
18. B　男的说他"打算辞职"，可知选B。
19. A　女的说这段路"没有路灯"，让男的开车小心，可见现在是晚上。选A。
20. D　男的说他是买票和朋友一起直接"到现场去看的"，所以比赛结果是在现场知道的。选D。
21. C　根据"提前预订""双人房"，可知选C。

22. D　男的说"陪女人逛街可是一种受罪",可知选D。

23. D　男的说"这房子基本情况很好",可知选D。

24. A　男的说他"最近一段时间一直失眠",可知他睡不好觉。选A。

25. A　男的说有空儿的时候"我也希望能去泰国看看",可知他也想去泰国旅游。选A。

26. B　女的说"这份工作需要有合作精神的人",可知选B。

27. A　男的说他也喜欢音乐,"但是不会弹钢琴",可知选A。

28. C　男的提议去海边玩儿,女的说"我可不想""我怕晒黑了",可知女的怕晒黑了,所以不想去海边。选C。

29. C　根据女的的话"家里没有醋了,你去买一瓶吧,再买包盐回来",可知选C。

30. A　根据"怎么电脑里的文件打不开了",可知选A。

31. B　小赵昨天晚上把传真过来的文件放在了说话人的办公桌上,可知两人的关系最有可能是同事。

32. A　根据"我猜是我的传真机出问题了",可知选A。

33. B　说话人说"很高兴您能到我们工厂来看看",可知她的工作单位可能是工厂。选B。

34. D　说话人说"除了周六、周日的下午,您随时可以过来",可知她周六和周日下午没有时间。选D。

35. C　根据"打车时却不小心把钱包忘在了车上",可知是坐出租车时丢的钱包。选C。

36. B　录音中说他只希望"能尽快把证件和火车票还给他",可知选B。

37. C　记者建议"改乘长途客车",可是老张"又觉得两天的坐车时间太长了",可知老张不愿坐长途车的原因是时间太长。选C。

38. B　根据"本次列车从上海开往西安",可知选B。

39. A　根据"希望各位朋友都能遵守列车不抽烟的规定",可知禁止吸烟是列车的规定。选A。

40. A　录音中说爱迪生"发明了电灯、留声机、电影机"等,没提到"飞机",所以选A。

41. D　录音中说,"那位朋友吃惊地叫起来:'你怎么还穿这件破大衣呀?'"可知他吃惊是因为爱迪生虽然成名了,却还穿着以前那件破大衣。所以选D。

42. B　录音中说,"他把全部的精力都放在了研究发明上,而对其他生活细节却丝毫也不关心",可知选B。

43. B　根据这家书店"每年都有大量的图书丢失",可知选B。

44. A　根据"竟然有了个主意""有计划地出版那些被偷次数最多的图书",可知选A。

45. D　他们展示了"被偷次数最多的十大书目",人们看了就会明白这是最受欢迎的书,所以吸引了很多书商来订货,这种独特的宣传方式使他们获得了成功。选D。

46. C　下文说"为了更舒服地旅行",可知旅行很辛苦,选C。

47. A　"充分地休息"意思是得到完全的休息。选A。

48. B　脱鞋会"污染"空气,意思脱鞋会有不好的味,因此让人不愉快,所以选B。

49. A　"他每月都能卖出30辆以上的汽车",说明卖得很多,所以会受到经理称赞,选A。

50. B　老李说的话是他的看法,经理对此表示赞成。可知选B。

51. D　"竟然"意思是"没想到"。老李原来估计这个月只能卖10辆车，一个月后卖了12辆，所以是他和经理没想到的。可知选D。

52. D　"假如……"一句是说：如果与实际相反，那么经理的态度会怎么样？提出问题，后面一句是答案。选D。

53. C　"躲过了小动物"是王先生采取措施的结果，可知选C。

54. D　小动物弱小，需要人的"保护"，所以D对。

55. B　小动物原来在小屋里，后来不见了，是它自己出去了，所以选B。

56. A　"好好的一双鞋被咬坏一只"，可知上文应该说小动物咬了他的鞋。选A。

57. A　"是否成功"需要用一个标准来"判断"，可知选A。

58. B　"你就根据自己现在的位置"意思是根据现在自己的情况，可知选B。

59. C　根据"太高了够不着"和下文中的"摔掉"，可知选C。

60. D　远大的目标需要奋斗才能达到，目标太低，很容易实现，所以会让你失去奋斗的力量。可知选D。

61. D　根据"比赛的时候一定不能将比赛看成比赛，要放轻松点儿，这样才会打好"，可知选D。

62. C　根据"石油是现代社会不可缺少的重要能源，人们的衣食住行都离不了石油"，可知选C。

63. D　文中说，"生吃有利于营养成分的保存"，又说，"有些蔬菜必须做熟后再吃"，可知生吃还是熟吃是有条件的，所以选D。

64. A　文中说，"人们在上网时，有些电脑病毒就会悄悄进入电脑系统"，破坏电脑中的资料，可知选A。

65. A　宠物应给宠物"提供食物""提供免费的玩具""设立专门的宠物服饰区""派出专门的宠物保姆上门照顾"您的宠物，可知这家店服务全面，选A。

66. B　根据"最关键的是，不管遇到什么困难，他们都一直没有放弃对成功的追求，最后终于走向了成功"，可知选B。

67. B　根据"他们把光明留给了外人，把黑暗留给了家人"，可知选B。

68. D　根据"父亲对男孩的影响几乎无处不在，不论是脾气性格、生活习惯、兴趣爱好还是心理状态等"，可知选D。

69. C　"可以暂时忘掉现实生活带来的巨大压力，获得调整身心的难得机会"是旅游的真正原因，可知选C。

70. A　第一句话是这段的主题句：衣服"有改善情绪的作用"，可知选A。

71. B　"无奈"意思是"没有办法"，因此选B。

72. C　文中说"何佳3岁时，父亲和母亲离婚了，他跟母亲住在一起"，可知选C。

73. A　"他们的父母会出于补偿心理给他们大把的钱花"，是说他们的父母很大方，可知选A。

74. D　文中以何佳为例，介绍"富二代"不都像人们印象中那样不好，而是"非常渴望得到周围人和社会的认可"，可知选D。

75. B　这个年轻人是做销售的，半年多了，他"一点儿成绩也没有，反而连着在几个大项目

上失败",意思是销售业绩不好,所以选 B。

76. C 老板说"我面试了 20 多人",可知选 C。

77. D 老板说,"与其说我对你仍然有信心,倒不如说我对自己仍然有信心,我相信我没有用错人。"可知老板相信这个年轻人是个有能力的人。选 D。

78. B 校长后来说这 100 名学生"只不过是一些最普通的学生",所以选 B。

79. B "嘱咐"的意思是告诉别人去做什么事。选 B。

80. A 倒数第二段说明了原因,可知选 A。

81. D 根据这个故事和最后一段话"在做任何事情以前,如果能够充分肯定自己,就等于已经成功了一半""告诉自己:我就是最优秀的、最聪明的"等,可知选 D。

82. C 文中说网络"是人们各种信息交流不可缺少的工具",可知选 C。

83. A 文章在说明网络带来的第三点问题时说,"长时间上网会减少和周围人的交流,导致人际关系紧张",可知选 A。

84. C 根据"网络会导致青少年自我控制能力的下降"可知 D 不对;根据"导致身体素质的下降"可知 B 不对;根据"网络犯罪不断上升",可知 A 不对,C 没提到,所以选 C。

85. D 文中说青少年"自我保护意识不强""成为受害者",所以选 D。

86. A 文章开始说"网络也给青少年带来了很多问题",然后列出了四点,都是说网络的坏处,所以选 A。

87. A 根据"为了缓解压力……买一大堆零食回家……就开始大吃起来",可知选 A。

88. A 根据他们"吃的时候很享受","感觉整个人都很轻松",可知选 A。

89. B 根据"专家说,王小姐这种情况属于心理健康问题",可知选 B。

90. D 文中说明了王小姐的减压方式,并引用了专家的评价,"像王小姐这种减压方式会给身体带来危害",建议作心理咨询和运动,可知选 D。

91. 本题考查"动词/形容词+起来"的用法:"起来"放在形容词"暖和"的后面。这个句子应该是:天气暖和起来了。

92. 本题考查能愿动词的用法。"可以"放在动词"缓解"的前边。这个句子应该是:运动可以缓解压力。

93. 本题考查数量补语的用法。数量补语应放在动词后边。这个句子应该是:利润增加了一倍。

94. 本题考查存现句的格式:处所词+动词+着+名词。这个句子应该是:门上挂着"禁止入内"的牌子。

95. 本题考查被动句:主语+被+动词+其他成分。这个句子应该是:病毒被删除了。

96. 本题考查复杂程度补语的用法:动词+得+小句。这个句子应该是:他嚷得全楼的人都能听见。

97. 本题考查固定搭配"从……中"的用法,这个固定搭配放在动词前做状语。这个句子应该是:我们应该从工作中寻找快乐。

98. 本题考查"把"字句的格式:助动词+把+宾语+动词+其他成分。这个句子应该是:上午要把文件整理一下。

模拟试卷 第10套

听力文本

第一部分

第1到20题，请选出正确答案。现在开始第1题：

1. 女：我们是下午六点的火车，五点出发来得及。
   男：我看不行，那时正好是下班时间，路上堵车可厉害了。
   问：男的是什么意思？

2. 男：你怎么这么开心？是不是中大奖了？
   女：不是，公司要组织我们去国外旅游，这个机会我做梦也没有想到！
   问：女的是什么语气？

3. 女：听说电影《三国》刚刚上映，你去看了吗？
   男：上当了，白花了40块钱。历史片拍成了爱情片，女主角倒是挺漂亮的，可是演技实在不怎么样！
   问：关于那部电影，下面哪一项正确？

4. 女：王先生，您能说一下这次旅行的行程吗？
   男：好的。我们这次是"双飞三地五日游"。18号坐飞机到上海，在上海玩儿两天，20号坐火车到杭州，21号到苏州，22号下午再坐飞机回到济南。
   问：这次旅行一共几天？

5. 女：我再去点几个菜吧。
   男：已经够多的了。现在不早了，把服务员叫来结账吧。
   问：男的主要是什么意思？

6. 男：妈，这个书桌已经用了三年了，都坏了，快给我换个新的吧。
   女：你这孩子，一点儿都不爱惜。你以为我的钱是从天上掉下来的吗？
   问：女的主要是什么意思？

7. 女：我借给你的那本书，你看了吗？
   男：看了。作者把复杂的理论解释得简单易懂，还举了很多有趣的例子，是一本非常好的经济学入门书。

问：关于那本书，下面哪一项是正确的？

8. 男：等我拿到驾照以后，咱们去买一辆新车吧。
   女：别做梦了，抓紧练倒车！就你那技术，还是买辆二手车给你练习吧！
   问：根据对话，下面哪一项是正确的？

9. 女：你最近老是说自己头疼，去医院看了吗？
   男：别提了！在中心医院花几百块钱作了一个检查，也没查出什么原因。我想找个中医看看，吃点儿中药什么的。
   问：关于男的，可以知道什么？

10. 男：王姐，你能帮我们公司介绍几个外国客户吗？
    女：没问题，我做出口生意这么多年，找几个外国人还不容易！
    问：女的最可能是什么人？

11. 女：越来越多的大学生找不到工作，是不是因为工作岗位太少了？
    男：这只是一个方面。除了这个以外，还有别的原因，比如大学盲目扩大规模、专业结构不合理、学生就业期望过高，等等。
    问：大学生找不到工作的原因，对话中没有提到的是哪一个？

12. 男：刚才给你打了两三个电话，你都没接。
    女：不好意思，刚才在开会，领导让我们把手机都调成静音了。
    问：女的刚才为什么没接电话？

13. 女：你为什么不在北京找工作呢？在大城市收入更高，发展机会也多一些。
    男：在大城市工作，各方面的压力会很大。另外，我父母身体不太好，在这儿工作，离他们近一些，也方便照顾他们。
    问：根据对话，可以知道什么？

14. 男：你和咱们班的张亮联系过吗？他现在怎么样了？
    女：好像在一家电脑公司上班。大家都太忙了，平时很少联系。我们宿舍的几个女生，还偶尔聚一聚。
    问：他们以前最可能是什么关系？

15. 女：暑假我想给孩子报一个钢琴班，可今天早上六点就去排队，也没给孩子报上。

男：现在的家长，舍不得给自己花钱，给孩子花钱倒很积极，跟抢似的。
问：根据对话，可以知道什么？

16. 男：今天晚上咱们去楼下的小饭馆吃吧，花钱不多，又省事。
    女：没听别人说吗？这家小饭馆菜不干净，容易吃坏肚子，还是在家里吃放心！
    问：女的为什么不去饭馆吃饭？

17. 女：现在电视剧里面也加入广告了，真烦人！
    男：我不这么认为。只要不影响我们欣赏剧情，加一点儿广告也没什么。
    问：男的是什么意思？

18. 男：我的卡丢了，请帮我查一下，账户里的钱有没有被人取走。
    女：没有。您先办个挂失，再去那边复印一下证件，填一张表格，就可以补办一张新卡了。
    问：这段对话最可能发生在什么地方？

19. 女：您是从上海来的张教授吧？听说您第一次来大连，王老师让我来接您。
    男：谢谢。我一出车站就看见你手里的牌子了，你们想得太周到了！
    问：根据对话，可以知道什么？

20. 男：同样的产品，为什么你们的价格比别人高这么多？
    女：我们是大公司，质量更有保证，价钱自然高一点儿。长期合作的话，可以给你们打九折。
    问：女的主要是什么意思？

第二部分

第21到45题，请选出正确答案。现在开始第21题。

21. 女：咱们就买这台海力的冰箱吧，外观漂亮，价钱也合适。
    男：他们家的空调做得很好，不知道冰箱做得怎么样。
    女：海力是大品牌，质量肯定有保证。再说，他们在搞活动，现在买，能省好几百呢！
    男：买家电可不能只看价钱，还得看售后服务什么的。咱们再逛逛吧。
    问：根据对话，下面哪一项正确？

22. 男：15床病人的情况怎么样？
    女：早上给他作了常规检查，病情已经基本稳定。经过一周的调养，身体也好多了。
    男：按照计划，我们下周一给他做手术。你给病人家属打个电话，让他们过来一趟，需要他们在《手术同意书》上签字。
女：好的，我马上就去。
问：女的要去干什么？

23. 女：你看《宫》那部电视剧了吗？电视台正热播呢！
    男：我现在很少看电视剧。好看吗？讲的什么故事？
    女：是关于古代宫廷斗争的，男女主角都是帅哥美女，他们的爱情可感人了，我都感动得哭了。
    男：只有你们这些小女生才喜欢看这种编造出来的爱情偶像剧。我更喜欢那些反映真实历史和现实的电视剧。
    问：关于那部电视剧，可以知道什么？

24. 男：你是怎么知道我们公司的？
    女：我在网上看到你们的招聘广告，就发了一份简历过来。
    男：我们招聘的职位是经理助理，负责整理资料、起草文件、安排日程，等等。你适合做这样的工作吗？
    女：我的专业是中文，文字功底没问题。我还在一家网络公司做过兼职，有这方面的工作经验。
    问：关于女的，下面哪一项是正确的？

25. 女：毕业以后，你想留在学校当老师吗？
    男：不想，我的性格不适合教学和学术研究。
    女：那你想去公司工作，还是考政府部门的公务员？
    男：我要自己创业，开一家自己的公司，自己做老板。
    问：男的毕业以后想做什么？

26. 女：这次出差时间比较长，多带几件衣服。那边经常下雨，你得带把雨伞。
    男：都带了。帮我把水杯拿过来，上次就忘带了。
    女：路上饿了怎么办？给你带些吃的东西吧。
    男：不用了，火车上有餐车，在那儿吃就行。
    问：男的带的行李中不包括什么？

27. 男：你好！我想买一张25号下午去北京的火车票。
    女：对不起，卖完了，只有26号晚上的了。
    男：有卧铺吗？
    女：不好意思，我们这儿只卖硬座。您可以上车以后再补卧铺票。

男：行，我要两张。

问：男的最后买了什么车票？

28. 女：我和老公看中了一套房子，定金已经交了，过两天就和房主签合同。

男：签之前，你应该去房管局，确认房产证的真实性、有没有被抵押；再在网上找一些房屋买卖合同的范例，和房主商定付款方式、交房时间等一些具体问题。

女：买房子这么麻烦呀！我以为只要交钱就行了呢！

男：买房是一件大事，一点儿也不能马虎，这方面我可是有过教训的。

问：根据对话，可以知道什么？

29. 男：这家饭馆的海鲜做得不错，我和同事经常来吃。

女：我是在海边长大的，什么海鲜没吃过？点几个当地的特色菜吧。

男：这家饭馆的口水鸡和酸辣鱼最地道了，就是有点儿辣，你能吃吗？

女：偶尔吃一两次，应该没问题。好容易来一趟，不尝尝当地的特色菜，太可惜了！

问：关于女的，下面哪一项是正确的？

30. 女：我要减肥了！以后晚上我只吃水果，别的什么都不吃！

男：你别把身体减坏了。

女：不是说水果对身体有好处，应该多吃水果吗？

男：水果当然有好处，可是光吃水果就没好处了。其实，最好的减肥方法是多运动。

问：男的主要是什么意思？

第31到33题是根据下面一段话：

抽烟是一种不好的习惯，对身体没好处，这些大家都知道。只要有毅力、能坚持，就一定能戒烟。但是说起来容易做起来难。今天我说一些戒烟的方法，大家可以试试。

首先，告诉别人你在戒烟，知道你戒烟的人越多，诱惑你吸烟的机会就会减少。

其次，转移注意力。当人情绪不好时，比如焦虑、无聊、孤独的时候，很容易会想到吸烟，这时应该想办法转移注意力，如听音乐、看电视、打太极拳、与人交谈等，这些都能帮你克制吸烟的想法。

第三，坚持写戒烟日记，把每天的戒烟目标以及所想到的好处都写下来，不断提醒自己戒烟。

第四，奖励自己。当你抗拒了吸烟的诱惑时，用积极的话或者一顿美食来鼓励自己，还可以奖励自己看一场电影，或做其他自己喜欢的事情。

31. 根据录音，下面哪种说法是正确的？

32. 什么时候人容易想到吸烟？

33. 录音中提到的戒烟方法中，不包括下面哪一项？

第34到36题是根据下面一段话：

春运，是中国在春节前后发生的一种大规模的高交通运输压力的现象。春运一般持续40天左右，包括春节前的15天和春节后的25天。在这段时间，有20多亿人次的人口流动，交通压力极大。

春运的产生，主要与中国人的传统观念以及中国的社会经济情况有关。在中国，春节是一年中最重要的节日，无论离家多远，人们都要尽量回到家里与家人团聚，共度新春。随着中国经济的发展，越来越多的人远离家乡，到外地就业。这些在外地工作的人员，在春节前后多集中回乡过年，他们是春节运输的主要人群。

同时，春节也是一个长假。不光在外地工作的人要回乡过年，高校的大学生们也要回家过年，还有的人选择在春节期间外出旅游，这也加大了交通压力。

春运发生的另外一个原因，是现有的交通运输能力不能完全满足需求。2006年，中国铁路总里程位居世界第三，但是人均铁路里程却只有5.8厘米，不够一支香烟的长度。

34. 春运一般持续多少天？
35. 春节运输的主要人群是哪些人？
36. 下面哪一项不属于春运产生的原因？

第37到39题是根据下面一段话：

一个男人去看心理医生，说："医生，我和妻子的脾气都不好，我们不吵架，日子就过不下去。我应该怎么办？"

"是不是工作压力太大了？"医生问。

"我出生在一个很有钱的家庭，工作也很轻松，还经常去国外旅游。"男人回答。

"我认为，主要原因是你精力过剩。我建议你每天至少跑10公里。两个星期以后再给我打电话，告诉我效果怎么样。"医生这样跟他说。

半个月以后，男人给医生打电话，他兴奋地对医生大喊："谢谢你，大夫！你的方法真的是太了不起了！"

"你和妻子还吵架吗？"医生问。

"当然不吵了，现在我已经离家150公里远了。"男人在电话那头回答。

37. 男的遇到了什么问题？
38. 医生给了男的什么建议？
39. 男的现在为什么不和妻子吵架了？

第40到42题是根据下面一段话：

5岁的儿子参加了幼儿园的美术班，每天，他都把自己的画儿带回家来。看着儿子画出的花草、楼房和小鸟，我非常高兴。

过了一段时间，我发现一个问题：儿子的每张画儿都只有黑色和红色两种颜色。是不是老师教的问题呢？我专门跑到儿子的同学家里，看到他们的画儿色彩丰富，红花、绿草、白

云，颜色运用得非常合理。

这让我非常苦恼。我认为，儿子可能是患上了某种心理疾病，于是我带着儿子去看心理医生。

医生给儿子作了各种心理测验，发现儿子的心理非常正常。医生无法解释儿子的奇怪行为，向我推荐了一位心理学教授。教授听完我介绍的情况，也觉得难以理解。教授让我们先回去，他说自己要认真思考一个星期。

一个星期以后，我和儿子再次来到教授家里，教授还是没有找出原因。这时候，教授的孙子回来了。教授突然想起了什么，他让孙子把画笔拿出来，让我儿子当着他的面画一幅画儿。

儿子看着这些画笔，非常羡慕地说："你这里什么颜色都有！同桌把我的笔都抢走了，只留下黑色和红色，还不让我告诉别人！"

40. "我"发现了什么问题？
41. 第一次去见那位心理学教授时，教授让"我"怎么做？
42. 儿子的画儿上为什么只有两种颜色？

第43到45题是根据下面一段话：

从9号上午至12号中午12时，有近185万网民参加了国家法定节假日调整方案民意调查。结果显示，八成网民支持这一调整方案。

其中，法定节假日总天数增加到11天的支持率为88%，增加三个传统节日为法定假日的支持率为67%，保留"十一"国庆节和春节两个"黄金周"的支持率为81%，将春节放假时间提前到除夕的支持率为81%，全面推行带薪休假制度的支持率为90%。

也有一些网民表达了不同意见。网民"小胖侠"说，春节从除夕开始放假，实际上是假期缩短了一天；取消"五一"黄金周，春节和"十一"压力加大，公众出行更不便；传统节日设为法定假日，但假期只有一天，实际意义不大；带薪休假在实际中很难做到。

其中，争论最大的是取消"五一"黄金周。很多网民不赞成取消"五一"黄金周，认为这让很多外地人少了一次回老家的机会。"我回趟老家，来回差不多要一个星期，我建议保留'五一'黄金周，我想多陪陪我母亲。"一位网友的留言受到了众多网友的赞成。

据了解，本次民意调查将于11月15号结束。

43. 本次节假日调整方案中不包括什么？
44. 有人反对取消"五一"黄金周，主要原因是什么？
45. 这段话主要介绍了什么？

听力考试现在结束。

答 案

一、听 力

第一部分

1. D	2. A	3. D	4. C
5. D	6. A	7. A	8. C
9. C	10. D	11. B	12. D
13. B	14. A	15. D	16. D
17. D	18. A	19. B	20. C

第二部分

21. A	22. C	23. B	24. D
25. B	26. B	27. D	28. D
29. C	30. D	31. A	32. C
33. B	34. D	35. C	36. B
37. A	38. C	39. D	40. C
41. B	42. A	43. B	44. D
45. C			

二、阅 读

第一部分

46. A	47. C	48. B	49. B
50. C	51. A	52. B	53. C
54. A	55. B	56. A	57. B
58. C	59. D	60. A	

第二部分

61. C	62. A	63. D	64. A
65. D	66. C	67. A	68. C
69. D	70. B		

第三部分

71. A	72. D	73. C	74. B
75. A	76. B	77. D	78. D
79. C	80. C	81. A	82. D
83. A	84. C	85. B	86. B
87. C	88. C	89. D	90. B

三、书 写

第一部分

91. 这种药只能暂时缓解你的疼痛。

92. 空气污染严重威胁人类的身体健康。

93. 他还是舍不得穿那件新毛衣。

94. 他始终没有表明自己的态度。

95. 他的病是不会传染给别人的。

96. 商品价格里已经包含了我们交给国家的税。

97. 妈妈还保留着孩子小时候用过的课本。

98. 我们并不否认她对公司的贡献。/ 她并不否认我们对公司的贡献。

第二部分

（参考答案）

99.

各位**嘉宾**，欢迎参加今天的婚礼。在这个**美好**的日子里，能够为自己最好的朋友主持婚礼，我感到很**荣幸**。我**代表**新郎和新娘，向各位的到来表示真心的感谢！现在，让我们一起举杯，向两位新人表示**祝贺**，并祝愿他们以后的生活更加幸福、**美好**！

100.

现在，会开车的人越来越多。开车最重要的是安全，特别是快到路口的时候。这块牌子上有一个三角形，三角形里面是一个"十"字，下面还有一句话："前方路口，注意安全"。这是在提醒司机：前边是一个路口，要特别注意安全。

答案说明

1. D　女的认为五点出发来得及，男的不同意，因为五点的时候正下班，路上堵车严重。可以知道，男的认为应该早点儿出发。所以答案是D。

2. A　根据"这个机会我做梦也没有想到"这句话，可以知道女的得到这个出国旅游的机会又惊讶又高兴。所以答案是A。

3. D　男的说"白花了40块钱"。"白+V"的一个意思是：付出了时间、金钱或努力，却没有得到想要的结果。男的的意思是花了钱，但是没有看到好电影。所以答案是D。

4. C　对话中提到"双飞三地五日游"，"五日"就是五天的意思，所以答案是C。

5. D　男的说"已经够多的了"，意思是菜已经很多了，不用再点菜了，所以答案是D。

6. A　"你以为我的钱是从天上掉下来的吗？"是一个反问句，意思是钱不是从天上掉下来的，是辛苦劳动得来的，即赚钱不容易，所以答案是A。

7. A　根据"作者把复杂的理论解释得简单易懂"这句话，可以知道这本书容易读懂，所以答案是A。

8. C　根据女的的话"别做梦了"，"还是买辆二手车给你练习吧"，可以知道女的不同意男的买新车，所以答案是C。

9. C　根据男的说自己"在中心医院花几百块钱作了一个检查，也没查出什么原因"这句话，可以知道男的去医院检查了，但是没有查出头疼的原因。答案是C。

10. D　根据"我做出口生意做了这么多年"这句话，可以知道女的是做生意的。答案是D。

11. B　对话中提到了"工作岗位太少""大学盲目扩大规模""专业结构不合理""学生就业期望过高"，没有提到"就业信息"的问题，B没提到，所以答案是B。

12. D　根据"刚才在开会，领导让我们把手机都调成静音了"这句话，可以知道女的不接电话是因为她在开会，不方便接电话，所以答案是D。

13. B　根据"我父母身体不太好，在这儿工作，离他们近一些，也方便照顾他们"这句话，可以知道男的很关心自己的父母。答案是B。

14. A　根据"咱们班""我们宿舍"这两个信息，可以推断出他们以前最可能是同学。答案是A。

15. D　根据"现在的家长，舍不得给自己花钱，给孩子花钱倒很积极，跟抢似的"这句话，可以知道家长很舍得为孩子花钱。答案是D。

16. D　女的说"这家小饭馆菜不干净，容易吃坏肚子"，认为在家里吃放心，可见她不愿意去饭馆吃饭，是因为认为那儿的菜不干净。答案是D。

17. D　根据男的说的"只要不影响我们欣赏剧情，加一点儿广告也没什么"这句话可以知道，男的不反对电视剧里加入一些广告。答案是D。

18. A　根据"卡""账户""挂失""补办"这些信息可以推测，这段对话最可能发生在银行。答案是A。

19. B　根据"王老师让我来接您"这句话，可以知道女的是来接人的。答案是B。

20. C 女的说"我们是大公司,质量更有保证",意思是自己公司的产品质量更好,所以答案是C。

21. A 男的说"咱们再逛逛吧",意思是还要再看看别的公司的产品,说明他们还没确定要买。答案是A。

22. C 男的让女的"给病人家属打个电话",女的说"马上就去",可以知道,女的要去联系病人家属。答案是C。

23. B 根据"男女主角都是帅哥美女"这句话,可以知道女主角是"美女"即长得很漂亮。答案是B。

24. D 女的说"我在网上看到你们的招聘广告,就发了一份简历过来",说明她想在这家公司找工作。答案是D。

25. B 根据男的说的"我要自己创业,开一家自己的公司,自己做老板"这句话,可以知道男的想自己开公司。答案是B。

26. B 女的想让男的带些吃的东西,男的说"不用了",并说在火车的餐车上吃就行。所以他的行李中不包括食物。答案是B。

27. D 根据"只有26号晚上的了"和"我们这儿只卖硬座"这两句话可以知道,男的最后买到的是26号晚上的硬座票。答案是D。

28. D 根据"买房是一件大事,一点儿也不能马虎,这方面我可是有过教训的"这句话,可以知道男的买过房子,知道应该怎么买。答案是D。

29. C 女的说:"我是在海边长大的,什么海鲜没吃过?"从中可以知道,女的吃过很多海鲜。答案是C。

30. D 男的认为女的不能光吃水果,这样对身体不好,又告诉女的,最好的减肥方法是多运动。可以知道,男的的主要意思是:应该科学地减肥。答案是D。

31. A 根据"只要有毅力、能坚持,就一定能戒烟"这句话可以知道,戒烟是可以做到的。其他选项的内容与录音内容不符,答案是A。

32. C 录音中说"当人情绪不好时,比如焦虑、无聊、孤独的时候,很容易会想到吸烟",又说听音乐、看电视、打太极拳、与人交谈等是转移注意力、克制吸烟想法的方法。所以说情绪不好时容易吸烟,答案是C。

33. B 录音中提到了四种戒烟方法:告诉别人自己在戒烟、转移注意力、坚持写戒烟日记、奖励自己,没有提到"多吃巧克力"。答案是B。

34. D 根据"春运一般持续40天左右,包括春节前的15天和春节后的25天"这句话,可知春运一般持续40天。答案是D。

35. C 根据"这些在外地工作的人员,在春节前后多集中回乡过年,他们是春节运输的主要人群"这句话,可以知道答案是C。

36. B 录音中提到春运产生的原因包括中国人的传统观念、社会经济发展使很多人到外地就业、春节是一个长假、交通运输能力不足,没有说中国人喜欢坐火车。答案是B。

37. A 根据"我和妻子的脾气都不好,我们不吵架,日子就过不下去"这句话可以知道,男

的经常和妻子吵架。答案是 A。

38. C 根据医生说的"我建议你每天至少跑 10 公里"这句话，可以知道答案是 C。

39. D 根据男的说的"现在我已经离家 150 公里远了"这句话，可以知道男的现在离家很远，不可能再和妻子吵架了。答案是 D。

40. C 根据"我发现一个问题：儿子的每张画儿都只有黑色和红色两种颜色"这句话，可以知道答案是 C。

41. B 根据"教授让我们先回去，他要认真思考一个星期"和"一个星期以后，我和儿子再次来到教授家里"这两句话，可以知道答案是 B。

42. A 录音结尾，儿子的话说出了答案："同桌把我的笔都抢走了，只留下黑色和红色，还不让我告诉别人！"可以知道，儿子只用黑色和红色两种颜色，是因为别的颜色的笔都被同桌抢走了。答案是 A。

43. B 录音中提到增加传统节日为法定假日、把春节放假时间提前到除夕、全面推行休假制度等，争论最大的是是否取消"五一"黄金周，而没有说取消所有的黄金周，所以答案是 B。

44. D 录音中说"很多网民不赞成取消'五一'黄金周，认为这让很多外地人少了一次回老家的机会"。根据这句话，可以知道答案是 D。

45. C 根据第一句"从 9 号上午至 12 号中午 12 时，有近 185 万网民参加了国家法定节假日调整方案民意调查"和最后一句"本次民意调查将于 11 月 15 日结束"，可以推断出这段话主要是介绍这次民意调查的结果，所以答案是 C。

46. A 少年相信任何事情，心地单纯，思想简单，所以被比喻为一张白纸，答案为 A。

47. C 根据"内心像一张白纸""书本就像我们的老师一样，告诉我们许多人生的道理""把书本上的话抄在日记本上"等内容，可以知道那时的"我们"非常容易受影响。答案是 C。

48. B 前面说，读到好书对少年人有好处。最后一句"不过"是一个转折连词，表示事实和前面预想的相反。所以答案是 B。

49. B "精美"意思是精致漂亮。"装饰"意思是打扮，使之更漂亮。"精美的装饰"是合适的搭配。所以答案是 B。

50. C "实在是"意思是"的确、真的是"，表示对确认的强调。答案是 C。

51. A "看了半天""越看越喜欢""出高价买了下来"，这是郑国人从欣赏到决定买的整个过程。可见是"越看越喜欢"。答案是 A。

52. B 这段话想告诉我们，很多时候，我们只注意到事物外表的美丑，没有注意到它们内在的价值。"忽视"是"不重视、没有注意"的意思。答案是 B。

53. C "其实"后面的内容与前面的常相反；又根据后面的总结"如果爱得不够，就会找出理由来推辞；如果努力得不够，就会找出理由来安慰自己。其实，那些并不是理由"可以推断，这里的词应该是 C。

54. A 老板是根据员工的能力和成绩发工资的，所以不给这个员工高工资，最可能的原因是

老板认为这个员工能力不够，不值得给他这么高的工资。答案是A。

55. B 前面两段都有"其实，那不是理由"这样的话，所以这里最合适的句子是"其实，那也不是理由"。答案是B。

56. A 那个中年男子认为，如果真的喜欢音乐，就总会找出时间进行音乐创作。"真的喜欢"是"有时间"的条件。这里应该用表示条件关系的连词"只要"。答案是A。

57. B 我们忙于工作的时候，心爱的人可能要在旁边"等待"，又根据后面一句"因为我们让心爱的人等得太久"，可知这里应该用"等待"一词，答案是B。

58. C "一旦……就……"是一组关联词语，"即使""虽然""不管"都不能和"就"组成关联词语。答案是C。

59. D 根据"我们永远都有忙不完的工作"这句话，可以知道，旧的事情做完后，就有新的事情要做，所以永远忙不完。答案是D。

60. A 作者认为，"和心爱的人一起过着幸福的生活"是一种"享受"，即：不要想着把所有的事情都做完，而是要"享受"过程。所以答案是A。

61. C 根据"调查显示，有爱情而没有理想工作的人很多。大多数人有勇气去找一个自己爱的人，却没有勇气去找一份自己真正喜爱的工作"这段话，可以知道，很多人做的工作并不是自己理想的工作，或者说是自己真正喜爱的工作，所以答案是C。

62. A 旅馆的服务员蹲在旁边为"我"填表，这是他所受的训练要求的。这说明他受过严格的训练。答案是A。

63. D 弗拉明停下来，帮希腊选手修好自行车，然后继续比赛，仍然"摘取了桂冠"，即获得第一名，说明他的实力比其他选手高很多。答案是D。

64. A 实验发现，拿到红色考卷的测试者特别紧张，拿到绿色考卷的测试者心态平和，这说明颜色会影响人们的心情。答案是A。

65. D 作者认为，"不值得做的事情，就不值得做好"。所以要想获得成功，应该选择自己认为"值得做"的工作，即适合自己的工作。所以答案是D。

66. C 根据"睡眠紊乱可能导致严重的疾病，如高血压、中风等，心血管病在很大程度上也是睡眠不好造成的"这句话可以知道，有些疾病是睡眠问题引起的。答案是C。

67. A 文中提到"剧烈运动后马上游泳，会加重心脏负担，而空腹游泳会影响食欲和消化功能"，即不正确的游泳方式会伤害身体。答案是A。

68. C 根据"中国有很多传统礼仪，走路也不例外。在地位高的人面前走过时，一定要低头弯腰、小步快走，称为'趋礼'"这段话可以知道，"趋礼"是关于走路的礼仪。答案是C。

69. D 最后一句话"乔利开了世界上第一家干洗店，生意越做越大，成了闻名全球的富豪"告诉我们，乔利做生意非常成功。答案是D。

70. B 根据"淞沪铁路是中国最早的铁路，建于一百多年前"这句话可以知道答案是B。

71. A 根据"从越南到怒海，再到香港，最后由香港来到美国"这句话可以知道，作者最早居住在越南。答案是A。

72. D 文中说"最严重的是,冬天房顶的雪融化时,水会流进屋里,必须爬上房顶扫雪。如果不小心从房顶掉下来,可是人命关天的事",由此可知,上屋顶扫雪危险是作者决定买新房的最主要原因。"人命关天"意思是有生命危险。答案是D。

73. C 倒数第二段说,作者觉得自己的老房子很小,家具很旧,不用搬到新家,屋子里的东西看上去不多,所以他认为用不着朋友的纸箱。答案是C。

74. B 根据最后一段中"搬家的那天,我看着那堆积如山的物品,心中不禁感叹:两个瘦瘦小小的人,竟然会有这么多东西!"这句话可知,第二次搬家时,作者最大的感受是自己的东西太多了。答案是B。

75. A 根据第一句话"美国的一个摄制组想拍一部中国农民生活的纪录片",可以知道答案是A。

76. B 文中第二段中说:"下面的人飞快地把它们捡到竹筐里,还不忘大声地和树上的人拉家常。"根据"大声地"这个词,可以猜测"拉家常"应该有"说话、聊天儿"的意思。"家常"可以理解成"家里的日常生活"。所以答案是B。

77. D 农民说:"我的柿子很棒,质量好得很,你们没理由看不起它们。"根据这句话,可以知道农民生气的原因是,他认为美国人看不起他的柿子。答案是D。

78. D 文章最后告诉我们,农民只看到眼前的、直接的"小利益",而拍纪录片的美国人得到的是更大的、比较隐蔽的"大利益",那个农民不明白这个道理。答案是D。

79. C 根据"每次遇到困难的时候,我都忍不住想要放弃"这句话可以知道,"我"想放弃的原因是"遇到困难"。答案是C。

80. C 根据"七年之后,我们再次见面时,她已经是那家公司的业务经理了,有很多固定的客户"这句话可以知道,她积累了很多老客户。答案是C。

81. A 通过她的话可以知道,那位客户是给公司打电话找的"我",不是到公司找的"我",所以选项A是错误的。其他三项都对。

82. D 朋友等到了自己的"黄金时间",她现在工作顺利、轻松,而且收入比较高,取得了一定的成就。根据这些内容,可以知道,文中的"黄金时间"指的是工作顺利、有成就的时候。答案是D。

83. A 文中第二段说,早期的中国并没有乌纱帽。南朝宋明帝时,有人发明了乌纱帽。所以乌纱帽最早出现在南朝。答案是A。

84. C 文中说,隋朝时,乌纱帽上的玉饰显示官职的大小,官职越高,玉饰越多,六品以下的官没有玉饰。所以答案是C。

85. B 文中说,宋朝时,乌纱帽的形状有了变化,两边各加一个翅,也就是增加了双翅。答案是B。

86. B 根据"明世宗的时候,乌纱帽的形状也有了一些变动,翅的长度缩短,宽窄也变了"这句话,可以知道答案是B。

87. C 根据"预防的方法是多晒太阳,延长光照时间,这是调节情绪的天然疗法"这句话可以知道,晒太阳可以帮助调节情绪。答案是C。

88. C　第二段先说，冬天应该"补充热量"，然后说应该多吃羊肉，这说明羊肉是热量比较高的食物，冬天吃羊肉可以给身体提供更多的热量。答案是 C。

89. D　根据"穿衣要注意'衣服气候'，衣服里层与皮肤间的温度应始终保持在 32℃–33℃"这句话可以知道，"衣服气候"指的是"衣服里层与皮肤间的温度"。答案是 D。

90. B　根据"如果坚持每天用温水洗脚，可达到增强体质、防病治病的良好作用"这句话可以知道，用温水洗脚有助于预防疾病。答案是 B。

91. "缓解"是需要带宾语的动词。"暂时"是副词，放在动词前边。所以这个句子应该是：这种药只能暂时缓解你的疼痛。

92. 这五个词语中，只有"威胁"可以做谓语动词。"严重"是形容词，可以做状语，放在动词"威胁"前面。"人类的"后边应有中心语，"健康"是形容词，可以做中心语。所以，这个句子应该是：空气污染严重威胁人类的身体健康。

93. "舍不得"后边应该加动词。"还是"是副词。这个句子应该是：他还是舍不得穿那件新毛衣。

94. 这五个词语中，只有"表明"可以做谓语动词。确定谓语动词后，按照"主—谓—宾"的句子结构，可以确定这个句子是：他始终没有表明自己的态度。

95. 这道题考查"是……的"这一句子结构。"是……的"起强调的作用。这个句子应该是：他的病是不会传染给别人的。

96. 这五个词语中，只有"包含了"可以充当谓语。"交给国家的"做定语，后边应该接名词"税"。"交给"前面还需要一个主体"我们"。这样分析以后，可以知道这个句子应该是：商品价格里已经包含了我们交给国家的税。

97. "用过的"后边要接名词"课本"，前边需要一个主体"孩子"。"保留着"可以做谓语动词。所以这个句子是：妈妈还保留着孩子小时候用过的课本。

98. "的"的后面需要一个名词。"贡献"既是动词，又是名词。名词"贡献"前面可以加"她对公司的"或"我们对公司的"做修饰语。这五个词语中，只有"并不否认"可以充当谓语。这样分析以后可以知道这个句子是：我们并不否认她对公司的贡献。或者：她并不否认我们对公司的贡献。

[附录]

新 HSK 大纲
第五级 1300 词分类词表

附：补充词语

说明：在 1300 词分类词表后列有补充词语表。2012 年底，汉办对新 HSK 词汇大纲词语做了个别调整。本着为考生负责的态度，为帮助考生取得更好的成绩，我们做了五级补充词语表，按音序列出了修订版词汇大纲有关**五级内改动词语、新增五级词语、从四级和六级调整到五级的词语**共 174 个。原五级内删除词语以及从原五级调整到现四级、六级的个别词语在分类词表中我们不做标注。

词类简称表
Abbreviations of parts of speech

简称 Abbreviations	全称 Parts of speech in Chinese	全称拼音 Parts of speech in *pinyin*	英译 Parts of speech in English
名	名词	míngcí	noun
专名	专有名词	zhuānyǒu míngcí	proper noun
动	动词	dòngcí	verb
形	形容词	xíngróngcí	adjective
代	代词	dàicí	pronoun
数	数词	shùcí	numeral
量	量词	liàngcí	measure word
副	副词	fùcí	adverb
连	连词	liáncí	conjunction
介	介词	jiècí	preposition
/	助词	zhùcí	auxiliary word
叹	叹词	tàncí	interjection
/	象声词	xiàngshēngcí	onomatopeia

目　录
Contents

一、称呼　Form of Address
二、身体　Body
三、外貌与性格　Appearance and Personality
四、关系　Relation
五、生活起居　Daily Life
六、饮食　Food and Drink
七、服饰　Dress and Personal Adornment
八、婚丧　Wedding and Funeral

九、感觉　Feeling
十、动作　Action
　1. 五官动作　Action of the Five Sense Organs
　2. 肢体动作　Body Action
十一、情感态度　Emotion and Attitude
十二、工作　Work
十三、活动　Activity

十四、性质　Nature
十五、程度　Degree
十六、状态　Status
十七、变化　Change

十八、时间　Time
十九、颜色　Color
二十、范围　Scope
二十一、度量　Measurement

二十二、学科　Academic Subject
1. 数学　Mathematics
2. 物理　Physics
3. 化学　Chemistry
4. 生物　Biology
5. 医学　Medicine
6. 天文　Astronomy
7. 文学艺术　Literature and Art

二十三、行业　Trade
1. 工业　Industry
2. 农业　Agriculture
3. 商业　Business
4. 金融　Finance
5. 交通　Traffic
6. 电子通信　Electronic Communications
7. 建筑　Architecture

二十四、文化　Culture
1. 政治　Politics
2. 宗教　Religion
3. 习俗　Custom
4. 军事　Military Affairs
5. 司法　Administration of Justice
6. 教育　Education
7. 体育　Sports
8. 旅游　Tour
9. 娱乐　Entertainment

二十五、社会　Society

二十六、语法和词汇　Grammar and Vocabulary
1. 量词　Measure Word
2. 代词　Pronoun
3. 副词　Adverb
4. 介词　Preposition
5. 连词　Conjunction
6. 助词　Auxiliary Word
7. 叹词　Interjection
8. 象声词　Onomatopoeia

说明：下表将新HSK大纲规定的第五级1300个词按26个意义类别加以分类，标注了拼音和词性，并配有录音。学生可以查词典明确其词义，并通过听写、摹写、汉外翻译、造句等多种方法练习，快速掌握大纲词汇。

一、称呼
Form of Address

🔊 01

1.	祖先	zǔxiān	名	12.	宝贝	bǎobèi	名
2.	姥姥	lǎolao	名	13.	妇女	fùnǚ	名
3.	舅舅	jiùjiu	名	14.	女士	nǚshì	名
4.	姑姑	gūgu	名	15.	房东	fángdōng	名
5.	姑娘	gūniang	名	16.	对象	duìxiàng	名
6.	兄弟	xiōngdi	名	17.	老板	lǎobǎn	名
7.	皇帝	huángdì	名	18.	青少年	qīng-shàonián	名
8.	皇后	huánghòu	名	19.	小伙子	xiǎohuǒzi	名
9.	王子	wángzǐ	名	20.	称	chēng	动
10.	公主	gōngzhǔ	名	21.	称呼	chēnghu	名/动
11.	太太	tàitai	名				

二、身体
Body

🔊 02

1.	身材	shēncái	名	10.	手指	shǒuzhǐ	名
2.	脑袋	nǎodai	名	11.	背	bèi	名
3.	眉毛	méimao	名	12.	胸	xiōng	名
4.	脖子	bózi	名	13.	胃	wèi	名
5.	胡须	húxū	名	14.	肺	fèi	名
6.	嗓子	sǎngzi	名	15.	腰	yāo	名
7.	肩膀	jiānbǎng	名	16.	肌肉	jīròu	名
8.	舌头	shétou	名	17.	骨头	gǔtou	名
9.	胳膊	gēbo	名				

三、外貌与性格
Appearance and Personality

🎧 03

1.	成长	chéngzhǎng	动	19.	勤劳	qínláo	形
2.	年纪	niánjì	名	20.	青春	qīngchūn	名
3.	丑	chǒu	形	21.	热心	rèxīn	形
4.	苗条	miáotiao	形	22.	傻	shǎ	形
5.	乖	guāi	形	23.	善良	shànliáng	形
6.	大方	dàfang	形	24.	坦率	tǎnshuài	形
7.	小气	xiǎoqi	形	25.	体贴	tǐtiē	形
8.	魅力	mèilì	名	26.	天真	tiānzhēn	形
9.	单纯	dānchún	形	27.	温柔	wēnróu	形
10.	独立	dúlì	形	28.	孝顺	xiàoshùn	形
11.	独特	dútè	形	29.	虚心	xūxīn	形
12.	个性	gèxìng	名	30.	严肃	yánsù	形
13.	狡猾	jiǎohuá	形	31.	英俊	yīngjùn	形
14.	老实	lǎoshi	形	32.	勇气	yǒngqì	名
15.	乐观	lèguān	形	33.	周到	zhōudào	形
16.	谦虚	qiānxū	形	34.	自私	zìsī	形
17.	亲切	qīnqiè	形	35.	自信	zìxìn	动
18.	勤奋	qínfèn	形	36.	胆小鬼	dǎnxiǎoguǐ	名

四、关系
Relation

🎧 04

1.	敌人	dírén	名	6.	双方	shuāngfāng	名
2.	对方	duìfāng	名	7.	彼此	bǐcǐ	代
3.	对手	duìshǒu	名	8.	主人	zhǔrén	名
4.	隔壁	gébì	名	9.	伙伴	huǒbàn	名
5.	陌生	mòshēng	形				

五、生活起居
Daily Life

1.	公寓	gōngyù	名	28.	灰尘	huīchén	名
2.	单元	dānyuán	名	29.	空闲	kòngxián	名
3.	卧室	wòshì	名	30.	漏	lòu	动
4.	被子	bèizi	名	31.	舒适	shūshì	形
5.	窗帘	chuānglián	名	32.	功能	gōngnéng	名
6.	枕头	zhěntou	名	33.	日用品	rìyòngpǐn	名
7.	餐厅	cāntīng	名	34.	尺子	chǐzi	名
8.	锅	guō	名	35.	充电器	chōngdiànqì	名
9.	叉子	chāzi	名	36.	夹子	jiāzi	名
10.	客厅	kètīng	名	37.	火柴	huǒchái	名
11.	地毯	dìtǎn	名	38.	剪刀	jiǎndāo	名
12.	抽屉	chōuti	名	39.	胶水	jiāoshuǐ	名
13.	玻璃	bōli	名	40.	蜡烛	làzhú	名
14.	厕所	cèsuǒ	名	41.	铃	líng	名
15.	卫生间	wèishēngjiān	名	42.	扇子	shànzi	名
16.	肥皂	féizào	名	43.	勺子	sháozi	名
17.	盆	pén	名	44.	绳子	shéngzi	名
18.	冲	chōng	动	45.	实用	shíyòng	形
19.	阳台	yángtái	名	46.	梳子	shūzi	名
20.	书架	shūjià	名	47.	锁	suǒ	名
21.	车库	chēkù	名	48.	玩具	wánjù	名
22.	摆	bǎi	动	49.	棒	bàng	名/形
23.	安装	ānzhuāng	动	50.	用途	yòngtú	名
24.	插	chā	动	51.	钟	zhōng	名
25.	管子	guǎnzi	名	52.	装饰	zhuāngshì	动/名
26.	幅	fú	量	53.	日历	rìlì	名
27.	灰	huī	名				

六、饮食
Food and Drink

🎧 06

1.	粮食	liángshi	名	21.	煎	jiān	动
2.	食物	shíwù	名	22.	果实	guǒshí	名
3.	馒头	mántou	名	23.	橘子	júzi	名
4.	包子	bāozi	名	24.	桃	táo	名
5.	点心	diǎnxin	名	25.	梨	lí	名
6.	零食	língshí	名	26.	炒	chǎo	名
7.	玉米	yùmǐ	名	27.	油炸	yóuzhá	动
8.	花生	huāshēng	名	28.	煮	zhǔ	动
9.	蔬菜	shūcài	名	29.	壶	hú	名
10.	黄瓜	huánggua	名	30.	嫩	nèn	形
11.	辣椒	làjiāo	名	31.	清淡	qīngdàn	形
12.	土豆	tǔdòu	名	32.	醉	zuì	形
13.	豆腐	dòufu	名	33.	口味	kǒuwèi	名
14.	烤鸭	kǎoyā	名	34.	矿泉水	kuàngquánshuǐ	名
15.	小吃	xiǎochī	名	35.	酒吧	jiǔbā	名
16.	酱油	jiàngyóu	名	36.	聚会	jùhuì	动/名
17.	醋	cù	名	37.	宴会	yànhuì	名
18.	海鲜	hǎixiān	名	38.	营养	yíngyǎng	名
19.	过期	guò//qī	动	39.	结账	jié//zhàng	动
20.	罐头	guàntou	名				

七、服饰
Dress and Personal Adornment

🎧 07

1.	服装	fúzhuāng	名	6.	项链	xiàngliàn	名
2.	围巾	wéijīn	名	7.	朴素	pǔsù	形
3.	手套	shǒutào	名	8.	时髦	shímáo	形
4.	牛仔裤	niúzǎikù	名	9.	时尚	shíshàng	名/形
5.	皮鞋	píxié	名	10.	难看	nánkàn	形

八、婚丧
Wedding and Funeral

🎧 08

1.	恋爱	liàn'ài	动	7.	婚姻	hūnyīn	名
2.	婚礼	hūnlǐ	名	8.	亲爱	qīn'ài	形
3.	交换	jiāohuàn	动	9.	家庭	jiātíng	名
4.	戒指	jièzhi	名	10.	家务	jiāwù	名
5.	嫁	jià	动	11.	离婚	lí//hūn	动
6.	娶	qǔ	动	12.	去世	qùshì	动

九、感觉
Feeling

🎧 09

1.	冻	dòng	动	4.	痒	yǎng	形
2.	烫	tàng	动	5.	晕	yūn	形/动
3.	温暖	wēnnuǎn	形/动				

十、动作
Action

🎧 10

1. 五官动作
Action of the Five Sense Organs

1.	睁	zhēng	动	11.	打听	dǎting	动
2.	浏览	liúlǎn	动	12.	沟通	gōutōng	动
3.	瞧	qiáo	动	13.	夸	kuā	动
4.	点头	diǎn//tóu	动	14.	骂	mà	动
5.	答应	dāying	动	15.	念	niàn	动
6.	吹	chuī	动	16.	嚷	rǎng	动
7.	喊	hǎn	动	17.	吻	wěn	动
8.	废话	fèihuà	名	18.	咬	yǎo	动
9.	胡说	húshuō	动	19.	询问	xúnwèn	动
10.	催	cuī	动	20.	议论	yìlùn	动

21.	责备	zébèi	动		31.	建议	jiànyì	动
22.	争论	zhēnglùn	动		32.	微笑	wēixiào	动
23.	说服	shuōfú	动		33.	闻	wén	动
24.	转告	zhuǎngào	动		34.	表情	biǎoqíng	名
25.	吵架	chǎo//jià	动		35.	承认	chéngrèn	动
26.	称赞	chēngzàn	动		36.	叙述	xùshù	动
27.	赞美	zànměi	动		37.	打招呼	dǎ zhāohu	动
28.	嘱咐	zhǔfu	动		38.	威胁	wēixié	动
29.	咨询	zīxún	动		39.	问候	wènhòu	动
30.	呆(待)	dāi	动					

2. 肢体动作
Body Action

40.	操心	cāo//xīn	动		59.	扶	fú	动
41.	沉默	chénmò	动		60.	盖	gài	动
42.	打交道	dǎ jiāodao			61.	搞	gǎo	动
43.	挡	dǎng	动		62.	滚	gǔn	动
44.	传递	chuándì	动		63.	浇	jiāo	动
45.	创造	chuàngzào	动		64.	挥	huī	动
46.	刺激	cìjī	动		65.	捡	jiǎn	动
47.	促使	cùshǐ	动		66.	举	jǔ	动
48.	存	cún	动		67.	捐	juān	动
49.	调皮	tiáopí	形		68.	砍	kǎn	动
50.	匆忙	cōngmáng	形		69.	拦	lán	动
51.	倒	dǎo	动		70.	灵活	línghuó	形
52.	钓	diào	动		71.	描写	miáoxiě	动
53.	递	dì	动		72.	摸	mō	动
54.	逗	dòu	动		73.	拍	pāi	动
55.	蹲	dūn	动		74.	批	pī	动
56.	躲藏	duǒcáng	动		75.	批准	pīzhǔn	动
57.	发抖	fādǒu	动		76.	披	pī	动
58.	翻	fān	动		77.	牵	qiān	动

78.	签字	qiān//zì	动	92.	拆	chāi	动
79.	抢	qiǎng	动	93.	抄	chāo	动
80.	切	qiē	动	94.	行为	xíngwéi	名
81.	伸	shēn	动	95.	寻找	xúnzhǎo	动
82.	摔	shuāi	动	96.	摇	yáo	动
83.	撕	sī	动	97.	移动	yídòng	动
84.	逃	táo	动	98.	拥抱	yōngbào	动
85.	提	tí	动	99.	摘	zhāi	动
86.	吐	tù	动	100.	粘贴	zhāntiē	动
87.	退	tuì	动	101.	展开	zhǎnkāi	动
88.	往返	wǎngfǎn	动	102.	装	zhuāng	动
89.	系	jì	动	103.	姿势	zīshì	名
90.	系领带	jì lǐngdài		104.	抓紧	zhuājǐn	动
91.	踩	cǎi	动				

十一、情感态度

Emotion and Attitude

🎧 11

1.	不安	bù'ān	形	15.	干脆	gāncuì	形/副
2.	惭愧	cánkuì	形	16.	感激	gǎnjī	动
3.	悲观	bēiguān	形	17.	愤怒	fènnù	形
4.	不耐烦	bú nàifán		18.	发愁	fā//chóu	动
5.	不好意思	bù hǎoyìsi		19.	讽刺	fěngcì	动
6.	爱惜	àixī	动	20.	感受	gǎnshòu	动
7.	安慰	ānwèi	动	21.	感想	gǎnxiǎng	名
8.	诚恳	chéngkěn	形	22.	赶紧	gǎnjǐn	动
9.	倒霉	dǎoméi	形	23.	赶快	gǎnkuài	动
10.	多亏	duōkuī	动	24.	恶劣	èliè	形
11.	仿佛	fǎngfú	动	25.	好奇	hàoqí	形
12.	放松	fàngsōng	动	26.	糊涂	hútu	形
13.	疯狂	fēngkuáng	形	27.	恨	hèn	动
14.	否定	fǒudìng	动	28.	忽视	hūshì	动

29.	灰心	huīxīn	动	54.	痛苦	tòngkǔ	形
30.	怀念	huáiniàn	动	55.	痛快	tòngkuai	形
31.	幻想	huànxiǎng	动	56.	委屈	wěiqu	形
32.	慌张	huāngzhāng	形	57.	无奈	wúnài	形
33.	急忙	jímáng	形	58.	吓	xià	动
34.	寂寞	jìmò	形	59.	想念	xiǎngniàn	动
35.	坚决	jiānjué	形	60.	想象	xiǎngxiàng	动
36.	坚强	jiānqiáng	形	61.	心理	xīnlǐ	名
37.	谨慎	jǐnshèn	形	62.	遗憾	yíhàn	形
38.	开心	kāixīn	形	63.	犹豫	yóuyù	形
39.	可靠	kěkào	形	64.	幸运	xìngyùn	形
40.	可怕	kěpà	形	65.	愿望	yuànwàng	名
41.	恐怖	kǒngbù	形	66.	珍惜	zhēnxī	动
42.	盼望	pànwàng	动	67.	自豪	zìháo	形
43.	佩服	pèifú	动	68.	自觉	zìjué	形
44.	迫切	pòqiè	形	69.	自愿	zìyuàn	动
45.	期待	qīdài	动	70.	不得了	bù déliǎo	
46.	企图	qǐtú	动/名	71.	不见得	bú jiànde	
47.	轻视	qīngshì	动	72.	不要紧	bú yàojǐn	
48.	情绪	qíngxù	名	73.	看不起	kànbuqǐ	动
49.	热爱	rè'ài	动	74.	了不起	liǎobuqǐ	形
50.	思考	sīkǎo	动	75.	舍不得	shěbude	动
51.	特意	tèyì	副	76.	忍不住	rěn bu zhù	
52.	疼爱	téng'ài	动	77.	一路平安	yí lù píng'ān	
53.	体会	tǐhuì	动/名				

十二、工作

Work

🎧 12

1.	导演	dǎoyǎn	动/名	4.	工人	gōngrén	名
2.	编辑	biānjí	动/名	5.	会计	kuàiji	名
3.	工程师	gōngchéngshī	名	6.	总裁	zǒngcái	名

7.	领导	lǐngdǎo	动/名	40.	服从	fúcóng	动
8.	秘书	mìshū	名	41.	复制	fùzhì	动
9.	指挥	zhǐhuī	动	42.	改正	gǎizhèng	动
10.	采访	cǎifǎng	动	43.	干活儿	gàn huór	
11.	辞职	cí//zhí	动	44.	公布	gōngbù	动
12.	处理	chǔlǐ	动	45.	公开	gōngkāi	动
13.	保险	bǎoxiǎn	动	46.	公平	gōngpíng	形
14.	出席	chūxí	动	47.	罚款	fá//kuǎn	动
15.	出版	chūbǎn	动	48.	合法	hé//fǎ	动
16.	办理	bànlǐ	动	49.	合理	hélǐ	形
17.	本领	běnlǐng	名	50.	合同	hétong	名
18.	部门	bùmén	名	51.	合作	hézuò	动
19.	成就	chéngjiù	名/动	52.	基本	jīběn	名/形/副
20.	成立	chénglì	动	53.	方式	fāngshì	名
21.	承担	chéngdān	动	54.	费用	fèiyong	名
22.	从事	cóngshì	动	55.	风格	fēnggé	名
23.	措施	cuòshī	名	56.	付款	fù//kuǎn	动
24.	促进	cùjìn	动	57.	各自	gèzì	代
25.	打工	dǎ//gōng	动	58.	构成	gòuchéng	动
26.	待遇	dàiyù	名	59.	贡献	gòngxiàn	动
27.	大型	dàxíng	形	60.	调整	tiáozhěng	动
28.	单位	dānwèi	名	61.	雇佣	gùyōng	动
29.	担任	dānrèn	动	62.	固定	gùdìng	动
30.	电台	diàntái	名	63.	光荣	guāngróng	形
31.	发挥	fāhuī	动	64.	记录	jìlù	动
32.	发明	fāmíng	动/名	65.	纪念	jìniàn	动
33.	发票	fāpiào	名	66.	嘉宾	jiābīn	名
34.	发表	fābiǎo	动	67.	简历	jiǎnlì	名
35.	发言	fā//yán	动	68.	接待	jiēdài	动
36.	方案	fāng'àn	名	69.	节省	jiéshěng	动
37.	分配	fēnpèi	动	70.	结合	jiéhé	动
38.	分析	fēnxī	动	71.	尽力	jìn//lì	动
39.	奋斗	fèndòu	动	72.	精力	jīnglì	名

- 307 -

#	词	拼音	词性	#	词	拼音	词性
73.	交际	jiāojì	动	105.	文件	wénjiàn	名
74.	教训	jiàoxun	动/名	106.	细节	xìjié	名
75.	阶段	jiēduàn	名	107.	表明	biǎomíng	动
76.	借口	jièkǒu	动/名	108.	表现	biǎoxiàn	动
77.	具备	jùbèi	动	109.	补充	bǔchōng	动
78.	具体	jùtǐ	形	110.	不如	bùrú	动
79.	据说	jùshuō	动	111.	步骤	bùzhòu	名
80.	克服	kèfú	动	112.	参与	cānyù	动
81.	来自	láizì	动	113.	产生	chǎnshēng	动
82.	劳动	láodòng	动/名	114.	成果	chéngguǒ	名
83.	理由	lǐyóu	名	115.	程序	chéngxù	名
84.	利用	lìyòng	动	116.	项目	xiàngmù	名
85.	联合	liánhé	动	117.	效率	xiàolǜ	名
86.	名片	míngpiàn	名	118.	协调	xiétiáo	动
87.	目标	mùbiāo	名	119.	行业	hángyè	名
88.	能干	nénggàn	形	120.	宣布	xuānbù	动
89.	派	pài	动	121.	宣传	xuānchuán	动
90.	配合	pèihé	动	122.	业务	yèwù	名
91.	评价	píngjià	动	123.	业余	yèyú	形
92.	前途	qiántú	名	124.	应付	yìngfu	动
93.	人才	réncái	名	125.	应聘	yìngpìn	动
94.	人事	rénshì	名	126.	应用	yìngyòng	动
95.	人物	rénwù	名	127.	运用	yùnyòng	动
96.	人员	rényuán	名	128.	优势	yōushì	名
97.	日程	rìchéng	名	129.	召开	zhàokāi	动
98.	善于	shànyú	动	130.	征求	zhēngqiú	动
99.	实践	shíjiàn	动	131.	挣钱	zhèng//qián	
100.	实习	shíxí	动	132.	指导	zhǐdǎo	动
101.	手工	shǒugōng	名	133.	制定	zhìdìng	动
102.	手续	shǒuxù	名	134.	资格	zīgé	名
103.	推广	tuīguǎng	动	135.	失业	shī//yè	动
104.	推荐	tuījiàn	动	136.	退休	tuì//xiū	动

十三、活动
Activity

🎧 13

1.	爱护	àihù	动	30.	劝	quàn	动
2.	爱心	àixīn	名	31.	绕	rào	动
3.	度过	dùguò	动	32.	洒	sǎ	动
4.	对比	duìbǐ	动	33.	杀	shā	动
5.	对待	duìdài	动	34.	删除	shānchú	动
6.	反复	fǎnfù	副	35.	闪	shǎn	动
7.	反应	fǎnyìng	动/名	36.	省略	shěnglüè	动
8.	分别	fēnbié	副	37.	实行	shíxíng	动
9.	否认	fǒurèn	动	38.	实验	shíyàn	动/名
10.	告别	gàobié	动	39.	使劲儿	shǐ//jìnr	动
11.	鼓舞	gǔwǔ	动	40.	甩	shuǎi	动
12.	关怀	guānhuái	动	41.	逃避	táobì	动
13.	戒烟	jiè//yān	动	42.	提倡	tíchàng	动
14.	假装	jiǎzhuāng	动	43.	体验	tǐyàn	动
15.	建立	jiànlì	动	44.	挑战	tiǎozhàn	动
16.	讲究	jiǎngjiu	动	45.	推辞	tuīcí	动
17.	接触	jiēchù	动	46.	维护	wéihù	动
18.	接近	jiējìn	动	47.	委托	wěituō	动
19.	录音	lù//yīn	动	48.	把握	bǎwò	动
20.	轮流	lúnliú	动	49.	避免	bìmiǎn	动
21.	冒险	mào//xiǎn	动	50.	采取	cǎiqǔ	动
22.	面对	miànduì	动	51.	承受	chéngshòu	动
23.	面临	miànlín	动	52.	相处	xiāngchǔ	动
24.	模仿	mófǎng	动	53.	享受	xiǎngshòu	动
25.	碰见	pèngjiàn	动	54.	歇	xiē	动
26.	破坏	pòhuài	动	55.	行动	xíngdòng	动/名
27.	强调	qiángdiào	动	56.	迎接	yíngjiē	动
28.	请求	qǐngqiú	动	57.	赞成	zànchéng	动
29.	庆祝	qìngzhù	动	58.	招待	zhāodài	动

59.	针对	zhēnduì	动	73.	上当	shàng//dàng	动
60.	争取	zhēngqǔ	动	74.	失去	shīqù	动
61.	主张	zhǔzhāng	动/名	75.	实现	shíxiàn	动
62.	追求	zhuīqiú	动	76.	体现	tǐxiàn	动
63.	阻止	zǔzhǐ	动	77.	保持	bǎochí	动
64.	达到	dádào	动	78.	保存	bǎocún	动
65.	耽误	dānwu	动	79.	保留	bǎoliú	动
66.	导致	dǎozhì	动	80.	吃亏	chī//kuī	动
67.	妨碍	fáng'ài	动	81.	显得	xiǎnde	动
68.	控制	kòngzhì	动	82.	显示	xiǎnshì	动
69.	满足	mǎnzú	动	83.	造成	zàochéng	动
70.	取消	qǔxiāo	动	84.	掌握	zhǎngwò	动
71.	确定	quèdìng	动	85.	抓紧	zhuājǐn	动
72.	确认	quèrèn	动	86.	作为	zuòwéi	动

十四、性质

Nature

🎧 14

1.	方	fāng	形	14.	巧妙	qiǎomiào	形
2.	横	héng	形	15.	特殊	tèshū	形
3.	平	píng	形	16.	必然	bìrán	形
4.	直	zhí	形	17.	必需	bìxū	动
5.	斜	xié	形	18.	必要	bìyào	形
6.	位置	wèizhì	名	19.	臭	chòu	形
7.	表面	biǎomiàn	名	20.	相对	xiāngduì	形
8.	错误	cuòwù	形/名	21.	相似	xiāngsì	动
9.	非	fēi	副	22.	性质	xìngzhì	名
10.	个别	gèbié	形	23.	有利	yǒulì	形
11.	良好	liánghǎo	形	24.	真实	zhēnshí	形
12.	片面	piànmiàn	形	25.	形状	xíngzhuàng	名
13.	特征	tèzhēng	名	26.	样式	yàngshì	名

十五、程度
Degree

🎧 15

1.	浓	nóng	形	20.	熟练	shúliàn	形
2.	淡	dàn	形	21.	丝毫	sīháo	形
3.	次要	cìyào	形	22.	突出	tūchū	形
4.	发达	fādá	形	23.	完善	wánshàn	形/动
5.	繁荣	fánróng	形	24.	完整	wánzhěng	形
6.	高档	gāodàng	形	25.	伟大	wěidà	形
7.	根本	gēnběn	名/形/副	26.	无数	wúshù	形
8.	过分	guòfèn	形	27.	宝贵	bǎoguì	形
9.	激烈	jīliè	形	28.	本质	běnzhì	名
10.	艰巨	jiānjù	形	29.	薄	báo	形
11.	艰苦	jiānkǔ	形	30.	重	zhòng	形
12.	尖锐	jiānruì	形	31.	不足	bùzú	形/动
13.	紧急	jǐnjí	形	32.	彻底	chèdǐ	形
14.	巨大	jùdà	形	33.	程度	chéngdù	名
15.	密切	mìqiè	形/动	34.	充分	chōngfèn	形
16.	强烈	qiángliè	形	35.	出色	chūsè	形
17.	热烈	rèliè	形	36.	相当	xiāngdāng	动/形/副
18.	弱	ruò	形	37.	迅速	xùnsù	形
19.	深刻	shēnkè	形				

十六、状态
Status

🎧 16

1.	存在	cúnzài	动	7.	明确	míngquè	形/动
2.	单独	dāndú	副	8.	明显	míngxiǎn	形
3.	多余	duōyú	形	9.	疲劳	píláo	形
4.	活跃	huóyuè	形/动	10.	飘	piāo	动
5.	紧	jǐn	形	11.	平衡	pínghéng	形/动
6.	落后	luòhòu	动/形	12.	平静	píngjìng	形

13.	缺乏	quēfá	形	21.	显然	xiǎnrán	形
14.	神秘	shénmì	形	22.	一致	yízhì	形/副
15.	歪	wāi	形	23.	糟糕	zāogāo	形
16.	弯	wān	形	24.	专心	zhuānxīn	形
17.	完美	wánměi	形	25.	状况	zhuàngkuàng	名
18.	稳定	wěndìng	形/动	26.	状态	zhuàngtài	名
19.	持续	chíxù	动	27.	自由	zìyóu	名/形
20.	充满	chōngmǎn	动	28.	生动	shēngdòng	形

十七、变化

Change

🎧 17

1.	光滑	guānghuá	形	9.	缩小	suōxiǎo	动
2.	光明	guāngmíng	形	10.	消失	xiāoshī	动
3.	烂	làn	形	11.	延长	yáncháng	动
4.	露	lù	动	12.	涨	zhǎng	动
5.	模糊	móhu	形/动	13.	重复	chóngfù	动
6.	趋势	qūshì	名	14.	逐步	zhúbù	副
7.	碎	suì	动	15.	转变	zhuǎnbiàn	动
8.	缩短	suōduǎn	动				

十八、时间

Time

🎧 18

1.	傍晚	bàngwǎn	名	9.	公元	gōngyuán	名
2.	夜	yè	名	10.	古典	gǔdiǎn	形
3.	从前	cóngqián	名	11.	古老	gǔlǎo	形
4.	目前	mùqián	名	12.	临时	línshí	形
5.	古代	gǔdài	名	13.	年代	niándài	名
6.	近代	jìndài	名	14.	偶然	ǒurán	形
7.	当代	dāngdài	名	15.	平常	píngcháng	形/名
8.	如今	rújīn	名	16.	期间	qījiān	名

17.	日常	rìcháng	形		28.	一辈子	yíbèizi	名
18.	日期	rìqī	名		29.	以来	yǐlái	名
19.	时代	shídài	名		30.	悠久	yōujiǔ	形
20.	时刻	shíkè	名		31.	曾经	céngjīng	副
21.	时期	shíqī	名		32.	照常	zhàocháng	副
22.	始终	shǐzhōng	副		33.	至今	zhìjīn	副
23.	事先	shìxiān	名		34.	中旬	zhōngxún	名
24.	随时	suíshí	副		35.	自从	zìcóng	介
25.	通常	tōngcháng	副		36.	最初	zuìchū	名
26.	同时	tóngshí	副		37.	礼拜天	lǐbàitiān	名
27.	未来	wèilái	名					

十九、颜色
Color

🎧 19

1.	单调	dāndiào	形		5.	紫	zǐ	形
2.	均匀	jūnyún	形		6.	透明	tòumíng	形
3.	浅	qiǎn	形		7.	鲜艳	xiānyàn	形
4.	青	qīng	形					

二十、范围
Scope

🎧 20

1.	县	xiàn	名		11.	除非	chúfēi	连
2.	家乡	jiāxiāng	名		12.	相关	xiāngguān	动
3.	广大	guǎngdà	形		13.	整个	zhěnggè	形
4.	广泛	guǎngfàn	形		14.	整体	zhěngtǐ	名
5.	集中	jízhōng	形		15.	中心	zhōngxīn	名
6.	其余	qíyú	形		16.	属于	shǔyú	动
7.	全面	quánmiàn	形		17.	综合	zōnghé	动
8.	围绕	wéirào	动		18.	池子	chízi	名
9.	唯一	wéiyī	形		19.	资源	zīyuán	名
10.	包含	bāohán	动					

二十一、度量
Measurement

🎧 21

1.	厘米	límǐ	量	4.	平方	píngfāng	名
2.	体积	tǐjī	名	5.	面积	miànjī	名
3.	立方	lìfāng	名	6.	重量	zhòngliàng	名

二十二、学科
Academic Subject

🎧 22

1. 数学
Mathematics

1.	甲	jiǎ	名	7.	等于	děngyú	动
2.	乙	yǐ	名	8.	正	zhèng	形
3.	丙	bǐng	名	9.	平均	píngjūn	动
4.	丁	dīng	名	10.	比例	bǐlì	名
5.	乘	chéng	动	11.	总共	zǒnggòng	动
6.	除	chú	动				

2. 物理
Physics

12.	固体	gùtǐ	名	18.	物理	wùlǐ	名
13.	液体	yètǐ	名	19.	物质	wùzhì	名
14.	融化	rónghuà	动	20.	影子	yǐngzi	名
15.	规律	guīlǜ	名	21.	振动	zhèndòng	动
16.	角度	jiǎodù	名	22.	吸收	xīshōu	动
17.	空间	kōngjiān	名				

3. 化学
Chemistry

23.	化学	huàxué	名	25.	燃烧	ránshāo	动
24.	成分	chéngfèn	名	26.	银	yín	名

4. 生物
Biology

27.	宠物	chǒngwù	名	33.	品种	pǐnzhǒng	名
28.	鸽子	gēzi	名	34.	蛇	shé	名
29.	蝴蝶	húdié	名	35.	兔子	tùzi	名
30.	狼	láng	名	36.	尾巴	wěiba	名
31.	老鼠	lǎoshǔ	名	37.	翅膀	chìbǎng	名
32.	蜜蜂	mìfēng	名	38.	竹子	zhúzi	名

5. 医学
Medicine

39.	内科	nèikē	名	53.	救	jiù	动
40.	着凉	zháo//liáng	动	54.	救护车	jiùhùchē	名
41.	传染	chuánrǎn	动	55.	神经	shénjīng	名
42.	病毒	bìngdú	名	56.	失眠	shī//mián	动
43.	打喷嚏	dǎ pēntì		57.	手术	shǒushù	名
44.	呼吸	hūxī	动	58.	寿命	shòumìng	名
45.	心脏	xīnzàng	名	59.	受伤	shòu//shāng	动
46.	消化	xiāohuà	动	60.	残疾	cánjí	名
47.	观察	guānchá	动	61.	瞎	xiā	动/副
48.	挂号	guà//hào	动	62.	预防	yùfáng	动
49.	过敏	guò//mǐn	动	63.	诊断	zhěnduàn	动
50.	缓解	huǎnjiě	动	64.	治疗	zhìliáo	动
51.	恢复	huīfù	动	65.	毛病	máobing	名
52.	记忆	jìyì	动/名				

6. 天文
Astronomy

66.	天空	tiānkōng	名	69.	雾	wù	名
67.	宇宙	yǔzhòu	名	70.	彩虹	cǎihóng	名
68.	雷	léi	名	71.	地震	dìzhèn	名/动

72.	岸	àn	名		74.	灾害	zāihài	名
73.	晒	shài	动					

7. 文学艺术
Literature and Art

75.	哲学	zhéxué	名		83.	摄影	shèyǐng	动
76.	神话	shénhuà	名		84.	象征	xiàngzhēng	动
77.	诗	shī	名		85.	欣赏	xīnshǎng	动
78.	文学	wénxué	名		86.	形象	xíngxiàng	名/形
79.	戏剧	xìjù	名		87.	展览	zhǎnlǎn	动/名
80.	经典	jīngdiǎn	形		88.	作品	zuòpǐn	名
81.	美术	měishù	名		89.	形式	xíngshì	名
82.	设计	shèjì	动		90.	传播	chuánbō	动

二十三、行业
Trade

🎧 23

1. 工业
Industry

1.	工业	gōngyè	名		12.	煤	méi	名
2.	企业	qǐyè	名		13.	设备	shèbèi	名
3.	钢铁	gāngtiě	名		14.	设施	shèshī	名
4.	工厂	gōngchǎng	名		15.	生产	shēngchǎn	动/名
5.	机器	jīqì	名		16.	产品	chǎnpǐn	名
6.	建设	jiànshè	动		17.	原料	yuánliào	名
7.	零件	língjiàn	名		18.	丝绸	sīchóu	名
8.	能源	néngyuán	名		19.	布	bù	名
9.	汽油	qìyóu	名		20.	制作	zhìzuò	动
10.	金属	jīnshǔ	名		21.	自动	zìdòng	副/形
11.	铜	tóng	名		22.	破产	pò//chǎn	动

2. 农业
Agriculture

23.	农业	nóngyè	名	27.	小麦	xiǎomài	名
24.	农民	nóngmín	名	28.	棉花	miánhua	名
25.	土地	tǔdì	名	29.	木头	mùtou	名
26.	田野	tiányě	名	30.	收获	shōuhuò	动/名

3. 商业
Business

31.	商业	shāngyè	名	47.	名牌	míngpái	名
32.	商品	shāngpǐn	名	48.	赔偿	péicháng	动
33.	柜台	guìtái	名	49.	欠	qiàn	动
34.	关闭	guānbì	动	50.	收据	shōujù	名
35.	光临	guānglín	动	51.	税	shuì	名
36.	规模	guīmó	名	52.	损失	sǔnshī	动/名
37.	风险	fēngxiǎn	名	53.	谈判	tánpàn	动
38.	价值	jiàzhí	名	54.	投资	tóuzī	动/名
39.	进口	jìn//kǒu	动	55.	消费	xiāofèi	动
40.	出口	chū//kǒu	动	56.	销售	xiāoshòu	动
41.	经营	jīngyíng	动	57.	营业	yíngyè	动
42.	开发	kāifā	动	58.	优惠	yōuhuì	形
43.	利润	lìrùn	名	59.	预订	yùdìng	动
44.	利益	lìyì	名	60.	执照	zhízhào	名
45.	零钱	língqián	名	61.	中介	zhōngjiè	名
46.	贸易	màoyì	名	62.	注册	zhùcè	动

4. 金融
Finance

63.	支票	zhīpiào	名	65.	贷款	dài//kuǎn	动/名
64.	现金	xiànjīn	名	66.	黄金	huángjīn	名

67.	股票	gǔpiào	名	71.	财产	cáichǎn	名
68.	账户	zhànghù	名	72.	硬币	yìngbì	名
69.	汇率	huìlǜ	名	73.	资金	zījīn	名
70.	利息	lìxī	名				

5. 交通
Traffic

74.	高速公路	gāosù gōnglù	名	81.	降落	jiàngluò	动
75.	运输	yùnshū	动	82.	标志	biāozhì	动/名
76.	驾驶	jiàshǐ	动	83.	闯	chuǎng	动
77.	卡车	kǎchē	名	84.	行人	xíngrén	名
78.	摩托车	mótuōchē	名	85.	意外	yìwài	形/名
79.	长途	chángtú	形/名	86.	拥挤	yōngjǐ	形
80.	车厢	chēxiāng	名				

6. 电子通信
Electronic Communications

87.	邮局	yóujú	名	96.	输入	shūrù	动
88.	通讯（通信）	tōngxùn (tōngxìn)	名	97.	鼠标	shǔbiāo	名
				98.	数据	shùjù	名
89.	信号	xìnhào	名	99.	数码	shùmǎ	名
90.	占线	zhàn//xiàn	动	100.	短信	duǎnxìn	名
91.	电池	diànchí	名	101.	下载	xiàzài	动
92.	键盘	jiànpán	名	102.	信封	xìnfēng	名
93.	光盘	guāngpán	名	103.	包裹	bāoguǒ	名
94.	软件	ruǎnjiàn	名	104.	信息	xìnxī	名
95.	硬件	yìngjiàn	名				

7. 建筑
Architecture

105.	广场	guǎngchǎng	名	106.	建筑	jiànzhù	动/名

107.	结构	jiégòu	名	110.	台阶	táijiē	名
108.	宿舍	sùshè	名	111.	屋子	wūzi	名
109.	塔	tǎ	名	112.	雄伟	xióngwěi	形

二十四、文化
Culture

1. 政治
Politics

1.	革命	gémìng	动/形	14.	朝	cháo	介/名
2.	改革	gǎigé	动	15.	朝代	cháodài	名
3.	改进	gǎijìn	动	16.	选举	xuǎnjǔ	动
4.	改善	gǎishàn	动	17.	义务	yìwù	名/形
5.	官	guān	名	18.	政策	zhèngcè	名
6.	国籍	guójí	名	19.	政治	zhèngzhì	名
7.	解放	jiěfàng	动	20.	政府	zhèngfǔ	名
8.	抗议	kàngyì	动	21.	执行	zhíxíng	动
9.	民主	mínzhǔ	名/形	22.	制度	zhìdù	名
10.	权力	quánlì	名	23.	主席	zhǔxí	名
11.	权利	quánlì	名	24.	总理	zǒnglǐ	名
12.	统治	tǒngzhì	动	25.	总统	zǒngtǒng	名
13.	外交	wàijiāo	名				

2. 宗教
Religion

26.	寺庙	sìmiào	名	27.	宗教	zōngjiào	名

3. 习俗
Custom

28.	除夕	chúxī	名	30.	传说	chuánshuō	动/名
29.	鞭炮	biānpào	名	31.	传统	chuántǒng	名/形

32.	国庆节	guóqìngjié	名	36.	象棋	xiàngqí	名
33.	流传	liúchuán	动	37.	元旦	Yuándàn	专名
34.	龙	lóng	名	38.	祝福	zhùfú	动
35.	谜语	míyǔ	名				

4. 军事
Military Affairs

39.	战争	zhànzhēng	名	45.	射击	shèjī	动
40.	和平	hépíng	名	46.	胜利	shènglì	动
41.	军事	jūnshì	名	47.	士兵	shìbīng	名
42.	命令	mìnglìng	动/名	48.	武器	wǔqì	名
43.	枪	qiāng	名	49.	消灭	xiāomiè	动
44.	侵略	qīnlüè	动				

5. 司法
Administration of Justice

50.	法院	fǎyuàn	名	52.	证据	zhèngjù	名
51.	违反	wéifǎn	动	53.	罪犯	zuìfàn	名

6. 教育
Education

54.	班主任	bānzhǔrèn	名	64.	参考	cānkǎo	动/名
55.	本科	běnkē	名	65.	册	cè	名
56.	报告	bàogào	动/名	66.	及格	jígé	动
57.	标点	biāodiǎn	名	67.	纪律	jìlǜ	名
58.	操场	cāochǎng	名	68.	道理	dàoli	名
59.	测验	cèyàn	动	69.	辅导	fǔdǎo	动
60.	成语	chéngyǔ	名	70.	概括	gàikuò	动
61.	磁带	cídài	名	71.	概念	gàiniàn	名
62.	初级	chūjí	形	72.	观点	guāndiǎn	名
63.	辩论	biànlùn	动/名	73.	观念	guānniàn	名

74.	计算	jìsuàn	动
75.	核心	héxīn	名
76.	话题	huàtí	名
77.	结论	jiélùn	名
78.	进步	jìnbù	动/形
79.	讲座	jiǎngzuò	名
80.	教材	jiàocái	名
81.	敬爱	jìng'ài	动
82.	刻苦	kèkǔ	形
83.	课程	kèchéng	名
84.	论文	lùnwén	名
85.	理论	lǐlùn	名
86.	录取	lùqǔ	动
87.	逻辑	luóji	名
88.	目录	mùlù	名
89.	培养	péiyǎng	动
90.	启发	qǐfā	动
91.	试卷	shìjuàn	名
92.	提纲	tígāng	名
93.	提问	tíwèn	动
94.	题目	tímù	名
95.	退步	tuìbù	动
96.	文具	wénjù	名
97.	比如	bǐrú	动
98.	常识	chángshí	名
99.	抽象	chōuxiàng	形
100.	橡皮	xiàngpí	名
101.	形容	xíngróng	动
102.	修改	xiūgǎi	动
103.	学期	xuéqī	名
104.	学问	xuéwen	名
105.	学术	xuéshù	名
106.	疑问	yíwèn	名
107.	幼儿园	yòu'éryuán	名
108.	资料	zīliào	名
109.	作文	zuòwén	名
110.	声调	shēngdiào	名
111.	语气	yǔqì	名

7. 体育

Sports

112.	开幕式	kāimùshì	名
113.	功夫	gōngfu	名
114.	太极拳	tàijíquán	名
115.	武术	wǔshù	名
116.	排球	páiqiú	名
117.	球迷	qiúmí	名
118.	健身房	jiànshēnfáng	名
119.	训练	xùnliàn	动
120.	纪录	jìlù	名
121.	教练	jiàoliàn	名
122.	解说员	jiěshuōyuán	名
123.	结实	jiēshi	形
124.	决心	juéxīn	名
125.	力量	lìliang	名
126.	决赛	juésài	名
127.	冠军	guànjūn	名

8. 旅游
Tour

128.	到达	dàodá	动	145.	拐弯	guǎi//wān	动
129.	登机牌	dēngjīpái	名	146.	海关	hǎiguān	名
130.	登记	dēngjì	动	147.	豪华	háohuá	形
131.	等待	děngdài	动	148.	合影	hé//yǐng	动/名
132.	等候	děnghòu	动	149.	胡同	hútòng	名
133.	岛	dǎo	名	150.	风俗	fēngsú	名
134.	分布	fēnbù	动	151.	郊区	jiāoqū	名
135.	陆地	lùdì	名	152.	景色	jǐngsè	名
136.	沙漠	shāmò	名	153.	开放	kāifàng	动
137.	沙滩	shātān	名	154.	名胜古迹	míngshèng gǔjì	
138.	石头	shítou	名	155.	博物馆	bówùguǎn	名
139.	顶	dǐng	名/动	156.	休闲	xiūxián	形
140.	洞	dòng	名	157.	优美	yōuměi	形
141.	滴	dī	名	158.	游览	yóulǎn	动
142.	地道	dìdao	名	159.	明信片	míngxìnpiàn	名
143.	地理	dìlǐ	名	160.	迷路	mí//lù	动
144.	地区	dìqū	名				

9. 娱乐
Entertainment

161.	频道	píndào	名	167.	主持	zhǔchí	动/名
162.	动画片	dònghuàpiàn	名	168.	麦克风	màikèfēng	名
163.	连续剧	liánxùjù	名	169.	俱乐部	jùlèbù	名
164.	字幕	zìmù	名	170.	滑冰	huá//bīng	动
165.	娱乐	yúlè	名	171.	划船	huá//chuán	动
166.	明星	míngxīng	名				

二十五、社会
Society

| 1. | 背景 | bèijǐng | 名 | 2. | 差别 | chābié | 名 |

3.	道德	dàodé	名	33.	事物	shìwù	名
4.	地位	dìwèi	名	34.	私人	sīrén	名
5.	个人	gèrén	名	35.	思想	sīxiǎng	名
6.	排队	pái//duì	动	36.	统一	tǒngyī	动/形
7.	规矩	guīju	名	37.	危害	wēihài	动/名
8.	规则	guīzé	名	38.	文明	wénmíng	名
9.	后果	hòuguǒ	名	39.	系统	xìtǒng	名
10.	华裔	huáyì	名	40.	现实	xiànshí	名
11.	集体	jítǐ	名	41.	现象	xiànxiàng	名
12.	角色	juésè	名	42.	小偷	xiǎotōu	名
13.	客观	kèguān	形	43.	形成	xíngchéng	动
14.	主观	zhǔguān	形	44.	形势	xíngshì	名
15.	劳驾	láo//jià	动	45.	移民	yímín	动/名
16.	老百姓	lǎobǎixìng	名	46.	意义	yìyì	名
17.	领域	lǐngyù	名	47.	因素	yīnsù	名
18.	矛盾	máodùn	名/动/形	48.	英雄	yīngxióng	名
19.	秘密	mìmì	名	49.	预报	yùbào	动
20.	命运	mìngyùn	名	50.	原则	yuánzé	名
21.	平等	píngděng	形	51.	缘故	yuángù	名
22.	奇迹	qíjì	名	52.	运气	yùnqi	名
23.	气氛	qìfēn	名	53.	真理	zhēnlǐ	名
24.	情景	qíngjǐng	名	54.	证件	zhèngjiàn	名
25.	人口	rénkǒu	名	55.	志愿者	zhìyuànzhě	名
26.	人类	rénlèi	名	56.	秩序	zhìxù	名
27.	人生	rénshēng	名	57.	智慧	zhìhuì	名
28.	荣幸	róngxìng	形	58.	专家	zhuānjiā	名
29.	荣誉	róngyù	名	59.	组合	zǔhé	动/名
30.	身份	shēnfen	名	60.	祖国	zǔguó	名
31.	实话	shíhuà	名	61.	尊敬	zūnjìng	动
32.	事实	shìshí	名	62.	遵守	zūnshǒu	动

二十六、语法和词汇
Grammar and Vocabulary

1. 量词 Measure Word

1.	堆	duī	8.	克	kè	15.	圈	quān
2.	吨	dūn	9.	类	lèi	16.	升	shēng
3.	根	gēn	10.	粒	lì	17.	套	tào
4.	节	jié	11.	毛	máo	18.	团	tuán
5.	届	jiè	12.	秒	miǎo	19.	项	xiàng
6.	卷	juǎn/juàn	13.	匹	pǐ	20.	阵	zhèn
7.	颗	kē	14.	片	piàn	21.	支	zhī

2. 代词 Pronoun

22.	如何	rúhé	23.	某	mǒu

3. 副词 Adverb

24.	毕竟	bìjìng	37.	何况	hékuàng	50.	是否	shìfǒu
25.	便	biàn	38.	简直	jiǎnzhí	51.	似乎	sìhū
26.	不必	búbì	39.	尽量	jǐnliàng	52.	万一	wànyī
27.	不断	búduàn	40.	居然	jūrán	53.	未必	wèibì
28.	不免	bùmiǎn	41.	难怪	nánguài	54.	幸亏	xìngkuī
29.	的确	díquè	42.	绝对	juéduì	55.	一旦	yídàn
30.	凡是	fánshì	43.	立即	lìjí	56.	依然	yīrán
31.	反而	fǎn'ér	44.	立刻	lìkè	57.	再三	zàisān
32.	反正	fǎnzhèng	45.	连忙	liánmáng	58.	总算	zǒngsuàn
33.	纷纷	fēnfēn	46.	陆续	lùxù	59.	怪不得	guàibude
34.	格外	géwài	47.	宁可	nìngkě	60.	说不定	shuōbudìng
35.	更加	gèngjiā	48.	悄悄	qiāoqiāo			
36.	何必	hébì	49.	亲自	qīnzì			

4. 介词 Preposition

61.	对于	duìyú	63.	趁	chèn
62.	凭	píng	64.	作为	zuòwéi

5. 连词 Conjunction

65.	此外	cǐwài	68.	假如	jiǎrú	71.	可见	kějiàn
66.	从此	cóngcǐ	69.	接着	jiēzhe	72.	哪怕	nǎpà
67.	从而	cóng'ér	70.	看来	kànlái	73.	不然	bùrán

74.	要是	yàoshi	77.	因而	yīn'ér	80.	至于	zhìyú
75.	要不	yàobù	78.	与其	yǔqí	81.	总之	zǒngzhī
76.	以及	yǐjí	79.	则	zé			

6. 助词 Auxiliary Word   82. 似的   shìde   83. 所   suǒ

7. 叹词 Interjection   84. 唉   āi

8. 象声词 Onomatopoeia   85. 哈   hā

补充词语
Supplementary words

哎	āi	叹	代替	dàitì	动	乎	hū	
暗	àn	形	当地	dāngdì	名	忽然	hūrán	副
熬夜	áo//yè	动	当心	dāngxīn	动	划	huá	动
包括	bāokuò	动	岛屿	dǎoyǔ	名	滑	huá	形/动
报到	bào//dào	动	断	duàn	动	怀孕	huái//yùn	动
报道	bàodào	动/名	兑换	duìhuàn	动	或许	huòxǔ	副
报社	bàoshè	名	顿	dùn	量	极其	jíqí	副
抱怨	bàoyuàn	动	朵	duǒ	量	急诊	jízhěn	名
表达	biǎodá	动	耳环	ěrhuán	名	集合	jíhé	动
冰激凌	bīngjīlíng	名	反映	fǎnyìng	动	假设	jiǎshè	连
播放	bōfàng	动	范围	fànwéi	名	兼职	jiānzhí	动
差距	chājù	名	分手	fēn//shǒu	动	健身	jiànshēn	动
超级	chāojí	形	风景	fēngjǐng	名	交往	jiāowǎng	动
潮湿	cháoshī	形	干燥	gānzào	形	戒	jiè	动
吵	chǎo	动/形	高级	gāojí	形	尽快	jǐnkuài	副
成人	chéngrén	名	工具	gōngjù	名	经商	jīng//shāng	动
成熟	chéngshú	形	恭喜	gōngxǐ	动	精神	jīngshen	名/形
池塘	chítáng	名	鼓掌	gǔ//zhǎng	动	开水	kāishuǐ	名
迟早	chízǎo	副	归纳	guīnà	动	看望	kànwàng	动
出示	chūshì	动	国王	guówáng	名	靠	kào	动
词汇	cíhuì	名	果然	guǒrán	副	夸张	kuāzhāng	形
粗糙	cūcāo	形	好客	hàokè	形	宽	kuān	形
大厦	dàshà	名	猴子	hóuzi	名	昆虫	kūnchóng	名
代表	dàibiǎo	动/名	后背	hòubèi	名	扩大	kuòdà	动

朗读	lǎngdú	动		时差	shíchā	名		演讲	yǎnjiǎng	动/名
老婆	lǎopo	名		市场	shìchǎng	名		一律	yílǜ	副
类型	lèixíng	名		首	shǒu	量		一再	yízài	副
冷淡	lěngdàn	形		数	shǔ	动		亿	yì	数
连续	liánxù	动		摔倒	shuāi//dǎo	动		印刷	yìnshuā	动
亮	liàng	形		搜索	sōusuǒ	动		硬	yìng	形
列车	lièchē	名		随身	suíshēn	形		用功	yònggōng	形
流泪	liú//lèi	动		随手	suíshǒu	副		员工	yuángōng	名
媒体	méitǐ	名		淘气	táoqì	形		圆	yuán	名/形
梦想	mèngxiǎng	动/名		讨价还价	tǎo jià huán jià			乐器	yuèqì	名
敏感	mǐngǎn	形		特色	tèsè	名		在	zài	动/介
模特	mótè	名		偷	tōu	动		在于	zàiyú	动
内部	nèibù	名		投入	tóurù	动		窄	zhǎi	形
难免	nánmiǎn	副		外公	wàigōng	名		占	zhàn	动
嗯	ńg	叹		网络	wǎngluò	名		长辈	zhǎngbèi	名
农村	nóngcūn	名		维修	wéixiū	动		着火	zháo//huǒ	动
欧洲	Ōuzhōu	专名		位于	wèiyú	动		整齐	zhěngqí	形
培训	péixùn	动		胃口	wèikǒu	名		挣	zhèng	动
碰	pèng	动		文字	wénzì	名		制造	zhìzào	动
拼音	pīnyīn	名		握手	wò//shǒu	动		种类	zhǒnglèi	名
平安	píng'ān	形		无所谓	wúsuǒwèi	动		重大	zhòngdà	形
签	qiān	动		勿	wù	副		猪	zhū	名
墙	qiáng	名		吸取	xīqǔ	动		逐渐	zhújiàn	副
轻易	qīngyì	副		夏令营	xiàlìngyíng	名		主动	zhǔdòng	形
群	qún	量		现代	xiàndài	名/形		主任	zhǔrèn	名
人民币	rénmínbì	名		限制	xiànzhì	动/名		主题	zhǔtí	名
日子	rìzi	名		香肠	xiāngcháng	名		抓	zhuā	动
软	ruǎn	形		消极	xiāojí	形		装修	zhuāngxiū	动
色彩	sècǎi	名		写作	xiězuò	动		撞	zhuàng	动
伤害	shānghài	动		血	xiě	名		追	zhuī	动
商务	shāngwù	名		信任	xìnrèn	动		字母	zìmǔ	名
生长	shēngzhǎng	动		学历	xuélì	名		组	zǔ	量
狮子	shīzi	名		押金	yājīn	名		组成	zǔchéng	动
湿润	shīrùn	形		牙齿	yáchǐ	名		组织	zǔzhī	动/名

答题卡

一、听 力

1. [A] [B] [C] [D]	6. [A] [B] [C] [D]	11. [A] [B] [C] [D]	16. [A] [B] [C] [D]	21. [A] [B] [C] [D]
2. [A] [B] [C] [D]	7. [A] [B] [C] [D]	12. [A] [B] [C] [D]	17. [A] [B] [C] [D]	22. [A] [B] [C] [D]
3. [A] [B] [C] [D]	8. [A] [B] [C] [D]	13. [A] [B] [C] [D]	18. [A] [B] [C] [D]	23. [A] [B] [C] [D]
4. [A] [B] [C] [D]	9. [A] [B] [C] [D]	14. [A] [B] [C] [D]	19. [A] [B] [C] [D]	24. [A] [B] [C] [D]
5. [A] [B] [C] [D]	10. [A] [B] [C] [D]	15. [A] [B] [C] [D]	20. [A] [B] [C] [D]	25. [A] [B] [C] [D]
26. [A] [B] [C] [D]	31. [A] [B] [C] [D]	36. [A] [B] [C] [D]	41. [A] [B] [C] [D]	
27. [A] [B] [C] [D]	32. [A] [B] [C] [D]	37. [A] [B] [C] [D]	42. [A] [B] [C] [D]	
28. [A] [B] [C] [D]	33. [A] [B] [C] [D]	38. [A] [B] [C] [D]	43. [A] [B] [C] [D]	
29. [A] [B] [C] [D]	34. [A] [B] [C] [D]	39. [A] [B] [C] [D]	44. [A] [B] [C] [D]	
30. [A] [B] [C] [D]	35. [A] [B] [C] [D]	40. [A] [B] [C] [D]	45. [A] [B] [C] [D]	

二、阅 读

46. [A] [B] [C] [D]	51. [A] [B] [C] [D]	56. [A] [B] [C] [D]	61. [A] [B] [C] [D]	66. [A] [B] [C] [D]
47. [A] [B] [C] [D]	52. [A] [B] [C] [D]	57. [A] [B] [C] [D]	62. [A] [B] [C] [D]	67. [A] [B] [C] [D]
48. [A] [B] [C] [D]	53. [A] [B] [C] [D]	58. [A] [B] [C] [D]	63. [A] [B] [C] [D]	68. [A] [B] [C] [D]
49. [A] [B] [C] [D]	54. [A] [B] [C] [D]	59. [A] [B] [C] [D]	64. [A] [B] [C] [D]	69. [A] [B] [C] [D]
50. [A] [B] [C] [D]	55. [A] [B] [C] [D]	60. [A] [B] [C] [D]	65. [A] [B] [C] [D]	70. [A] [B] [C] [D]
71. [A] [B] [C] [D]	76. [A] [B] [C] [D]	81. [A] [B] [C] [D]	86. [A] [B] [C] [D]	
72. [A] [B] [C] [D]	77. [A] [B] [C] [D]	82. [A] [B] [C] [D]	87. [A] [B] [C] [D]	
73. [A] [B] [C] [D]	78. [A] [B] [C] [D]	83. [A] [B] [C] [D]	88. [A] [B] [C] [D]	
74. [A] [B] [C] [D]	79. [A] [B] [C] [D]	84. [A] [B] [C] [D]	89. [A] [B] [C] [D]	
75. [A] [B] [C] [D]	80. [A] [B] [C] [D]	85. [A] [B] [C] [D]	90. [A] [B] [C] [D]	

三、书 写

91. _____

92. _____

93. _____

94. _____

95. _____

96. _____

97. _____

98. _____

99.

100.